社会人大学院教育がひらく科学的知識創造

トリプルループ学習理論

豊田 香

新曜社

まえがき

第四次産業革命と言われる技術革新に伴い、企業の進化は新たなステージに入ったと言われ、人生100年時代の働く個人の生涯職業人生は50年にも及ぶことになります。新卒から定年退職まで一社で職業人生を全うする終身雇用は、もはや過去のものとなりつつあります。45歳から59歳の就業者のうち、転職経験者は7割弱（平均2・7回）となり、新卒就職後3年以内の離職率は3割強といわれています。[1] 働く個人は職業設計において、他社でも通用する職業能力を身に付けようと、すでに動機づけられ、企業でも、自社内の経験的な知識の積み重ねだけでなく、新しい価値を生み出す能力を育てる人材育成方法の必要性が認識されています。その中で政府も働き方改革を押し進めていますが、職業能力を高度化させることの本質を捉える議論が不十分のまま、15歳以上人口が減少する現状において、社会人の労働生産性をあげる道筋が、今一つ描ききれていないように思うのです。人生の節目で働き方を見直すことを前提に、実務の最先端の専門性を高めつつ、一方で幅広い知識を取り込むという知識循環のシステム、それによる知識創造の基盤を社会全体で創ることなしには、世界規模で激変する社会において必要な職業能力の向上とそこでの働き方を論じることはできません。

本書は、この問題に直面する企業内外の人材育成関係者や働く個人に、「トリプルループ学習」という概念を用いて、社会人が大学院で学び直しをする人生モデルを提示しようとするものです。そして、社会人を対象とした教育実践をどのように方向づけるかに悩む大学院関係者、働き方改革が遅々として進まないことに頭を抱える政策・行政機関の関係者にも、議論の枠組みを提示するものです。

「トリプルループ学習」とは、社会人が「大学院で学んだら、どのように職業能力が高まるのか」、また、企業側からは、「大学院教育が企業業績にどうつながるのか」、さらには大学院側が、「研究者養成だけではない、社会人のための大学院教育の質とは何なのか」という疑問に対し、それぞれが納得し共有できる答えを出そうとする科学的知識創造のための原理です。またこの「トリプルループ学習」という視点は、為政者にとっても、専門職の原理を理解するための平易な理論となります。

本書では、以下のような問いに直接的・間接的に向き合います。

- 大学院で学んで何ができるようになるのか？　企業はそれをどう評価する（すべき）か？
- 大学院に行きたいが、こんな多忙ではとても行けるとは思えない。上司や家族を説得する自信がない。
- 部下が大学院に行くというが、正直、その分自分の仕事が増えて賛成できない。
- 企業内で国内留学制度があるが、今一つ希望者がいない。
- 社会人大学院に行きたいと思うような気概のある社員がいない。
- 社会人学生に授業をすることに自信がもてない。
- 社会人大学院の受験者が増えない。

社会人の大学院教育は、学校教育をいったん終了し、就職後にもう一度学校に回帰（リカレント）するという意味で、大学院リカレント教育と呼ばれますが、実際に日本の社会人や企業の人事担当者と大学院リカレント教育について話をすると、大学院教育をなぜ受ける必要があるのか、受けることでどのような良いことがあるのかという疑問を投げかけられることが多くあります。世界的な教育改革の流れから行政側は、２００２年に社会人の学び直しの中核基盤として専門職大学院の設立を認可し、２００３年から開校が決定しました。しかし、社会全般としては、その社会的役割や意義を十分に理解した上での開校ではなかったようです。経験したことのない教育政策に対し、その価値が社会的に浸透していなかったのです。言い換えれば、主に大卒後の社会人が大学院で学び直すことと職業設計、また生産性の向上についての成功モデルを、誰も描くことができていなかったということです。なお、大学院の入学資格は、「大学を卒業した者（学校教育法第一〇二条）」を含め10項目あり、高卒者であっても入学可能な場合があります。[2]

筆者は、日本における社会人の大学院での学び直しが、学校卒業後の職業選択や職業設計の中に広く一般的に組み込まれる社会の到来を切に願い、本書を書いています。職業経験と学術とが絡みあいながら、個人の思考そのものを醸成しつつ、そこで知識が新たに創造され活用されるような社会の発展を願っています。社会人の大学院での学び直しが、特別のことではなくなるためには、大学院リカレント教育の意義について、学習者視点に立つ社会人、教育者視点の大学院側、教育成果を活用する企業側、そして政策として国民の意識改革を推進する国家が、それぞれ納得したかたちで共有することが第一歩だと思います。そこに、本書は切り込みたいと思います。

読者の皆さまが、社会人大学院リカレント教育の教育原理を理解し、それぞれの領域で、大学と社会の間の知識を行き来させるアクターとなることを切望しています。長寿化に伴う長い職業生活を、科学の使用者として展開していくキャリア発達の在り方と、そこでの知識創造のあり様を理解していただければ幸いです。

謝辞

本書は、東京大学大学院教育学研究科博士論文（第307号・2018年）を、一般読者向けに改編し読みやすくした解説書です。主査の牧野篤教授（東京大学）をはじめ、副査の能智正博教授（東京大学）、橋本鉱市教授（当時東京大学・現放送大学）、両角亜希子教授（東京大学）、サトウタツヤ教授（立命館大学）からのご指導に、心より感謝申し上げます。また、特に量的研究では、南風原朝和名誉教授（東京大学）のご指導に基づき、研究を完成させました。さらに、ビジネススクールでの専門職大学院教育に関しては、高橋宏幸先生（元中央大学教授）、山本秀男教授（中央大学）、中村博教授（中央大学）からのご指導とご指摘をいただきました。ここに改めて感謝申し上げます。また、インタビュー調査等で協力をしてくださった社会人大学院修了生・（当時）現役生に心より感謝申し上げます。途中、心が折れそうになる時期がありましたが、皆さんの協力を後ろ盾とし、著書として社会に広く社会人大学院の価値を伝えることが使命と、出版までたどりつくことができました。本書内でも述べていますが、国内外の大学院を修了した社会人大学院修了生がそれぞれの領域でトリプルループ学習者として知的リーダーになることを切願しています。

最後に、博士論文の完成まで、すべての面で支えてくれた家族に心より感謝をしたいと思います。あらゆる方向から支えてくれた夫・豊田陽介、思春期の難しい時期に、博士論文完成のために時間を使う私の背中を見守ってくれた渚（長女）、旭（長男）、そして時生（次男）、また研究を陰で支えてくれた小野公男（実父）、米子（実母）、そして豊田勝子（義母）に心より感謝の意を伝えたいと思います。

2022年9月8日

目次

装幀＝新曜社デザイン室

1章

世界から見た日本の社会人の知識レベルの見劣り

日本の社会人の知的レベルは、主に大学院教育で修得する科学を扱うための専門的な知識において、先進諸国の標準からかなり立ち遅れています。科学技術が急激に進歩する時代において、現在日本には、政治、経済、生活すべてにおいて、科学技術を管理できるだけの能力をもつ社会人の数が、国際的に比較して大きく見劣りをしているということです。この事実を示す数値的根拠が多方面から示されており、今この現状を広く理解した上で、科学的知識の価値を正しく理解することなしには、科学技術の進歩と世界規模で起きる変化に、日本は対応しきれず立ち遅れることになります。この問題に対処するためにはまず何よりも、社会人の大学院教育とはどのようなことなのかについて、その原理原則を教育学の視点から捉え直し、その価値を高めなければなりません。

そこで、図1・1に示すように、国際機関や国家レベルにおける政策的な視点のマクロレベル、企業等組織や大学院等教育機関の視点のメゾレベル、そして社会人としてリカレント教育を受ける学習者個人の視点のミクロレベル、の三つのレベルから、これまでの調査結果やデータに基づいて、今何

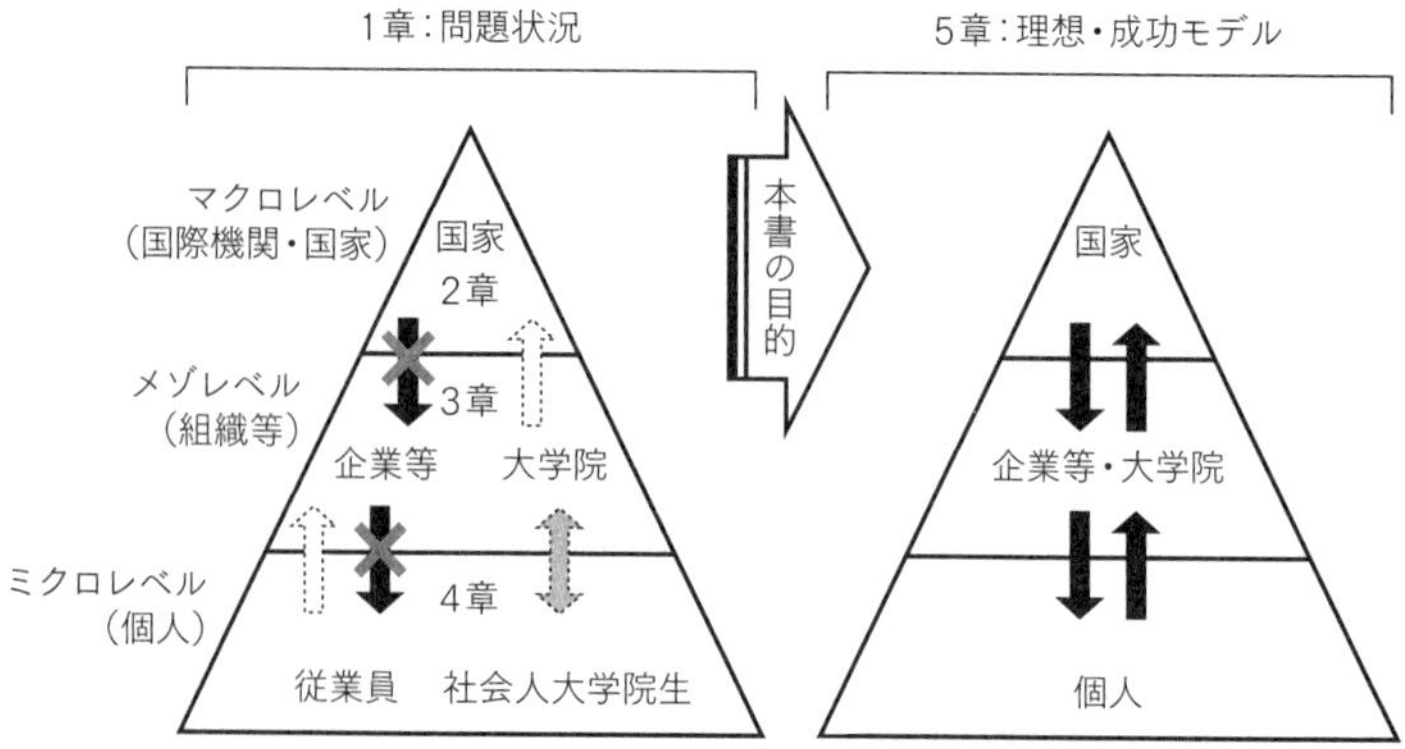

図1・1　本書の目的と問題状況を捉える視点

が問題で、何を解決する必要があるのかについて述べたいと思います。具体的には、国策としてスタートした社会人大学院教育ですが、企業からの承認が進まず、大学院教育に関心がある限られた社会人が就学する現状を把握します。そして大学院がもつ知識を社会全体で有効活用できる成功イメージのモデル化を目指します。1章では、問題状況を概観することから始めたいと思います。

1　世界から見た日本の社会人の知識レベルの見劣り

大学院という名前は広く知られていますが、大学院は何を学ぶ場で、修了生は何ができるようになるのか（なるべきなのか）について、明確に理解されていないように思います。大学院とは何か、また一定の職業経験をもつ社会人が大学院で学び直すということがどのようなことなのかを理解するために、まず日本の3種類（修士課程・専門職学位課程・博士課程）の課程制大学院が制度的に確立した背景を設立の法的根拠を示しながら整理しておきましょう。

1・1 社会人大学院リカレント教育の場としての三つの大学院課程教育
──修士課程・専門職学位課程・博士課程

リカレント教育とは、世界規模で起きた教育改革のうねりの中で、1973年に、経済協力開発機構（OECD）により提唱された概念です。このうねりは、1965年にユネスコが、戦争の反省という人道的な立場から、生涯にわたり成人は学び続けることが必要であるとして、生涯教育という言葉を用いて、世界に教育改革の方向性を示したことに始まります。OECDは、それを引き継ぎ、経済発展をより強調するかたちで、生涯にわたり職業能力を向上させ、課題解決を図るという現実主義的な立場から、「リカレント教育」という概念を提示しました[2]。具体的には、1973年『リカレント教育──生涯学習のための戦略』報告書の中で、リカレント教育とは「生涯学習を実現するために行われる義務教育以後の包括的な教育戦略であり、その特徴は、青少年期という人生の初期に集中していた教育を、個人の全生涯にわたって、労働、余暇、など他の諸活動と交互に行うかたちで分散させることである」と定義し、「労働との相互作用により営まれるものであり、教育と社会、経済、労働に関する諸政策との密接な連携が要求される」と述べています。

OECDの提唱するリカレント教育は、1973年当初は、義務教育修了後にフォーマルな教育を幾度となく繰り返し受けるものとして提唱されました。しかし、1997年ユネスコが「成人学習のハンブルグ宣言」において、成人の教育や学習には、フォーマル、ノンフォーマル、インフォーマルの3形態があることを示すと、OECDも2010年、この成人学習の3形態について明確な定義を発表しました。本書ではこの定義を用いたいと思います。

OECD（2010）[11]によると、フォーマル学習とは、特定の目的に向かい、教授・学習活動が組織的かつ公的に統制される場で起きる学習で、主には、大学や専門学校など、公的に単位や学位などが取れる学びを指しています。ノンフォーマル学習とは、特定の目的に向かい教授・学習が組織的に行われるものの、公的な統制はなく、主には、英会話学校や塾や企業内研修などを指します。インフォーマル学習とは、偶発的な学習で、たとえば、たまたま見たネット配信情報やテレビ番組で見て学ぶ、また友人知人との会話で学ぶ場合などを指します。本書が扱う大学院という教育機関は、フォーマル教育を提供する機関であり、社会人大学院生はそのフォーマル教育における授業を受講し学習をするという意味でフォーマル学習をする主体と言えます。

日本の社会人が日本の大学で学び直すという営みは、今始まったものではありません。戦前から1980年代までは、大学の公開講座や生涯学習講座と呼ばれる、学位とは関係ない、ノンフォーマルな教育を受講することが中心でした。また学位を取得できるフォーマル教育としては、高卒等の社会人が働きながら夜間大学や通信教育課程の大学で教育を受けることが主なものでした。しかし、急激な技術革新とそれに伴う知識の陳腐化、さらに高学歴化と経済のグローバル化が進み、社会人が高度な専門知識を学び直す場は大学院でのフォーマル教育であるという認識が政策サイドから提示されます。１９８６年4月の臨時教育審議会第二次答申において「大学院の飛躍的充実」が提示され、１９９０年「生涯学習の振興のための施策の推進体制等の整備に関する法律案」が制定、さらに１９９１年中央教育審議会「新しい時代に対応する教育の諸制度の改革について」答申において、「社会人の大学院入学再入学〜今後の急速な社会の変化や産業技術の高度化に伴うもの」が提示されました。[3]

社会人の大学院での学び直しを必要とする背景として、１９７０年代と１９８０年代の大学進学率が男性で40％前後（女性は15％前後）となり、高学歴化が進んだことが指摘されています。科学技術の飛躍的な進歩と、それに対応するための社会人のさらなる高度な学びは、自ずと大学院教育が中心となるという認識が示されたと理解できます。具体的には、１９９０年代に入り、社会人の大学（院）受入れに向けた制度的弾力化が徐々に進みました。社会人に配慮した入学者選抜の実施、勤務時間に配慮した授業時間の設定、サテライト・遠隔授業システムの整備、また長期履修制度など、現役社会人が働きながら学べる環境が整い始めたのです。[4]

２０００年代に入ると、従来の主に研究者養成を目的とした修士課程に加えて、２００２年には社会人の学び直しを目的とする専門職学位課程の設立が認可され、大学院教育は修士課程、専門職学位課程、そして博士課程の3課程制として一つの完成形に至りました。文部科学省は、専門職学位課程について、「科学技術の進展や社会・経済のグローバル化に伴う、社会的・国際的に活躍できる高度専門職業人養成へのニーズの高まりに対応するため、高度専門職業人の養成に目的を特化した課程として、平成15年度に創設されました。特徴としては、理論と実務を架橋した教育を行うことを基本とし…」と述べています。[5]

しかし、新設の専門職学位課程と従来からの修士課程の違いや、高度専門職業人の「高度」の意味など、未だに十分理解されていないように思います。そこで、少し堅苦しいですが、博士課程も含めて、大学院の3課程の違いについて、法的側面から確認しておきたいと思います。大学院は大学という教育機関に属しますので、学校教育法の下にあります。以下が、大学院教育に関する学校教育法の内容です。

（学校教育法）

第九十九条　大学院は、学術の理論及び応用を教授研究し、その深奥をきわめ、又は高度の専門性が求められる職業を担うための深い学識及び卓越した能力を培い、文化の進展に寄与することを目的とする。

② 大学院のうち、学術の理論及び応用を教授研究し、高度の専門性が求められる職業を担うための深い学識及び卓越した能力を培うことを目的とするものは、専門職大学院とする。

③ 専門職大学院は、文部科学大臣の定めるところにより、その高度の専門性が求められる職業に就いている者、当該職業に関連する事業を行う者その他の関係者の協力を得て、教育課程を編成し、及び実施し、並びに教員の資質の向上を図るものとする。

（昭三六法一六六・平一四法一一八・一部改正、平一九法九六・旧第六十五条繰下、平二九法四一・一部改正）

ここで言う「大学院は・・・」という文言は、教育者側の視点で述べられていますので、それを大学院生という学習者の視点で捉え直してみましょう。

「大学院は、学術の理論及び応用を教授研究し」とは、修士課程、専門職学位課程、その修了後に進む博士課程の大学院生は、共通して学術の理論とその応用を大学院教育として教員から教授されることを意味します。つまり、大学院生の共通した学習内容は、理論とその応用ということになります。また、教授研究の研究とは、大学院生は指導教員の研究室に所属して研究活動をするということです。大学院生は、指導教員から教授されながら学術の作法、たとえば研究姿勢や研究方法や論文の読み方または作成方法などを学ぶということです。

次に、「その（理論とその応用の）深奥をきわめ（下線部参照）」の文言です。この部分が、修士課程と博士課程にはあり、専門職学位課程にはない部分となりますので、違いと理解できます。ここで言う、理論とその応用の奥深さを極めるとは、研究者という職業に就くだけの研究能力を修得するという意味と考えられます。つまり、ここで言う極めるとは、修士課程であれば修士論文、博士課程であれば博士論文を完成させるということで、実際に修了要件に含まれています。専門職学位課程の大学院生は、これは要求されず、研究論文を読み理解し、研究成果とはどのような意味をもつのかという研究リテラシーは修得しますが、自らが論文を書き上げるだけの研究能力は修了要件として要求されていません。

次の「又は、高度の専門性が求められる職業を担うための深い学識及び卓越した能力を培い」の文言は、3課程の共通目的となります。3課程の大学院生が、修了後、高度の専門性が求められる職業を担うだけの知識を身に付けることが、大学院の学習成果として期待されていることになります。ここで言う「高度の専門性」「深い学識」「卓越した能力」とは、大学院生に共通の学習内容である理論とその応用と関連していると理解できます。つまり指導教官の専門領域における理論や理論の応用を学ぶことで得た知識を、実際に職業で活用できるだけの能力を修得するということです。

そして、最後の「文化の進展に寄与すること」という文言は、二項の専門職学位課程には含まれていません。修士課程と博士課程の修了者は、広く文化そのものに働きかける貢献が主に要求されていますが、専門職学位課程の大学院生には、専門領域の理論を応用する職業を通して社会貢献することが主に要求されていると考えられます。

以上のような修士課程と専門職学位課程の制度的な違いを文部科学省がまとめたものに、筆者による学校教育法の解釈を加えたのが、表1・1です。

専門職学位課程は大きく、専門職大学院、法科大学院、そして教職大学院に分かれ、専門職学位課程内でも制度的な違いがあります。しかし、その教育目的は同じで、高度専門職養成となります。一方、修士課程は、高度専門職養成に加え、研究者養成という目的が加わります。それにより、修士論文に関する修了要件の違いや、授業方法が異なることになります。一般企業で働く社会人が大学院進学を考える場合、修士課程か専門職学位課程かで悩む可能性があります。通学可能な大学院という制約はあると思いますが、修士課程と専門職学位課程では目的が異なることに注意して、選択していただければと思います。ただし、学習者である社会人の視点に立てば、学習内容は共通して、理論とその応用だということです。学び方において、修士課程は、最終的に修士論文が完成できるような学習

表1・1　修士課程と専門職学位課程の制度比較

	修士課程	専門職学位課程		
		専門職大学院 2003-	法科大学院 2004-	教職大学院 2008-
期待される 学習成果 （筆者加筆）[1]	①理論とその応用・研究に関する知識			
	②その深奥をきわめる	−		
	③高度の専門性が求められる職業を担うための深い学識及び卓越した能力			
	④文化の進展に寄与する	−		
目的	研究者の養成 高度専門職業人の養成	高度専門職業人の養成		
標準修業年限	2年	2年	3年	2年
修了要件	30単位以上 修士論文作成 （研究指導）	30単位以上	93単位以上	45単位以上（うち10単位学校等での実習）
実務家教員[2]	−	3割以上	2割以上	4割以上
授業方法	−	•事例研究 •現地調査 •双方向・多方向に行われる討論・質疑応答	①同左 ②少人数教育が基本 （法律基本科目は50人が標準）	①同左 ②学校実習・共通科目：必修
教育課程 連携協議会	−	社会（出口）との連携を強化する観点から、当該職業に関連する事業を行う者等（産業界等）の協力を得て、教育課程を編成し、円滑かつ効果的に実施するため、教育課程連携協議会の設置を義務付け		
学位（英語名）[3]	修士（〇〇） （Master of -） 例）修士（経営学） Master of Business Administration （MBA）	〇〇修士 （専門職） （Master of -） 例）経営学修士 （専門職） Master of Business Administration （MBA）	法務博士 （専門職） （Juris Doctor）	教職修士 （専門職） （Master of Eductaion）
認証評価	− （大学の一組織として機関別認証評価を7年毎に受審する）	学校教育法第109条第3項及び学校教育法施行令第40条の規定により5年ごとに、文部科学大臣より認証を受けた認証評価団体の評価を受審することが義務付けられている。		

【出典】文部科学省「専門職大学院制度の概要」2020年3月 https://www.mext.go.jp/content/20200326-mxt_senmon02-100001400_1.pdf

1) 学校教育基本法より、筆者の解釈を追記

2) 実務家教員：専攻分野における実務の経験を有し、かつ、高度の実務の能力を有する者（専門職大学院設置基準第5条第4項）

3) 学位名の英語表記については、独立行政法人大学改革支援・学位授与機構「学位に付記する専攻分野の名称」 https://www.niad.ac.jp/publication/gakui/meishou.html

方法が、専門職学位課程は、職場で理論を応用できるような学習方法が重視されるという違いがあります。また、修士課程からも専門職学位課程からも、博士課程への進学は可能です。しかし博士課程進学には、修士論文（相当）を入学前に提出することが一般的に求められます。専門職大学院でも、学生の要望で修士論文相当のものを指導する研究科があります。多くの説明会に参加し、博士課程を見据えて大学院の教育方針等を確認することが、大学院選びで重要です。

ここで視点を、日本の大学院の国際的通用性に移したいと思います。英語学位名を見てわかるように、経営系修士号の場合、修士課程と専門職学位課程とで、和名では違いがわかりますが、英語名にすると一般的には「ＭＢＡ：Master of Business Administration」とする傾向があり、また、どちらも大学院プログラムの通称を「ビジネススクール」とする傾向があるので、修士課程か専門職学位課程かの区別はつけにくくなります。もちろん、どちらも国際的に通用する修士号であることには変わりがありません。ここで言う通用性とは、修士号取得者として、日本と単位互換性がある国であれば、海外の大学院博士課程に基本的には進学する資格があるという意味です。

また、文科省が定める認証評価機関から、修士課程は大学の機関別認証に含まれるかたちで7年ごとに、専門職学位課程では大学とは関係なく5年ごとに、教育の質について認証評価を受けることが義務付けられています。これに加え、両課程の経営系大学院は、法令で定められた認証評価の他に、国際認証評価機関から追加認証を取得し、その教育の質をアピールする動きがあります。このような、世界レベルの教育の質保証の認証を取得しようとする動きがある一方で、日本ならではの独自性を追求することに重点を置く経営系大学院もあるようです。いずれにしても、大学院教育の学習成果を体現させる社会人の活躍の場は、国内外において世界的視野が必要なことは確かなので、日本の認証評価機関は、世界的通用性を高めるか、海外の認証評価で概ね代替し、法令で要求されている項目のうち不足するものを追加承認するなどの連携措置が必要と言えそうです。特に専門職大学院は、大学とは切り離して研究科として認証評価のための書類作成が必要です。それに係る費用や手間が、教育の質のグローバル化に影響をすることは避けたいものです。経営系大学院の2020年4月段階での国内認証評価機関と国際認証評価機関と大学院の関係を整理した表1・2からもわかるように、国際交流機関に所属する専門職大学院は多いですが、国際認証評価を取得する専門職大学院は多くはありません。

世界レベルで経営系大学院を認証評価している機関は主に三つあります。AACSB（The Association to Advance Collegiate Schools of Business：本部米国・1916年設立）が最も古く、次いでEFMD（The European Foundation for Management Development：本部ベルギー・1972年設立）、他に、AMBA（The Associate of MBAs：本部英国・1967年設立）となります。国際認証評価をすでに取得した日本の大学院の体験談として、日本の大学が世界水準の教育・研究を実現するためには、各大学院が組織的に取り組む課題は多いという指摘があります。その一方で、大学院という教育機関だけの問題ではなく、制度設計の問題があるという指摘があります。たとえば、経営系の専門職大学院は学術に偏らないように実務家教員を3割以上配することが法令で定められていますが、AACSBでは、教員は最低でも修士号取得者以上という限定があります。[6] これは日本の実務家教員をどのように定義するのかという問題とかかわり、本書の核心部分となります。修士号を最低限もつ実務経験

表１・２　経営系大学院修士課程・専門職学位課程と国内・国際認証評価機関との関係

<table>
<tr><th colspan="2"></th><th>修士課程</th><th colspan="2">専門職学位課程</th></tr>
<tr><td colspan="2" rowspan="2">国内認証機関名（必須）</td><td>【機関別認証評価（全学に準じる)】</td><td colspan="2">【外部機関認証評価（専門職学位課程ごとに)】どちらかを選択</td></tr>
<tr><td>①（公）大学基準協会
②（公）日本高等教育評価機構
などから選択（7年毎）</td><td>（公）大学基準協会（5年毎）</td><td>（一般）ABEST21（5年毎）</td></tr>
<tr><td rowspan="3">経営系の主な国際認証機関（任意）</td><td>AACSB （米国：1916-）(The Association to Advance Collegiate Schools of Business)</td><td>• 慶応義塾大学大学院①
• 国際大学大学院②
• 名古屋商科大学大学院①
• 立命館アジア太平洋大学大学院①</td><td>—</td><td>• 一橋大学大学院
• 早稲田大学大学院</td></tr>
<tr><td>AMBA （英国：1967-）(The Association of MBAs)</td><td>• 名古屋商科大学大学院
• 立命館アジア太平洋大学大学院</td><td>—</td><td>—</td></tr>
<tr><td>EFMD（ベルギー：1972-）(The European Foundation for Management Development)
* １専攻に対して認証[EPAS]
** 研究科に対して認証[EQUIS]</td><td>• ** 名古屋商科大学大学院</td><td>• * 明治大学大学院</td><td>• * 青山学院大学大学院
• ** 早稲田大学大学院</td></tr>
<tr><td rowspan="2">国際交流機関</td><td>EFMD（ベルギー：1972-）Status: Member</td><td>• 慶応義塾大学大学院
• 立命館アジア太平洋大学大学院</td><td>• 同志社大学大学院
• グロービス経営大学院大学</td><td>• 一橋大学大学院
• 京都大学大学院</td></tr>
<tr><td>AAPBS(韓国：2004-)(Association of Asia-Pacific Business Schools)</td><td>• 国際大学大学院
• 慶応義塾大学大学院
• 名古屋商科大学大学院
• 立命館アジア太平洋大学大学院</td><td>• 中央大学大学院
• グロービス経営大学院大学
• 九州大学大学院
• 明治大学大学院
• 事業創造大学院大学
• 東京理科大学大学院</td><td>• 京都大学大学院
• 早稲田大学大学院</td></tr>
</table>

2022年7月現在

【出典】

- 文部科学省『【参考資料８】質保証システム見直しに係る基礎資料集②』より作成　https://www.mext.go.jp/kaigisiryo/content/20211126-mxt_koutou01-000018948_ex8-2.pdf
- 国際認証機関：AACSB については、https://www.aacsb.edu/、AMBA については、https://www.associationofmbas.com/、EFMD については、https://efmdglobal.org/、AAPBS については、http://www.aapbs.org/　より作成。

のある教員と、そうでない教員の間で、教授する知識にどのような差があるのかという点に、アプローチする必要があるということです。

こうして本格化し始めた日本の社会人大学院リカレント教育は、すでに約20年が経過しようとしていますが、量的・質的な実質化は進んでいるのでしょうか。もし社会人大学院生数が十分に増えている、もしくは増えていないとしたら、その背景要因はどのようなものでしょうか。次項では、まず、量的側面から今日の状況を確認したいと思います。

1・2　大学院リカレント教育の実質化の現状

日本の主に大卒社会人の就職後の学び直しを教育・学習の3形態で捉えると、企業内教育と言われるノンフォーマル教育・学習から、大学院のフォーマル教育・学習という企業外教育へ、その中心が移行するかどうかが問われていると思います。社会人のリカレント教育については、既述のように1990年代に大学院制度の弾力化から始まり、2003年の専門職大学院の開校により、制度的な一定の完成を見ました。統計としては、2000年から正式に「学校基本調査」に社会人学生数の項目が入りました。図1・2に示すように、2000年から2021年まで、修士課程の社会人入学者数はほぼ横ばいで、7000~8000人前後で推移しています。コロナ感染症拡大の影響を受ける以前の2019年は、7359人（社会人比率10・1%、女性比率48・3%）でした。博士課程においては、統計を取り始めた2003年は3952人ですが、2019年には6349人（同順、42・4%、

31・7％）となり、1・5倍以上増加しました。専門職学位課程においては、専門職大学院の設立が進んだ2004年以降は、3000人台を推移し、2019年は4000人（同順、42・4％、31・7％）となり増加傾向にあります。

以上からは、社会人の大学院リカレント教育をけん引する大学院課程は、一定数を修士課程が担当し、専門職学位課程と博士課程において、拡大してきたと考えられます。今後さらに量的に拡大するには社会人の大学院リカレント教育の価値を高める意識改革と、なかでも女性比率が低いことから、女性社会人を大学院リカレント教育へと動機づけることが、必要と言えそうです。また、専門職学位課程から博士課程への進学率は60％前後でほぼ横ばいで推移しているものの、修士課程から博士課程への進学率は減少傾向にあり、10％前後を推移しています。社会人の博士号取得者を増やすためには、専門職学位課程への社会人大学院リカレント教育を拡大することと、研究者養成と専門的職業養成を問わず博士号を取得することの価値を、社会全体で創造する意識改革が必要と思われます[7]。本書はそこにもアプローチしていきたいと思います。

社会人大学院生の約20％を占める専門職学位課程は、大きく九つの領域があります。なかでも、経営系の「ビジネス・MOT（Management of Technology：技術経営）」が、入学者比率35％で、社会人比率が89・9％あり、前年比1・1倍と、三つの要素において全領域間で最高の数値となります。経営系の専門職学位課程は、社会人大学院リカレント教育の中核的専攻と言えます。次いで入学者数が多い順に、「法科大学院（入学者比率23％、社会人比率21・8％、前年比0・95倍）」、「教職大学院（19％、47・1％、1・02倍）」、「会計（7％、42・2％、1・07倍）」「公共政策（3％、35・8％、0・85倍）」、「公

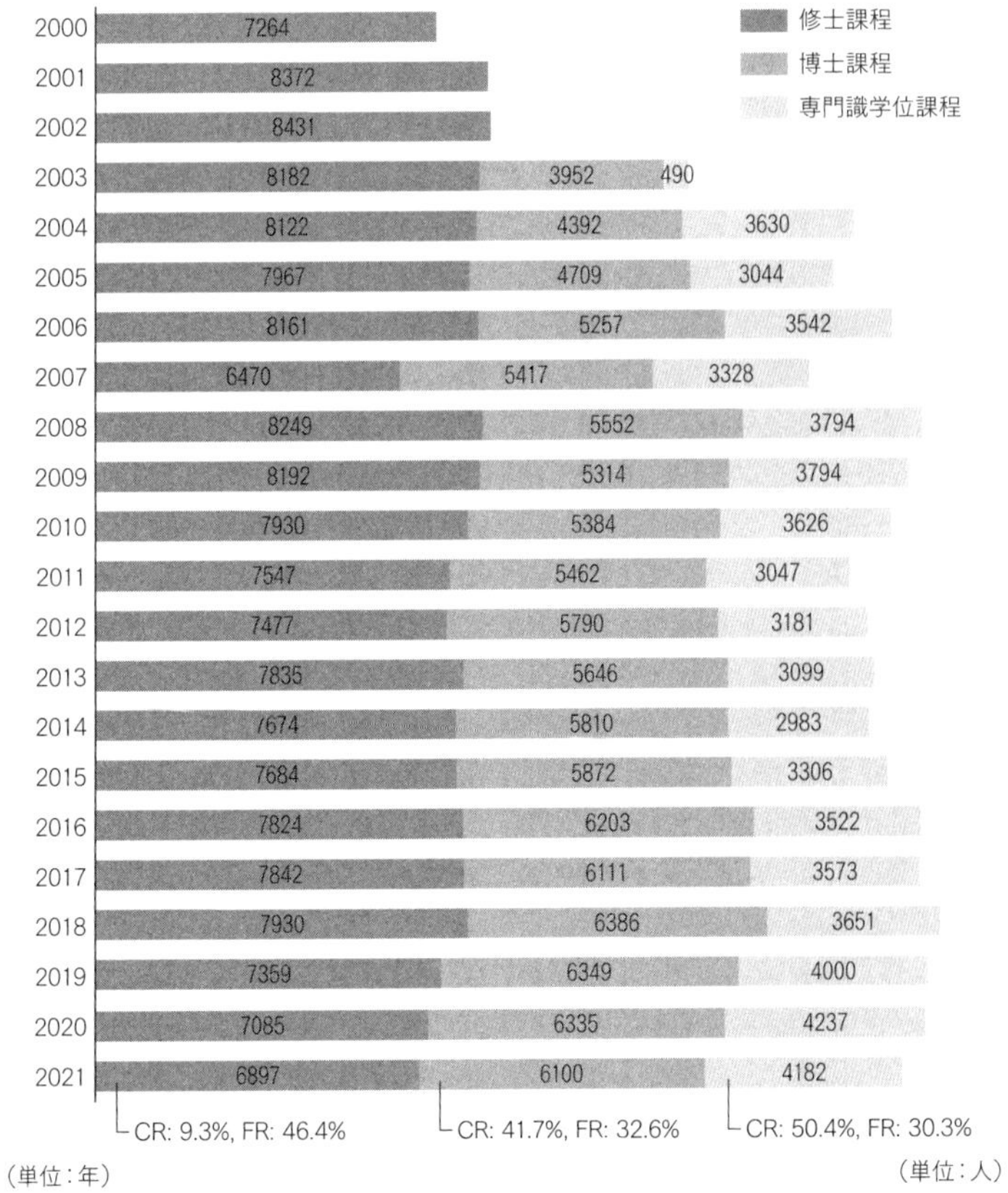

図1・2　大学院への社会人入学者数の推移

【出典】e-Stat「学校基本調査」より筆者作成。
• CR：各課程の社会人入学者比率、FR：社会人入学者の女性比率。

衆衛生（2%、84・5%、0・88倍）」、「臨床心理（2%、18・6%、0・97倍）」、「知的財産（0%、41・5%、0・79倍）」、「その他（8%、43・3%、0・98倍）」です。また専攻数の増減を見ると、法科大学院が減少傾向で教職大学院が増加傾向にあり、それ以外はほぼ横ばいで推移しています。なお、社会人大学院リカレント教育をけん引していると言える経営系は、主に、経営戦略、組織行動、ファイナンス、マーケティング、技術・生産管理、情報システム等の科目により経営（管理）分野のリーダーを養成するもので、MOTは、それに技術的内容を融合した分野とされます。二番目に社会人比率が高い公衆衛生系は、健康の保持・増進、疾病の予防等に関して指導的役割を果たす人材を養成するものとされます。[8]

このように、新しく社会人大学院生の受け皿となった専門職学位課程ですが、その中核を担う経営系においては、増加率が1・1倍であり、増加傾向にあるものの専攻数の推移からすると横ばいで、定員の範囲内で競争率が上がるだけで、量的な飛躍的伸びは期待できそうにありません。今後、大学院側が積極的に専門職大学院を設立する、また定員を増加するなど専攻数が増えないかぎり、社会人の量的拡大は見込めそうにもありません。

それにしても、なぜ専攻数が増えないのでしょうか。気になるデータとしては、大学院を含む大学等で社会人を対象とした専攻などの取り組みを縮小させる傾向があることです。その理由としては、「社会人の入学があまり見込めないため」が最も多い回答であり、次いで「コースの維持にコストがかかるため」、「教員の確保が困難であるため」という調査結果が報告されています。政策側の後押し、社会人の動機づけ、大学院側のニーズの掘り起こし以上の抜本的な対策が必要と言えそうです。[9]

この問題は、2005年「我が国の高等教育の将来像（答申）」において、大学院設立要件を抑制主義から準則主義へと変更したことに関連があると考えられます。大学院設立が準則主義になったことで、設置条件を満たす大学院は、基本的には政府により開校が許可され、その後は大学院側が計画・実施・点検そして改善というプロセスにおいて発展するということになりました。それに対して、先に述べた、5年に一度の文部科学省が承認する認証評価団体の評価が義務付けられています。ここで問題なのは、準則主義のもとでは、社会人の大学院リカレント教育の量的拡大は、学習者本人である社会人の学習意欲の高まりを大学院側が受け止め、その要望に応える大学院を大学側が設立する、もしくは定員を増加することで実現するという点です。社会人の学習意欲は、当然ながら所属する企業等組織からの期待や評価から大きな影響を受けます。つまり社会人の学習意欲とそれを支える企業等の学習環境、そして大学院設置数との間には正の相関関係があり、三者でその価値を共有する必要があるということです。では、企業経営のグローバル化が進む現在、どのレベルの知識が世界で標準的であり、日本はどこに位置づくのでしょうか。大学院教育の現状を国際比較の視点から検討してみましょう。

1・3　国際比較から見る社会人大学院の量的実質化の見劣り

社会人の大学院リカレント教育を、量的にこのまま維持するだけでは十分とは言えない実態が、「科学技術指標2019」[10]の国際比較から理解できます。

それによると、２０１６年（韓国のみ２０１７年）の人口１００万人当たりの修士号取得者数を日本・韓国・米国・英国・フランス・ドイツ・中国で比較すると、中国が３６６人で最下位、日本は５６９人で2番目に低いことになります。それに続く韓国は１６２３人と大きく引き離し、最多の英国は３６９４人で日本の約6倍となります。

これをさらに専攻別で比較すると、かつて技術立国日本と称された日本ですが、その知的研究基盤を支える自然科学系の人材育成に赤信号が点滅しています。２００８年では、日本は自然科学系が３７７人で、韓国４６０人、米国４９８人、フランス４８０人と比べ、若干少ない程度と言えます。しかし、これを２０１６年で比較すると、日本３８０人、韓国５４１人、米国８４６人、フランス６１３人となり、日本は明らかに量的に見劣ります。人文社会科学系（以下、社会科学系と略す）では、さらに見劣りが顕著になりつつあります。２００８年比較では、日本は１２５人で、韓国６３７人、米国１０３３人、ドイツ８２７人、フランス１０５６人、英国１４８２人となっています。これが２０１６年になると、日本だけが１１３人へと減少し、他国は量的に拡大しています。またこれらの国では、自然科学系よりも社会科学系の修士号取得者数の方が多い、もしくは同程度なのに対し、日本は、顕著に社会科学系の修士号取得者数が少ないことがわかります。

さらに、表１・３（右側）に示すように、修士号取得者数の量的伸び率を２００８年と２０１６年（韓国は２０１７年）で国際比較すると、最も大きい国は中国（１６２％）で、次いでフランス（１３３％）、英国（１２２％）となります。最下位は日本（97％）で、次いで韓国（１０９％）となります。もし仮に、２０１６年以降に中国がこのまま約１６２％の伸び率で増加すれば、２０２４年に５９４

表1・3　人口100 万人当たりの修士号取得者数と伸び率の国際比較

国名	年度	修士号取得者人数（人口100万人当たり）				伸び率（%）			2024年予想合計人数（人口100万人当たり）
		合計	人文・社会科学	自然科学	その他	合計	人文・社会科学	自然科学	
日本	2008	584	125	377	82	97	91	101	555
	2016	569	113	380	76				
米国	2008	2,174	1,033	498	643	114	108	170	2,843
	2016	2,486	1,113	846	527				
ドイツ	2008	2,001	827	674	500	123	105	148	3,036
	2016	2,465	868	1,000	598				
フランス	2008	1,554	1,056	480	18	133	135	128	2,764
	2016	2,072	1,428	613	31				
英国	2008	3,023	1,482	912	629	122	119	134	4,513
	2016	3,694	1,761	1,225	706				
韓国	2008	1,487	637	460	390	109	121	118	1,773（2026年）
	2017	1,623	771	541	311				
中国	2008	225	−	−	−	162	−	−	594
	2016	366	−	−	−				

【出典】文部科学省科学技術・学術政策研究所、「科学技術指標2019」を基に、筆者が加工・作成。各国ごとに分類等の違いがあるので詳細はサイトの確認が必要（https://www.nistep.go.jp/sti_indicator/2019/RM283_table.html）。

- 伸び率は、[2016年（韓国2017年）の人数] ÷ [2008年の人数]。
- 2024年予想数は、9年後に同じ伸び率で推移した場合の100万人あたりの人数を計算。

人となり、日本の５５５人を抜くことになります。修士号取得者比率においてすでに量的先進国である英国や米国やドイツがこのまま量的拡大を続ければ、その格差はますます増え、日本は知的後進国となることが予想されます。理論の性質を理解し、理論を応用できる日本人の不足が国際社会において何を意味するのか、改めて考える必要があることを示す数値です。

また２０１７年ＯＥＣＤ報告[1]によると、成人（25～64歳）のうち、大学等の学位取得を目指す正規課程であるフォーマル教育への参加率は、日本は３％でＯＥＣＤ平均の11％を大きく下回り、調査対象32か国中最下位となります。またフォーマル教

表1・4　日米の企業役員等の最終学歴比較

米国の上場企業管理職等の最終学歴			
	人事部長	営業部長	経理部長
大学院修了	61.6%	45.6%	43.9%
四年制大学卒	35.4%	43.5%	56.1%
四年制大学未満	3.0%	9.8%	0.0%
PhD 取得（全体中）	14.1%	5.4%	0.0%
MBA 取得（全体中）	38.4%	38.0%	40.9%

日本の企業役員等の最終学歴（従業員500人以上）	
大学院卒	5.9%
大卒	61.4%
大卒未満	32.7%

【出典】
- 文部科学省（2011）「我が国の大学・大学院の現状」（p.12）より筆者作成。
- 日本分は総務省「就業構造状況調査（平成19年度）」、米国分は日本労働研究機構が実施した「大卒ホワイトカラーの雇用管理に関する国際調査（平成9年）」（主査：小池和夫法政大学教授）による。

育にもノンフォーマル教育にも参加していない成人の人口比は、日本人は58％でOECD平均の50％を超え、32か国中ワースト9位となります。また同調査によると、フォーマル・ノンフォーマル教育の参加を阻む理由は、日本では、「仕事が忙しい」が最も高く、38％でした（OECD平均29％）。しかし現在、フォーマル・ノンフォーマル教育の両方に参加していない社会人のうち、「今後も参加したくない」と回答した人は53％であることから、残り半数は、何らかの働きかけで学習活動に参加する可能性がありそうです。

修士号取得者の人口比における国際的な量的見劣り、また生産年齢人口の高等教育等（大学等）におけるリカレント教育の見劣りは、そのまま企業の管理職の最終学歴にも反映されています（表1・4）。1997年と少し古い調査結果ですが、米国の上場企業管理職等の最終学歴を見ると、大学院修了者（博士課程を含む）数は人事部長が61・6％、営業部長が45・6％、経理部長が43・9％である一方で、日本は5・9％にとどまります。日本では約94％もの管理職が、大学卒業レベルまでの知識で企業経営に従事していると言えます。ではこれの何が問題なのでしょうか。本書は、ここに着目しています。

社会人の学歴差が国際比較で歴然とする中で、日本では、「仕事に学歴は一切関係ない」もしくは、社会人大学院リカレント教育を学歴ロンダリングのように捉えるなど、社会人が大学院で学ぶことの本質が理解されていない状況が一部にあるように思います。またその一方で、主に米国から、経営管理の職業に修士号以上の取得者が就くという専門職化の弊害が指摘されてもいます。こうしたことを踏まえると、大学院教育については、量的拡大と質的改善の両方を視野に入れながら、なぜ今、日本において社会人大学院リカレント教育が必要なのかを捉えていく必要があると思います。

2　社会人・企業・大学院の視点から見た、社会人大学院リカレント教育の量的拡大を阻む要因

先進諸国と比べて、日本で大学院リカレント教育の量的実質化が進まない理由が、種々の調査から明らかになっています。先に述べたように、大学院の設立は準則主義に基づくので、社会人に大学院入学の要望があれば、それに応えるかたちで大学院側は専攻を新設もしくは拡充します。社会人大学院リカレント教育が時代の要請として政策的に進められたにもかかわらず、量的拡大が進まない背景

には、社会人大学院リカレント教育の当事者となる各アクター（社会人・企業等・大学院）それぞれに、何らかの事情があるはずです。

2・1　社会人の意識

社会人の学び直しに関する2005年意識調査では、大学卒業以上の学歴をもつ社会人のうち、20％が「再教育を受けたい」、67・9％が「再教育を受けることに興味がある」と回答し、約89％の社会人が再教育に前向きだと報告されています。そのうち、約40％が大学院リカレント教育を受けたい・興味があると答えています[12]。その後の2010年調査では、大卒社員の約50％が大学院進学に興味があり、そのうち20％が進学したいと答えています[13]。大卒社会人は徐々に大学院教育への関心を高めているようです。

では、なぜ社会人の大学院進学が量的に拡大しないのでしょうか。大卒社員2万5203人に実施した2009年調査では、その障害として、「勤務時間が長くて十分な時間がない」、「費用が高すぎる」、「職場の理解が得られない」がほぼ同じ程度で確認されています。そして在職したまま大学院で学ぶためには、場所が便利で、夜間と土日開講などの時間的配慮が必要であるとしています。また、大学院進学に興味があると答えた回答者の進学目的は、「現在の仕事を支える広い視野」（特に事務・営業系43・4％）であり、「現在の職務に直接必要な知識」（特に技術系で49・5％）でした[14]。

ところで、国際社会では、社会人の学び直しや職業訓練の必要性はどのように認識されているのでしょうか。総務省（2018）[15]によると、20〜60代の年齢層において学び直しが「必要になる可能性が（極めて）高い」と答えた人は、日本は35・0％で、米国41・3％、英国39・1％、ドイツ43・5％と比べると低いものでした。また、日本は、必要か必要でないかがわからないとした人が25％と高く、学び直しそのものへの意識改革が必要となります。また、学び直しの内容としては、半数が外国語への関心であり、専門的な知識などへの関心は低いと言えます。

以上をまとめると、大卒社会人の半数以上が大学院リカレント教育への興味関心があり、その傾向は高まりつつあると考えられます。そして、長時間労働、職場の理解、経済的理由等の阻害要因が解消されれば、大学院リカレント教育を受け、直接的間接的に現在の仕事に活かされる知識や教養を学びたいと考えていると言えます。つまり、現状は、大卒社会人の大学院リカレント教育の意欲は潜在的にはあるものの、それがすぐに学習行動へ移行できないゆえに、科学を扱う職業能力の潜在化が結果として起きている状態と言えそうです。また一方で、国際比較では、日本は他国に比して学び直しの必要性への認識が低いことから、潜在需要のある大卒社会人を大学院に入学できるように支援する一方で、学び直しの必要性を感じない人には、大学院教育の本質を理解してもらう意識改革を進めることが重要になります。

2・2　企業側の意識

社会人の学習環境を支える企業側は、大卒社員の大学院リカレント教育についてどのように認識しているのでしょうか。文部科学省（2009）[16]によると、社会人大学院修了者の価値を評価していない企業は、調査対象企業中51％でした。過去3年間に従業員を大学院に送り出した企業は8％で、そのうち授業料を企業が負担したのは12％であり、ほとんどが私費での就学となります。一方、大学院修了後の従業員の処遇においては、入学前段階で制度として評価していないとしながらも、41・7％の企業が、結果として「希望の部署に配置転換させた」や、「昇進昇格させた」など、処遇に変化を与えています。これらの結果から、企業は、積極的に大学院リカレント教育進学を推奨せず、社内の人材育成システムに大学院リカレント教育を組み込んでいないことから、自己啓発として大学院教育に就学した社員の潜在能力を、組織的に顕在化できていないことがわかります。運が良くチャンスを得た修了生が4割程度で、残り6割の潜在能力は埋もれたままとなっています。

一方、企業の社員教育に関しては、教育訓練費の支出とＯＦＦ‐ＪＴ（Off-the-job training：企業外訓練）の実施状況は、ここ30年間ほぼ横ばいで、正社員に対する教育訓練の実施方法の方針は、62％が社内重視（に近い）という報告があります。[17]企業の社員教育は従来どおり社内教育という意識が強いことから、現在、大学院リカレント教育に進学している社会人は、企業の社員教育の流れとは別に、労働時間や経済的制約を乗り越えてでも学びたいと思う自己成長意欲の高い人に限られていると言えそうです。

また、文部科学省（2016）[9]によると、「従事者が大学等で学ぶことを原則認めていない」とする企業は、その理由として、「本業に支障をきたすため」を半数以上があげ、次いで約25％が「教育内容が実践的ではなく現在の業務に活かせないため」をあげています。企業としては、短期的視点で現在の業績に還元される教育を求めており、目の前の仕事に支障をきたすような大学院就学による職業能力の開発は認可できないという傾向にあるようです。

このような大学等での社会人の学び直しに対する企業の評価は、国際比較ではどのように捉えられるでしょうか。World Economic Forum（2017）[18]によると、各国経営者によるビジネススクールの質への評価という視点で、OECD平均を5点とすると（満点7）、日本と韓国の経営者が平均を下回る得点をつけ、スイス・英国・米国が6点前後の得点を示しています。大多数の日本の経営者は、ビジネススクール等の大学院を評価していないことは先に確認しましたが、先進国との国際比較においては、価値観の違いという解釈になりそうです。世界がビジネススクールを評価し、そこで修得する知識を活用してビジネスを行う現実に対し、日本は大学院レベルの知識に価値をおかず理論を応用しないでビジネスをするという方向に舵を切っているということです。

この事実を解釈する上で重要なことは、大学院修了者の量的見劣りが顕著な日本企業の管理職は、ほとんどが大卒までの社員であるという点です。その場合、ビジネススクールの質を問うだけの素地が、現在の管理職や経営者に備わっていないので、大学院教育で修得する理論とその応用とはどのようなものなのかその意味を知り、その上でその知識をアップデートしたり活用するという文化そのものが、生まれにくいと考えられるのです。そうなると、大学院レベルの知識をビジネスにおいて活用し成功する経験がイメージできないから、大学院での就学を認可しないのか、認可しないから大学院レベルの知識が組織に活用されず、結果その活用の成功体験がもてないのか、もはや、鶏が先か卵が先かといった負のサイクルがあるように感じます。

これらの実態から、一つ言えることがあります。それは、急速にグローバル化が進む現在において、大学院リカレント教育を通した人材育成に関する企業の意識改革は急務であり、むしろ戦略的にそれを推奨し、その価値を承認する必要があるということです。そのためには、企業認識として、大学院で学ぶ理論やその応用を企業業績と連動させるイメージや、それによる人材育成の道筋としての成功イメージを描けることが重要となります。これにより、企業は社会人大学院リカレント教育に対して、価値を見出すことができるからです。現状は社会科学という人類の科学的英知の半分が、企業の活力や発展に活かせず、潜在化させたままにしている残念な状況です。このことを認識し、両方を活用する成功イメージを企業が描く一助を本書は担いたいと思います。

2・3 大学院側の意識

教育を提供する大学院側は、社会人に教育を提供することに対しどのような意識をもっているのでしょうか。

文部科学省（2016）[9]の調査では、主に社会人を対象とした大学等のカリキュラム内容について、大学側が重要視する項目を明らかにしています（表1・5）。それと同時に、現役社会人学生と企業が期待する項目もそれぞれ同じ項目で調査しています。それらを重ね合わせて示したものが図1・3です。大学は、主に社会人を対象としたプログラムを提供している学部・研究科・組織からの回答1036件、社会人は現役社会人学生からの回答7484件、企業は過去5年間において従事者を大学等へ送り出した実績ありと回答した141件による調査結果です。いずれも三つまで選択可能としています。この調査結果からは、カリキュラム内容における大学の重点項目と、企業と社会人学生の高い期待感がある程度一致している項目が、「4　特定の分野を深く追求した研究・学習が可能な内容」、「7　特定職種の実務に必要な専門的知識・技能を習得できる内容」、そして「12　座学のみならず、実習等実践的な講義を重視した内容」という傾向が読み取れます。特定分野や特定職種の専門的知識や技能を実践的に学ぶ内容が期待され、大学はそれに応えていると言えます。

その一方で、大学が重視する以上に、社会人学生が高く期待する項目がありました。「10　知識に基づいた深い洞察力を養う内容」と、「11　研究推進力を身に付ける内

表1・5　大学等のカリキュラム内容に対する意識調査

大学等のカリキュラム内容
1　最先端のテーマを置いた内容
2　我が国の企業全般が抱える諸問題への指針を提供できるような内容
3　分野横断／学際性に配慮した幅広い視点からの研究・学習が可能な内容
4　特定の分野を深く追求した研究・学習が可能な内容
5　応用・実践問題の研究・学習に重点をおいた内容
6　基礎理論の研究・学習に重点をおいた内容
7　特定職種の実務に必要な専門的知識・技能を習得できる内容
8　幅広い仕事に活用できる知識・技能を習得できる内容
9　独創的な発想による問題解決力を養う内容
10　知識に基づいた深い洞察力を養う内容
11　研究推進力を身につける内容
12　座学のみならず、実習等実践的な講義を重視した内容

【出典】文部科学省（2016）「社会人の大学等における学び直しの実態把握に関する調査研究」より筆者作成。

- 大学等とは、主に社会人を対象としたプログラムを提供している、学部・研究科・組織のみの回答、現役社会人学生とは、現在大学等に通う社会人学生からの回答、企業等とは、過去5年間において従事者を大学等へ送り出した実績ありと回答した組織のみ回答、社会人教育未経験者とは、大学等で学び直しを行ったことがない社会人のうち、大学等で学び直しを「行いたい（行うことに興味がある）」と回答したもの。

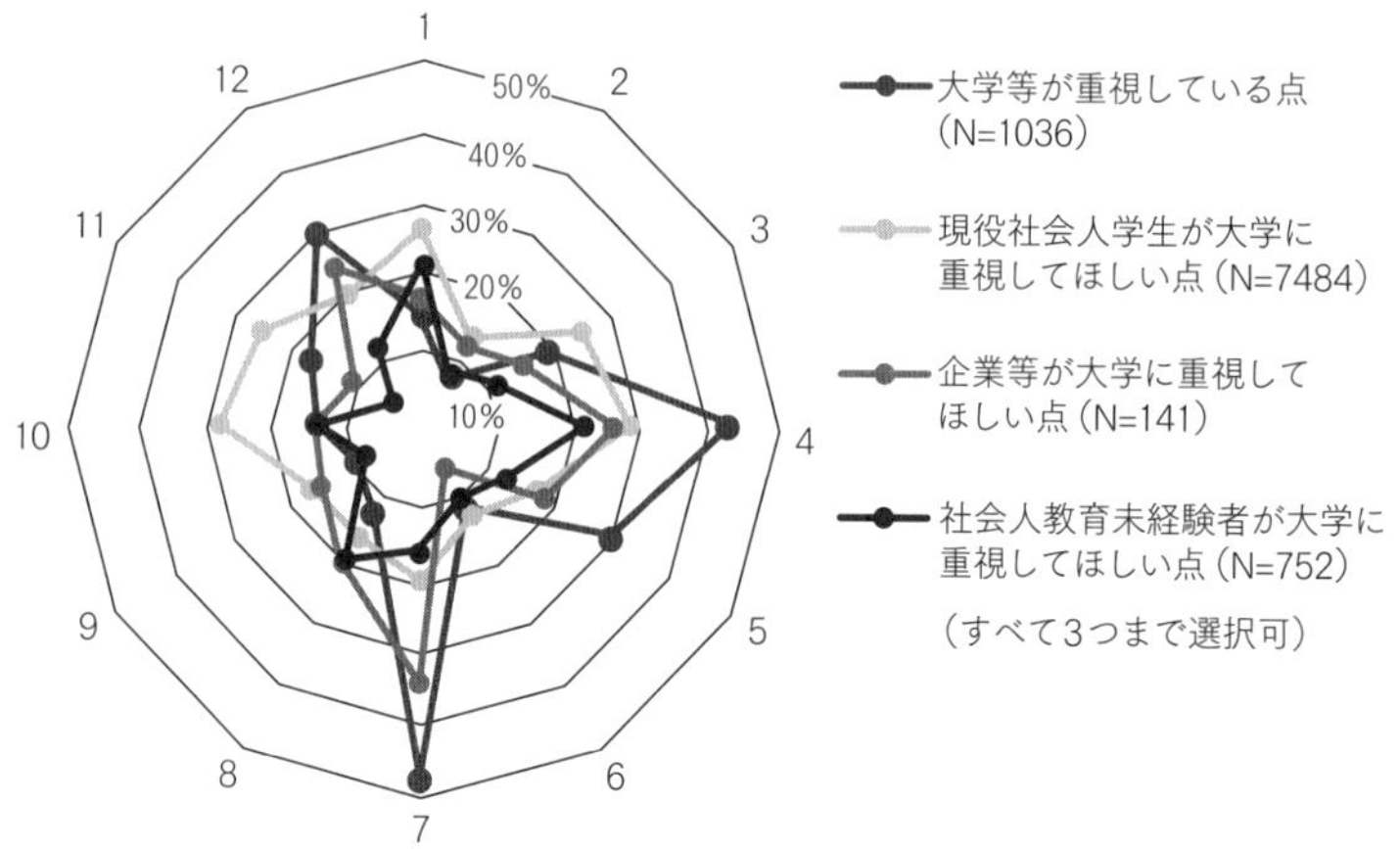

図1・3　大学等のカリキュラム内容に対する意識調査

【出典】文部科学省(2016)[9]より、表1・5に示す調査結果を示す。

容」、「1　最先端のテーマを置いた内容」、そして「3　分野横断／学際性に配慮した幅広い視点からの研究・学習が可能な内容」です。社会人学生は、大学がもつ理論等の知識を習得し、その知識に基づいて最先端で起きている事象を深く理解し、自分で調査や研究をしてみたいという、学術的な好奇心に動機づけられていると読み取れます。大学側は、このような社会人の知的好奇心が、特定分野や領域の専門的知識だけでなく、最先端の事象を論理的に思考するために、深く理論を理解し、学際的に調査や研究をしてみたいという思いに気づくことが重要です。しかし、もしかしたら、大学等は教育実践レベルで社会人学生の期待にすでに応えているのかもしれません。同調査で示された社会人学生の学び直しに対する満足度が94・2%と高く、概ね「とても良い」「まあまあ良い」という評価をしています。社会人学生と大学教員との教授・学習プロセスにおいて、大学側が行う学びの質の向上を目指すＦＤ（Faculty Development：大学教員の教育能力の育成）の取り組み成果がでているのかもしれません。

大学等の重視の程度よりも社会人学生からの期待が高い研究推進力（項目11）については、企業等がとても低い価値をおいていることが注目に値します。これは、「従事者が大学で学ぶことを原則認めていない」とした企業等が、その理由の筆頭として「本業に支障をきたすから」としつつ、次いで、「教育内容が実践的でなく現在の業務に活かせないため」をあげる現状と関連が深いと思われます。過去５年間に従業員を送り出した実績のある企業においても、期待の中心は専門的知識であり、研究を推進する能力は最低限であると言えます。表１・４に示したように、大学院で学ばせることなく企業内教育と職務経験から大卒役職者を育成してきた日本企業にとって、大学院がもつ理論や研究方法を活用し、科学的に経営判断をするという経験がなく、それゆえに、研究に対する価値が見出せないでいると理解できそうです。この事実が、現役の従業員にある意味で危機感をもたらし、大学に重要視してほしいカリキュラム内容として示しているとも理解できます。

社会人大学院リカレント教育の量的見劣りが進む現在、大学等が社会人教育に力を入れ、専攻を増やしていくことが必要不可欠です。しかし、調査対象の学部・研究科・組織（総数４０７０）のうち、現在、社会人を対象としたプログラムを提供しているのは全体の25・5％にすぎません（うち、正規課程は73・３％）。今後についても、現状維持が約半数で、残り半分しか「さらに取り組みを推進させるべく環境整備等を図る予定」と回答していません。そして、現状主に社会人等を対象としたプログラムを提供していない74・５％の大学等の大多数（85・４％）が「今後もその予定がない」と回答しています。その主な理由は（三つまで選択）、「社会人の入学があまり見込めないため（65・1％）」、「教員の確保が困難であるため（41・6％）」です。

このような現実を大学側の視点から見ると、大学の努力だけでは社会人のリカレント教育の量的拡大には限界があり、社会人と企業側の意識改革を並行して行う必要があることは確かです。そして、社会人の大学院進学希望者が増えないことは、社会人大学院リカレント教育そのものの発展を妨げることになり、その領域の教育研究が深まらないことになります。社会人大学院リカレント教育の教育レベルにおける国際競争において、例えば、ビジネス教育そのものを教育研究の俎上に載せることが、先に述べた国際認証評価の問題とも深くかかわるということです。

世界全体でグローバル化が進み、科学技術の進歩が加速度的に進歩する時代において、科学的な知識が不要だと考える人や組織はおそらくないでしょう。しかし、様々な調査結果は、日本を除く先進諸国が、より迅速に科学的知識に価値を見い出し、習得しようとしているのに対して、日本は立ち遅れていることを示しています。では、先進諸国が科学を希求し、日本が立ち遅れた時代背景とは何だったのでしょうか。2章では国際的動向と日本が科学人材育成において立ち遅れていく時代背景を概観して、なぜ今社会人大学院リカレント教育が必要なのかについて多角的に検討してみたいと思います。

2章

国内外の事情が示す大学院リカレント教育の必要性

大学院レベルの高度な科学的知識が国内外の社会全体で必要とされる理由を、本章では主に五つの視点から捉えていきます。1点目は、ユネスコ主導の国際成人教育会議を一つの系譜とした国際平和を目指す教育・人道的立場という視点、2点目は、無限の資源を前提にした経済発展から「持続可能な開発」へという国際社会が目指す発展の方向のパラダイムシフトという視点、3点目は、世界経済フォーラムと連動した「SDGs経営」や「ESG投資」といった企業戦略のパラダイムシフトという視点、4点目は、科学技術の飛躍的進歩による第四次産業革命という視点、そして最後に、世界的な人口移動や日本で進む少子高齢長寿化という人口統計学的な視点です。これらの五つの視点から、日本が国際社会の一員として発展しつつその役割を担う上で、科学という高度な知識が必要不可欠であり、大卒社会人の知識の科学化が急務であることを確認したいと思います。

1　世界平和を目指す人道的立場——国際成人教育会議より

国際成人教育会議は、正式名称"CONFérence INTernationale sur l'Education des Adultes"（フランス語）、略してCONFINTEAと呼ばれ、第二次世界大戦後すぐにユネスコにより設置されました。世界平和を実現するためには、子どもの教育だけではなく、成人が教育を受け続け、広く意思決定に参画できるようにという教育の民主化の必要性が根底にありました。その成人教育の土台は、第二次世界大戦を回避できなかった反省にあり、二代目ユネスコ事務局長トレス・ボデーは、数ある専門会議のなかでも、国際成人教育会議を最重要会議と位置づけるほどでした。日本の参加は、国際連合（以下、国連）に加盟した１９５６年以降となります。ここではCOFINTEA公式レポートを資料として、社会人に大学院レベルの知識が必要だとする文脈を、歴史的系譜からたどりたいと思います。

第一回大会は、１９４９年デンマークのエルシノアで開催されました。27か国と21の国際的なＮＧＯが参加し、敗戦国からはすでにイタリアとドイツが参加しました。ここでは、成人教育が達成する課題として、「マスとエリートが分断せずに共有できる文化の創造」などが確認され、本書がテーマとする大学（院）教育に関しては、大学が、論争そのものを分析する視点を提供する機関として明記されています。

11年後の１９６０年第二回大会は47か国が参加し、カナダのモントリオールで「変化する世界における成人教育：Adult Education in Changing World」が議論されました。その間の10年間で急激な変化が起き、産業化と都市化、人口増加と新国家樹立の加速、そして世界が東西と南北へと分断が進みました。この時代において、大学の役割は、理論と実践におけるリーダーシップをとる機関と位置づけられ、科学的調査により社会問題そのものを研究することが求められました。自然科学が経済発展に貢献したように、文化的発展に貢献するために、社会科学が方法論として注目されました。

さらに12年後の1972年の第三回大会は日本の東京で開催され、参加加盟国は82か国と増加しました。この大会で初めて、成人教育は限られた人のためでなく、広く人々が生涯にわたり教育を受け、学習を続けることを指すものと明示されました。そして、成人教育の内容と目標として、大学がもつ理論と産業界の職業実践を融合させ、時代に見合う職業能力に仕上げ、科学技術の台頭による失業問題を解決すべきであるとしています。そのためには、大学は社会や地域に開かれるべきであり、従来の選抜と排除のための入試システムを止め、人々を大学へ呼び込むシステムに変える必要があると指摘しました。その後、1976年ユネスコ総会における「成人教育の発展に関する勧告」で、「『成人教育』という用語は、…正規なものあるいはその他のものであろうとも、…組織された教育課程の全般を意味する」と定義され、学校、大学、また見習い期間なども含む包摂的な概念となりました。

それからさらに10年余りが過ぎた1985年、第四回大会がフランスのパリで開催され、参加加盟国は122か国とさらに増えました。この時代の成人教育の目的は、引き続き社会正義、経済と社会の発展があげられる一方で、科学技術の発展に伴う絶えざる変化に対応する職業能力を育成することが特に議論され、各国の取り組みが報告されました。大学等の取り組みとしては、ドイツは1981

～1985年教育計画で社会人の大学院教育を最重要課題にあげたと報告されています。日本は、一般市民の成人教育として大学公開講座の数が増加していると報告するにとどまります。

その12年後、1997年の第五回大会はドイツのハンブルグで開催され、参加加盟国は130か国となりました。「成人学習のハンブルグ宣言」が発表され、成人教育は権利以上のものであり、より大きな概念として、人々が生涯にわたり学習することを指す成人学習（adult learning）と生涯学習（lifelong learning）という言葉が提唱されました。そして、成人学習の要素は、フォーマル教育（正規教育・継続教育と言われる学校・大学などの正規課程）、ノンフォーマル教育・学習（大学公開講座や習い事など）、そしてインフォーマル学習（日常会話や偶発的な情報入手など）の三つの形態であるとし、理論からのアプローチと、経験からのアプローチの両方を含むものとしました。また、大学と国家と企業等組織の間で、また雇用主と従業員との間でパートナーシップを発揮し、特に職業に関する成人学習を推進することが急務であることが確認されました。大学は、成人に門戸を開き、国際的な単位互換性を進め、大学間での共同研究、また専門性を超えた学際的研究を推進するなど、ますます多様な役割が期待される時代へと入ります。なお、これが、1章で述べた2010年にOECDが定義したフォーマル・インフォーマル・ノンフォーマルな教育・学習の3形態へとつながることになります。[1]

2009年の第六回大会の成人教育会議（CONFINTEA）は、ブラジルのベレンで開催され、参加加盟国144か国からベレン・フレームワークが発表されました。主な議題は、持続可能な経済発展と人間発達を結び付けるために、成人学習・教育が取り組むべき課題でした。大学（院）に関しては、ハンブルグ宣言で確認された成人学習・教育の3形態の一つであるフォーマル教育という言葉に集約され、生涯にわたり学び続ける重要な要素であると述べられています。そして、大学院教育も含めたフォーマル教育、ノンフォーマル教育と学習、そしてインフォーマル学習を通して、公平と包摂の達成、貧困の軽減、平等で寛容で持続可能な知的基盤社会の実現が必要不可欠であるとしめくくっています。

２０２２年６月には第七回大会がモロッコで世界同時オンライン形式と並行して開催され、筆者はオンラインで傍聴参加しました。それに向けた中間レビュー大会が２０１６年韓国のスオンで開催され、筆者はオブザーバーとして参加しました。その報告書では、２０１５年第70回国連総会で採択されたＳＤＧｓ（Sustainable Development Goals：持続可能な発展のための目標）が、世界の成人が達成すべき行動プランであり、高等教育機関を含めた成人教育が、このＳＤＧｓの達成の中核となると確認されています。ＳＤＧｓについては、２・３節で取り上げます。

このように、国際成人教育会議は、第二次大戦後すぐから今日に至るまで脈々と、世界が二度と戦争を起こさず、人類全体の幸福を願う人道的立場から、大学（院）教育の重要性を主張してきました。社会問題の科学的調査、職業能力の最新化、そして生涯学習の基盤としてその役割が議論され続けています。

2 「持続可能な開発」という世界発展のパラダイム転換

科学技術の進歩に伴い、1960年代から1970年にかけて、世界的に企業展開をする多国籍企業が各国で台頭し、国境を越えた公害問題が顕著になり始めます。それに伴い、国際機関が世界経済の無限の成長には限界があると警鐘を鳴らし、地球がもつ有限な資源による持続可能な発展へと、パラダイムシフトすることを提唱しました。その源泉となった知見は、企業経営者、学者、研究所からなるローマ・クラブという世界頭脳集団が発表した著書『成長の限界』にあります。

ローマ・クラブは、1968年4月にローマで初会合をしたことからこの名前がついたとされ、1970年3月にスイス法人となりました。ローマ・クラブの活動目標は二つで、人間社会の危機を世界全体で把握しうるモデルを生成し、その危機を回避するための方策を分析し検討することが一つ、もう一つは、その分析をもとに政治関係者に検討資料を提示することでした。創設者アウレリエ・ペッチェイは、戦後のアリタリア航空の立て直し、フィアット社重役、オリベッティ社社長を務めたイタリア人企業家です。ペッチェイ率いるローマ・クラブは、1970年6月「人類の危機に関するプロジェクト」を計画し、MIT（マサチューセッツ工科大学）に分析を依頼します。その分析結果の報告書が、今日の地球環境と経済発展の両立という持続可能な開発を国際社会に提示した著書『成長の限界』です。[19]大学院教育との関係で捉えると、ペッチェイの試みは、現状を把握するためにデータを取り、そこから理論（モデル）を作り上げ、その理論から未来を類推し、推測しうる危機的問題状況を特定し、それを回避するための方策を理論を応用してわかりやすく人々に提示しようとしたと言えます。ローマ・クラブの活動そのものが、大学院レベルの知識がなければできない活動だったのです。実際に、ＭＩＴという米国の大学院の研究室から発信された知見が、世界経済のパラダイムシフトの必要性を具体的に世界に提示し、議論を巻き起こし、国際社会の意識改革を促したのです。

ローマ・クラブがＭＩＴによる調査報告書として発表した『成長の限界』は、資本主義による行き過ぎた企業の経済活動を、成長から持続可能な開発へと目標を移行するよう啓蒙しました。創設者ペッチェイは、学者のもつ力に期待していました。それは、正しいと思う考え方を説得的な言葉で表現できる才能であり、知識の最先端にある複雑な概念をわかりやすく表現する力であるとしています。しかし、学者の深い専門性は、時に全体のビジョンを欠くことがあるので、それを補完する総合能力やシステム思考が必要になるとも指摘しています。学者の話術と専門知識を駆使し、複雑な問題体系をわかりやすく説明できる総合能力者が、世界の将来像をシステムとしてモデル化して人類に対する啓蒙活動を行う、これがローマ・クラブの使命だとしているのです。[20]

このローマ・クラブの活動には、戦後初の日本人グローバリストと呼べる大来佐武郎が深く広く貢献していました。大来については5章で改めて触れますが、社会人として大学院リカレント教育を受け博士号を取得し、国際社会で活躍したグローバリストの先駆者でした。ＭＩＴ教授レスター・Ｃ・サローは、「学者の空理空論ではなく、大来さんの話は現実的で具体性があった。その分析は鋭く、日本経済や世界経済の動向について示唆を受けた点が多い」と評しています。[21] 理論と実践を融合し、日本を戦後の焼け野原から高度経済成長へと導き、1970年代からは、持続可能な開発へと日本を含め世界経済成長のパラダイムシフトを起こした大来の科学を扱う能力は世界的な評価を得ていました。

『成長の限界』以降、国際社会における世界経済の発展の意味が、世界的均衡の実現へとパラダイムシフトします。そのために必要なものは、それを達成するという強い意志であり、人類が向かうべき方向は、破滅ではなく、「全く新しいかたちの人間社会――何世代にもわたって存続するようにつくられる社会」という新しい世界システムの創造であると提言しています。この「何世代にもわたり存続するようにつくられる社会」という考え方は、その後、国連人間環境会議（1972年）の人間環境宣言等で議論され、1980年に世界保全戦略（国際自然保護連合（IUCN）、国連環境計画（UNEP）、世界自然基金（WWF））において、「持続可能な開発（Sustainable Development）」という概念へと引き継がれます。さらに、1987年の「ブルントラント報告書（環境と開発に関する世界会議）」で、「持続可能な開発」は正式に、「将来の世代の欲求を満たしつつ、現在の世代の欲求も満足させるような開発」と定義されました。その後、地球温暖化、オゾン層破壊などの深刻化を受け、1992年「アジェンダ21（地球サミット）」、1997年「アジェンダ21の一層の実施のための計画（国連環境開発特別総会）」、2002年「持続可能な開発に関する世界首脳会議（ヨハネスブルグ・サミット）」、そして2012年「リオ＋20：国連持続可能な開発会議」へと、この概念は世界共通の目標として議論され続けています。

これらの会議による採択や宣言は、2000年に、「ミレニアム開発目標（MDGs：Millennium

Development Goals)」として統合され、一つの発展の方向性として国連から発表されます。まさに、ローマ・クラブの『成長の限界』で指摘された人類に欠けている2要素のうちの一つ、現実的かつ長期的な目標の設定が、30年を経てここに一つの形となったのです。

ＭＤＧｓは、１９９０年を基準年として２００１年から２０１５年までを達成期限とし、主に開発途上国の貧困削減に関する8つの目標、21のターゲットからなります。「ＭＤＧｓ報告２０１５」は、「ＭＤＧｓは歴史上最も成功した貧困撲滅運動になった」と成果を強調しつつも、一部地域での達成状況に差がある、またジェンダー格差はほとんど解決されていないなど、まだ置き去りにされている課題があると述べています。その理由は、ローマ・クラブが指摘した、欠けている要素のもう一つ、その目標を達成しようとする人間の意志が、世界でまだ足りなかったからかもしれません。実際に、日本政府や各省庁、また企業等がそれに向けて積極的に動くというには至らなかったようです。日本が積極的に国際社会の問題解決に参加する意志を見せ始めたのは、２０１５年「ＳＤＧｓ：持続可能な開発のための目標」まで待つことになります。ＳＤＧｓとは、ちょうどＭＤＧｓの目標期限である２０１５年に開催された「国連持続可能な開発サミット」で採択された「我々の世界を改革する：持続可能な開発のための２０３０アジェンダ」に含まれるものです。２０３０年の達成を目標とし、17の目標と１６９のターゲットから構成された国連主導の国際開発目標の統合で、ＭＤＧｓの８つの目標はそれぞれ引き継がれています。

このような世界的なパラダイムシフトの転換期において、ＧＤＰ世界第3位の日本が、ＳＤＧｓの達成にむけて世界のリーダーとして国際社会の中で科学を扱うには、社会人の知識の科学化が急務です。しかし、現実は量的に見劣りしており、むしろ減少傾向にあります。国際成人教育会議第二回大会で、自然科学と社会科学による社会問題の解決が議論された1960年代に、ギンズバーグが、「社会が人間の能力を浪費している」として、女性の活躍や高度な能力をもつ人材の育成の必要性を人的資源開発論で展開しました。それは、国民一人一人に適した職業環境を整える重要性と並行して、「一国の進歩発展の上に果たすハイタレントの役割も重視しなくてはならない」[22]という点で、日本に課せられた課題と言えます。国際社会のオピニオンリーダーとして、また日本政府の政策助言者として、さらに日本から世界へのスポークスマンとして活躍した大来の後継者が日本で不足していることは、60年経つ現在も続いているということです[21]。

既存の経済理論を乗り越え、多様な文化を包摂するには、経済や文化そのものを理解する社会科学の理論が必要とされます。そしてますます細分化する専門知識を統合し、現実問題を政策レベルで対処するには、空理空論ではなく現実社会に踏み込み、そこで起きている問題を理解した上で理論を応用する学際的な実践の力が必要になります。経済成長の方向性が持続可能な開発へとパラダイムシフトする現在、理論とその応用を教授する大学院教育は、この部分を強化する重要な基盤であることは間違いありません。専門知識が複雑化し細分化するだけに、社会問題を解決するには社会の隅々まで学際的な思考ができる人が必要になります。学術に興味があり、社会実践において直面する多くの問題意識を解決したいと願う社会人こそが、自らが活躍する領域でハイタレントになり、グローバリストとして多様な分野で活躍するべき人として必要とされているのです。

さらに言えば、高度な議論を求められる国際機関、たとえば、国連職員となるには、多くのポジションで修士号以上の知力が求められています。しかし、既述のように日本の大学院は量的見劣りが悪化しつつある状況であり、国連関係機関の日本人職員の不十分さが、国連から指摘されています[103]。日本人がキャリア設計のいずれかの段階で大学院リカレント教育を受け、その資格において国連職員へと転職し、多様な経験と学術知識を兼ね備えて活躍することが、国際機関から求められています。5章（図5・9）でこの課題を扱います。

3　企業戦略の新機軸――ＳＤＧｓ経営とＥＳＧ投資

国際社会の発展の方向性が、１９７０年代以降、持続可能な発展へとパラダイムシフトし、２０１５年にＳＤＧｓが国連で採択されますが、日本が広く企業レベルでこの問題に本格的に取り組み、新しいパラダイムを実行するようになるまでには、２０１６年世界経済フォーラムの報告書、それに続く２０１７年『企業行動憲章（日本経済団体連合会）』を待つことになります。どちらかというと静観する傾向にいた日本企業は、いくつかの世界的な働きかけや仕組みに後押しされて、ＳＤＧｓ経営や後述するＥＳＧ投資というスローガンのもと、持続可能な開発を支える企業へと経営指針をシフトさせていきます。こうした企業レベルのパラダイムシフトにおいて、今なぜ大学院教育が必要なのかを捉えてみたいと思います。

政治家や企業経営者、また教育関係者と学者たちが、具体的にＳＤＧｓの達成に向けて明確な意思表示を始めるきっかけや動機は、主に三つあると考えます。世界経済フォーラムの２０１７年報告書、国連責任投資原則（ＰＲＩ：Principles for Responsible Investment）のＥＳＧ投資、そして「ＳＤＧｓインデックス＆ダッシュボード」です。日本の社会人大学院リカレント教育の量的拡大の必要性を指摘するにあたり、この国際的動向に日本の活動を位置づけてみましょう。

ＳＤＧｓ達成に向けた原動力の一つ目として、それに向けて企業努力をすることが、人道的側面だけでなく、企業業績の側面からもプラス効果があるという数値的根拠が、２０１７年世界経済フォーラム（ＷＥＦ：World Economic Forum、通称ダボス会議）のＢＳＤＣ（Business Sustainable Development Council）の報告書で提示されたことがあげられます。そこでは、ＳＤＧｓ達成により年間最大12兆ドル（約１３４０兆円）の経済価値をもつ市場が生まれ、２０３０年までに3億８０００万人の雇用創出効果があるという推定値が発表されました[23]。

世界経済フォーラムは、ローマ・クラブの『成長の限界』が発表される前年の１９７１年に、スイスの実業家で経済学者のクラウス・シュワブにより創設されました。これは新しい企業像を目指す世界トップの頭脳が集まる会議で、「ステークホルダー理論」という、企業は株主だけでなく、すべてのステークホルダー（従業員・取引先・地域など）にも利益をもたらすべきであるという考え方を基本としています。１９７３年第三回ダボス会議では、ローマ・クラブ創設者のペッチェイが、『成長の限界』に基づき、経済発展と地球環境の制約の両立に対する社会的責任を先見的に提起し、企業が責任をもつべきステークホルダーに地球環境も取り入れることを提唱し、問題意識を共有することになりました。

その後1999年1月ダボス会議において、コフィー・アナン国連事務総長が、「世界共通の理念と市場の力を結び付ける力を探りましょう。民間企業のもつ創造力を結集し、弱い立場にある人々の願いや未来世代の必要に応えていこうではありませんか」と、企業に呼びかけ、持続可能な発展を実現する取り組みに責任あるリーダーシップをとることを提唱します。この呼びかけに応えるかたちで、企業や団体が自発的に取り組む「国連グローバルコンパクト（ＵＮＧＣ：United Nations Global Compact）」という活動が国連内に起き、２０００年に正式に発足することになります。

このようにＷＥＦと国連機関との連携が強化され、民間企業は、国家と国際機関に続く持続可能な開発を実現するためのアクターとして国際社会に組み込まれていきます。２０１６年1月ダボス会議では、「ビジネスと持続可能な開発委員会（ＢＳＤＣ）」が設置され、活動目的を、ＳＤＧｓ達成によるる経済効果のマッピングと、ビジネスによるＳＤＧｓ達成への貢献度の説明という二つを設定します。ＢＳＤＣでは、ビジネス、金融、市民社会、労働、また国際機関のリーダーが一丸となり活動を開始しました。ＢＳＤＣのトップは、ジャーナリストでエコノミストでもある元世界銀行副総裁マーク・マロック‐ブラウンです。その第一回目の報告『より良きビジネス より良き世界』が２０１７年１月ダボス会議で行われ、既述のように莫大な経済価値をもつ市場の可能性と、４億人近い雇用創出効果があるということが報告されました[23]。

同報告書ではさらに、ＳＤＧｓ達成に必要な長期の投資回収期間を伴うプロジェクトには、年間２兆４０００億米ドルの追加投資が必要であるが、企業や投資家は不確実な未来を前に、換金性や短期的な利益追求に走りがちであることを指摘し、投資の在り方にまで言及します。ＢＳＤＣは、「現代奴隷制度で働いている人は未だ２０００万〜４０００万人、農地、鉱山、工場、ごみ廃棄場で働く子どもが１億５０００万人以上いて、世界経済の大きな部分を支え、人知れず危険にさらされています。これは、取締役会、投資家、消費者がもはや無視することができない21世紀資本主義の受け入れがたい暗部です」と自戒し、企業の責任や役割において、正しい投資が行われなくてはいけないと踏み込んで発信しています。

アナン事務総長の呼びかけで始まった２０００年設立のＵＮＧＣは、持続可能な開発の実現のためには、投資家や金融市場との協力が不可欠と判断します。そして、これを補完するかたちで、国連が機関投資家を召喚し、「国連責任投資原則」の策定が進められ、２００６年に正式に発足します。このＰＲＩが、ＳＤＧｓ達成に向けた原動力の二つ目です。ＰＲＩは、投資家イニシアチブで、ＰＲＩに署名する投資機関は、互いに協力しあい、環境（Ｅ：Environment）、社会（Ｓ：Society）、ガバナンス（Ｇ：Governance）のＥＳＧ要因を投資判断や株主としての行動に組み込む責任投資原則を実施し、遵守状況を開示・報告します。ＰＲＩを遵守する投資はＥＳＧ投資とも言われていますが、２０２０年2月現在で、世界２９１１社が、日本では80社が署名しています。日本企業は、２０１５年に年金積立金管理運用独立法人（ＧＰＩＦ：Government Pension Investment Fund）が署名したことで、ＰＲＩへの署名が加速しました。

ＳＤＧｓ達成に向けた原動力の三つ目が、毎年発表される「SDG Index and Dashboards Report」です。これは、ドイツの調査機関が国連と共同で行うもので、17の目標について詳細に分析し数値化することで、各国の達成度を可視化し、更に、国際比較による見劣り等が顕著になることで、幅広いアクターに対し目標達成に向けた動機づけとなる資料的役割を果たしています。ちなみに、これによると、日本の達成度は、２０２１年18位（２０２０年17位、２０１９年・２０１８年15位、２０１７年11位）で年々順位を落としています。２０２１年の日本より達成度の上位国は、欧州勢が占め、日本では目標５「ジェンダー平等」や目標17「パートナーシップ」などで厳しい評価を得ています。このインデックスを見れば、各国が国際問題の解決に向け、どの程度貢献しているか具体的に数値で理解できるので、政治家だけでなく広く企業や一般の人々に目標達成を意識づけることができます。また毎年達成度が発表されるので、志を維持する動機づけにもなると考えられます。

このように各国政府、国際機関、企業、投資家、学者等教育者らが一丸となり、世界全体でＳＤＧｓの達成に向けて動く仕組みが整い始めました。実際に日本もそれに組み込まれるように、２０１６年５月に日本政府内で第一回「持続可能な開発目標（ＳＤＧｓ）推進本部会合」が開かれ、２０１７年からは「ジャパンＳＤＧｓアワード」を企画し、毎年ＳＤＧｓ達成に向けた優れた企業や自治体の取り組みが表彰されています。また毎年「ＳＤＧｓアクションプラン」が発表され、ＳＤＧｓと連動したSociety 5.0、地方創生、そして次世代・女性のエンパワーメントを柱として達成を加速化させようとしています。

日本が、この世界的なＳＤＧｓ達成に向けて活発に活動することは、言うまでもなく大事なことです。しかし、本書で問題としたいのは、日本は、国際社会からの圧力や枠組みや取り組みに後押しされ、ＳＤＧｓとは何かという本質を理解しないまま、持続可能な開発へと舵を取り始めているという感が否めないことです。ＷＥＦ２０１９年調査では、企業や国民レベルでのＳＤＧｓに関する認知度において、日本は調査対象国28か国中、最下位でした（「SDGsを聞いたこともない」51％、「SDGsをよく（ある程度）知っている」8％）[24]。この結果は、国際的視点に関する学校教育の質を見直す必要性があるだけでなく、学校を卒業してからも、日本の社会人が変動する国際社会に関心をもち、学び続けることの重要性を認識する意識改革の必要性を示しています。

国際社会の発展が、SDGsを達成することで、人道的立場から世界平和への道筋がたつだけでなく、人々の不平等や不利益の解決、また地球環境に配慮する経済発展そのものが数値的に見込めるようになりました。これにより、企業は今後ますますSDGs経営やESG投資を経営戦略に取り込んでくると思います。しかし、SDGsの背後にある経済理論や数値的根拠などを学び、なぜそのような数値目標が設定されるのか、自社はどう対応するのかなど、少なくとも企業の経営層は、国際社会に説明できるだけの理論武装ができなければ、表面的なSDGs経営になってしまいます。日本人のSDGsに関する認知度の低さをチャンスと捉え、大学院でSDGs経営を含めた持続可能な発展のための理論とその応用を見据える学びを積極的に行うべきだと考えます。SDGs達成にあるビジネスチャンスを、自らのキャリア形成に取り込み、SDGs経営戦略が画策できる理論的思考能力を習得し、外部からのインデックスに振り回されるのではなく、自らが指標を示せるような企業グローバリストが、今日本に必要とされていることは間違いありません。

4　第四次産業革命期のリーダーシップの不在

ＷＥＦの創設者であるシュワブによると、人類の生活様式を変える産業革命は過去3回あり、現在は第四次産業革命の初期にあると言います。[25] 現代生活の基礎となる産業革命は、1万年前に起きた農業革命です。動物の家畜化に成功した人類は、狩猟採取生活から農耕生活へと生活様式を大きく変え、動力は人から家畜へと移行し、農作物の生産性が上がり、人口増加と都市化へとつながりました。ここに起きた第一次産業革命（1760年代～1840年代）は、蒸気機関の発明と鉄道の普及が特徴で、動力が人間や家畜から機械へと移行しました。次いで、第二次産業革命（19世紀後半～20世紀初頭）では、機械の動力源が蒸気から電気へと進化しました。電気と工場の流れ作業の導入、また鉄道の整備により大量生産が可能になりました。さらに、第三次産業革命（1960年代～1990年代）はデジタル革命と呼ばれ、コンピューターの発明により、情報処理の速度や容量が飛躍的に拡大し、産業の駆動力が電子の世界へと移行しました。1960年代に大型コンピューター、1970～1980年代にパーソナルコンピューター（ＰＣ）、そして1990年代にはインターネットの普及が進みました。こうして迎えた2000年代からは、第四次産業革命の導入期に入り、コンピューター技術（ハードウエア、ソフトウエア、ネットワーク）がさらに高度化し、モノがインターネット経由で通信するＩｏＴ（Internet of Things）やビジネス・モデルのＤＸ（Digital Transformation）化、またあらゆるものがＡＩ技術により自動化されるなど変革が続きます。ＡＩ技術は、情報を今までにないかたちで統合し、遺伝子配列解析、ナノテクノロジー、再生エネルギーなどの新たな分野で革新を起こしています。この第四次産業革命では、人間の仕事は、ＡＩの思考そのものを創ること、そしてＡＩでは対応できない文化創造や感情といった人間的な要素に思考をめぐらすこととなるといわれています。

この第四次産業革命において、高度な技術を最大限に活かし、人間世界の繁栄を実現するには、二つの懸念材料があるとシュワブは指摘しています。一つは、それを導くリーダーシップの不在であり、そのため変革の全体像を理解できていないこと、二つ目は、情報革命がもたらす世界中で起きる課題や機会の創造について、未来展望を共有する世界的機関がないことです。分野を超えて、現実に起きる新たな問題状況を解決するために世界が一堂に会する機関もリーダーも不在であると指摘したのです。そして、このような情報革命期におけるリーダーの不在は、負の効果、たとえば男女格差や貧富の差の拡大を招き、科学技術の暴走を制御できなくなるのではないかと警鐘を鳴らしています。

シュワブは同時に、情報革命期のリーダーが備えもつべき能力は、科学技術を最大限活用しつつ管理統制でき、科学技術を用いた世界の成功モデルを提示でき、それを語り伝達する言葉を運用する能力であると言います。情報革命期の社会においては、分野や領域を超えて、次々と知が統合され常に新しいものが創造され続け、そこでは常に目指すべき成功像が必要となり、その成功像を描き言語化できる科学技術を統制する知的リーダーが必要だと言うのです。現在の小学生が就職するころには、既存の職業の65％は違うものに代わり、全体としては、社会的スキル（他者とのコーディネーション・感情的知性・交渉・説得・サービス関連・教育訓練等）が、限られた専門性よりも重要視されるのではないかと言われています。また、内容スキル（アクティブラーニング・発話・読解・文書作成・ＩＣＴリテラシー）、認知能力（認知の柔軟性・創造力・理論的思考・問題感性・数的推理・可視化）、そしてプロセススキル（積極的傾聴・批判的思考・自己理解と他者理解）が全産業にわたり求められると予想しています。

２０１８年「世界経済フォーラム」では、機械が人間よりも多くの作業をこなすことになると予測する一方、ＡＩ技術は人間の職業を奪うのではなく、繰り返しの作業は機械に任せることで人間の生産性を上げ、人間性を増強し、人間らしい働き方をもたらすとも指摘し、「自動化から増強へ：from automation to augmentation」というキーワードを提示しています。

そして２０２０年「世界経済フォーラム」では、第四次産業革命の技術により仕事が変化し、２０３０年までには、国家、企業、社会が一体となり10億人の世界的スキルアップ革命を起こす必要があると指摘しています。具体的には、介護、工学とクラウドサービス、営業マーケティングとコンテンツ、データとＡＩ、緑化、人間と文化、そして専門プロジェクトの管理者という7領域をあげています。いずれにしても、国家が教育機関を支援し、企業が就労者のスキルアップの環境を用意し、働く個人が時代の技術革新に対応できるように生涯学習とキャリアアップの努力をして、はじめて第四次産業革命が社会に繁栄をもたらすと言うのです。そして、社会全体で、新しく創出される仕事を通して働く個人が成長し充実した人生を過ごせるように、適切な報酬を設定しなくてはならないということです。

では、これらの職業に必要なスキルは、どこで学び習得できるのでしょうか。

たとえば、プロセススキルの批判的思考とは、単に現象や対象を組織の都合や自らの価値基準や感情で批判することではありません。批判する人は、批判の基準を周囲と共有し、建設的に議論の俎上に乗せることが求められます。その上で、理論的に思考しつつ数値的根拠を示し、批判的思考のプロセスを可視化し、発話により発表し、最終的に文字化して報告書にまとめ上げる能力が要求されています。理論的な説明を加える場合、そもそもその理論が十分にその現象を説明できるものなのか、またその現象に用いるのにふさわしい理論なのかなど、理論そのものの特質も理解しなくてはなりません。そうなると、理論そのものを学ぶ必要があり、それは自ずと大学院教育が責任をもつこととなります。

このように考えると、第四次産業革命に求められている職業能力のうち、特にリーダーシップ教育は、大学院教育を受けることが最低限必要であり、問われる能力はその先の話になります。実際に、米国では1990年代から経営者教育という文脈で、大学院と連動した教育が導入され、理論的枠組みを活用して現象を分析するアクションラーニングが盛んになりました[26]。日本では、修士号取得者が少ないことから、大学院教育を活用しきれない企業が多く、第四次産業革命に必要なリーダーシップをとる思考技術そのものの習得を目指す経営者教育が進んでいない状況です。

このように、情報革命期にリーダーがもつべき知的資源は、科学技術と一般市民生活の間をつなぐことのできる能力であり、その特徴は知的リーダーシップ（knowledgeable leadership）と呼べるものだと思います。知的リーダーシップとは、人間が科学技術に管理統制されるのではなく、人間が科学技術を管理統制するために、科学技術そのものの生成過程や性質を知った上で、知識を総合して指揮能力を発揮することと言えます。ここで言う科学技術とは、物理学や工学等の自然科学にとどまらず、人間の心理や文化や政治などの社会科学も含んだ、主に大学等で生成され精緻化される理論やモデルを学際的に扱う技術を意味します。領域を超えて科学技術を扱うことが求められる指揮官は、自然科学に偏ることなく、社会科学も理解し視野に入れて、両者を組みかえながら社会を創る科学的知識創造力を備える必要があります。そのような能力なしには、人間のための科学、つまり「自動から増強へ」は実現不可能となります。そこには、男女差や人種の差はなく、科学的知識を扱う能力の有無において第四次産業革命期のリーダーになれるかなれないかが分かれると言えます。そして、知的リーダーは、科学技術とはどういうものかを理解し生成する能力をもつという意味で、大学院レベルの教育を受けていることが最低条件であるということです[27]。

以上が、第四次産業革命という視点から捉えた、知的リーダーがもつべき素養としての大学院レベルの教育の必要性です。自然科学と社会科学を二分するのではなく、人間や地球の繁栄のために必要な科学技術の総合的な管理統括能力が今必要であり、その力量は大学院レベルの教育で習得されるものだということです。科学技術の進歩そのものが社会に新たなリーダーを要請し、それに応えるための教育が、大学院教育です。しかし、日本では教育不足から、社会科学を扱い、自然科学と社会科学をつなぐ素養をもつ人材不足が起きています。自然科学では世界的リーダーとしてノーベル賞受賞者をだす日本において、その自然科学を人間社会に活かし豊かな社会を形成する領域で、世界に舵を委ねるのは、ある意味無責任とも言えます。自然科学の社会的有効活用の展開まで、日本は責任をもつという意識改革が必要です。

5　国際移動下の職業キャリア50年時代
――キャリア発達軸としての知識の科学化

最後に、経済のグローバル化と科学技術の高度化が進む中で起きている世界的人口爆発、少子高齢化、そして長寿化社会の視点から、大学院教育の必要性を捉えてみましょう。

栄養や公衆衛生が良く、医療技術が向上するにしたがい長寿化が進み、人生は100年にもおよぶという衝撃的な報告が出されています。国連経済社会局人口部が発表した『世界人口推計2019年版：要旨』によると、日本の総人口は2009年の1億2855万人をピークに、2100年には推計7495万人となり、人口は半分近くまで減ると予測されています。その要因となる少子化傾向を示す合計特殊出生率は、2018年6月現在で前年比0・01ポイント減の1・42となり、出生数、出生率ともに3年連続の減少となりました。また、現在20歳の日本人は、平均寿命が約94歳（中位推計：男性90歳、女性97歳）になると推定されています。これらの推計に基づけば、日本の少子高齢長寿化の人口構造は、百年間続くことになります。

長寿化する人生では、20歳前後でいったん学校教育を終えてスタートする職業キャリアは、約50年近いものになると想定できます。たとえ正社員として採用され、20代30代40代で交わす雇用契約書に「定年まで採用」と書かれていたとしても、企業寿命や個人のライフ設計、また自然災害など、契約上の終身雇用は常に見直しを迫られる可能性があります。人生100年時代におけるこの「職業キャリア50年時代」に第四次産業革命は進行し、職業そのものが進化するのであれば、私たちは常に職業能力を高めつつ、自らのキャリア設計を50年間見直し続けることになります。グラットンら[28]は、ロボット技術が中心となる第四次産業革命期において、人間にしかできない職業能力として、専門知識と論理的思考の能力、対人関係と状況適応の能力の二つをあげています。そして、専門技能の修得のためには、一般的に1万時間が必要ですが、長寿化においては、生涯に複数の専門技能の習得が可能であるとしています。そして、時代にみあう教育機関として大学院教育をあげ、そこを、専門的な過去の知識を集約しつつ、その知識を最新化する思考訓練の場、また二つの異なる領域の修士課程を修了し、科学的知識の領域を拡大する場として捉えています。職業キャリアを50年とすると、私たちは43万8000時間をもつことになります。そのどこかで1万時間を使い、科学を扱える職業人となるための理論やその応用を大学院で学ぶ選択肢を、大卒社会人はもつことを推奨しています。これが、職業キャリア50年時代という時間的余裕で、引退を70~75歳に設定したグラットンらの「人生100年マルチステージ・モデル」(図2・1)です。第四次産業革命期の職業キャリア50年においては、社会人は、時間をかけて、教育を受けつつ学習を続け、時代にみあう働き方へと自分を組み替えていくキャリア発達が必要だというのです。その際に必要なスキルは、科学技術の進展にみあう職業能力であり、端的には、科学を扱える職業人を育成する大学院教育であるということです。知識の科学化という個人の成長に基づくキャリア発達の道筋がここでは示されています。

また、グラットンらは、人生100年時代の職業人生50年時代において、企業は従業員から六つのニーズをつきつけられ、対処することになると述べています。第一に、上記の専門技能のような無形資産を評価するという姿勢です。たとえば、企業外で大学院を就学することを後押しする企業文化をもつのかどうかということです。第二に、50年もの職業人生においては、節目において職業の移行が起きる可能性が高くなります。それに備えて、外部の人的ネットワーク形成を積極的に後押しするなど、企業側が従業員の移行を支援する体制が問われることになります。第三に、人生が「教育－就労－余暇」の3ステージからマルチステージになることで、働き方にも緩急をつける必要が出てくるということです。たとえば、企業は、サバティカルとして休職して大学院に通う、またボランティアをして活力を補充するなどを承認することが、従業員から期待されるようになります。第四に、従来の仕事と家庭の分離を解決すること、第五に、年齢基準をやめること、そして第六に、挑戦を承認することです。時代は新しい技術が創出する新しい仕事やその先にある新しいサービスを求めています。それにはロールモデルがないわけですから、失敗を恐れずに挑戦することを受容し、それを評価する姿勢が企業には求められているということです。

日本では、1章で述べたように大学院リカレント教育という概念が1980年代から本格的に議論され、教育と職業との関係で人生設計が時代と共に変わることをモデル化しようとしました。その際に提示されたモデルをもとに修正を加えてまとめたのが図2・1です。

「フロント・エンド・モデル[29]」は、現在60歳後半の団塊の世代を中心とした、日本の高度成長期を支えた一つの生き方モデルで、リンダらの「3ステージ・モデル[28]」と同じです。その後、日本では、先進国に遅れて1990年代から生涯学習社会へと移行しようとします。その際にモデルとされたも

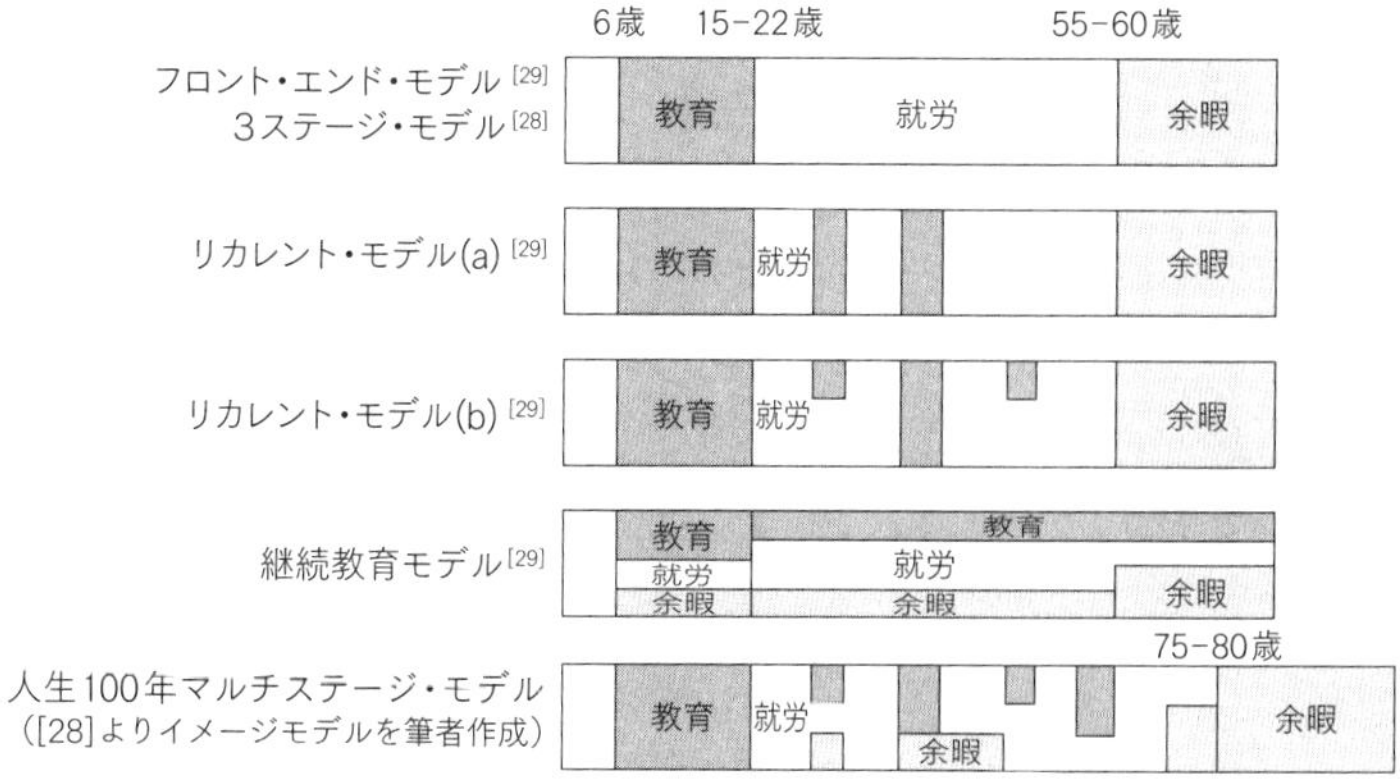

図2・1　リカレント教育と人生設計

のが１９７０年代前後の米国型「リカレント・モデル（ａ）」で、就労をいったん中止し、学校等で資格取得や職業スキルを修得することで、より高度な職業へとキャリアアップするというモデルです。また米国では、就労を継続しつつ教育を受け続ける「継続教育モデル」も提唱されました。しかし、日本でリカレント教育を普及させるには、終身雇用との関係で休職や転職は一般的ではなく、就業時間内に社外で教育を受けることも認められにくいことから、職業を継続しながら夜間や週末に就学して教育を受ける「リカレント・モデル（ｂ）」がモデルとなり、本書で扱う社会人大学院リカレント教育が政策主導で推奨されました。しかし残念ながら、既述のように、実際は時間的制約や働き方が要因となり、このモデルは実質化していません。

最後に、日本の長寿化と並行して見られる少子高齢化に伴う国際人口移動の視点から、大学院教育の必要性について述べたいと思います。

日本では、人口減少を受けて、多くの外国籍の労働者

（以下、外国人労働者）を受け入れる政策が実施されています。その中で、２０１５年から在留資格「高度専門職」が導入され、自然科学と社会科学の専門知識を要する業務に従事する外国人労働者の受け入れを拡充する政策が続けられています[30]。在留資格「高度専門職１号ロ」の外国人労働者数は、ここ3年で約8倍に増えています。この在留資格のポイント制度では、大学院教育を受けた外国人に高いポイントを付与し、無期限で就労できる「高度専門職２号」や「永住者」への移行を有利にしています。

このように、国家は外国人に対しては大学院教育成果を高く評価し、日本での就労を奨励し、企業も高度外国人就労者を厚遇していますが、企業は、日本人の大卒社員がキャリアの途中で大学院リカレント教育を受け知識を高度化することには積極的ではありません。企業が修士課程等の新卒院生を積極採用することも重要ですが、主に大卒社員が職業経験を積んでから科学を扱う能力を得ることは、修士課程等の新卒とは違う企業内での活躍が期待できるはずです。このまま日本人の修士号取得者数を増加させずに外国人の修士号取得者を積極的に採用し続けると、日本人社員と知的レベルで議論がかみ合わず、修士号取得者の高度専門職の外国人就労者は、日本企業で働くことに限界を感じ始めるかもしれません。高度専門職業人として社員に大学院リカレント教育を推奨することは、企業の知的タレントマネジメントやグローバル経営の視点からも急務と言えます。

世界に目を転じると、総人口は現在約77億人ですが、10年後には85億人に、そして２０５０年には１００億人弱になり、２１００年にはほぼ１１０億人でピークに達するのではないかと予想されています。その一方で、人口の増減は、国ごとに事情が異なります。日本のように人口減少が続く国がある一方で、インドのように急激な人口増加が予想される国もあります。人口の国際移動については、2010年から2020年にかけて、移民が100万人を超過する国がある一方で、逆に移民流出が100万人を超える国もあります。日本は、この10年間で国際移動による人口増が起き、死亡率と出生率が相殺され、人口減少が抑えられる可能性があるという予測が国連から出されています[31]。しかし移民数は、コロナ感染症拡大前の2019年で米国が人口比15・4％、ヨーロッパ平均11・0％に対し、日本は人口比2％と極めて少ないのが現状です[32]。日本では、今後多様な分野で外国人労働者の受入れが進むと予想されます。技能実習生を中心とした単純労働者だけでなく、高度な専門知識を有して科学を扱う知的外国人労働者の日本への流入が進むことは、日本人の知識基盤の底上げが急務となる理由の一つと言えます。日本人社員が外国人修士修了社員と対等に科学的な視点から話ができるように、今から準備を進めるべきだということです。

以上、日本の社会人が今なぜ大学院リカレント教育が必要なのかの理由を、国際機関や国家の枠組みというマクロレベルでの必要性、企業等のメゾレベルでの必要性、そして個人のキャリア発達の成長軸というミクロレベルでの必要性から述べました。そして、本書の意義は、その必要性に働きかける視点を示すことにあると考えます。それにより、図1・1（左側）に示すような問題状況を解決するために、国家と企業等と大学院と個人というレジーム四者（図1・1の右側）で大学院リカレント教育の価値と必要性を理解し、自然科学も社会科学も社会に活用する成功イメージを共有する一助になると考えます。

3章 大学院教育と社会の間の知識循環
――トリプルループ学習モデル

1章と2章では、国内外の社会的な必要から国家プロジェクトとして始まった専門職大学院を中心とした日本の社会人大学院リカレント教育は、ある種の負のループに陥り、量的拡大が滞っている実態を述べました。そして、これを打開するには、レジーム四者（国家・企業等・大学院・個人）で、正のループとなる成功モデルを共有する必要があることを指摘しました（図1・1右側）。そこで本章では、この成功モデルの中心概念に専門職大学院の教育理念である「理論と実践の架橋」を据えて、成功モデルとはどのようなものかについて、青写真を作成してみたいと思います。

実はこれまでにも、社会人大学院生が学術的な知識と企業等の実務で得た経験的な知識を活用することについての研究はいくつかあります[33]。しかし、本書で紹介するモデルがそれらと異なるのは、大学と企業と個人がもつ知識の性質に着目し、その違いを一つの指標で全体として捉えていることです。知識の性質の違いに価値を認めながら、知識を組み替えていくプロセスそのものに踏み込んだ議論としては、初めてのものとなります。

ではどうして、このような成功モデルが不在なまま、専門職大学院は開校したのでしょうか。なかでも企業等の経営管理を領域とする最も社会人が多いビジネススクールは、労働市場において、たとえば部長職に必須の教育という専門性を確立するに至っていません。これは、教育の質保証という視点で、制度設計の段階から問題が指摘されていました。ビジネススクールで専門教育を修了した修了社会人が、具体的に社会科学をビジネス現場でどのように活かすのかという踏み込んだ議論はなされなかったのです。そしてこの課題は、学習当事者の社会人とそれぞれの職場に委ねられるかたちで始動したのでした[34]。

大学院リカレント教育が検討され始めた1980年代は、日本企業の多国籍化が進み、海外での現地生産に拍車がかかり、海外駐在など従業員のグローバル化が本格化し、一定数の大卒社会人が、欧米のビジネススクールへ留学しました。そこでの経験を手がかりに、日本でビジネススクールを開校するにあたり米国のプロフェッショナルスクールをそのまま手本とし、そうすることの問題点などは、詳細には検討されなかったのです。ビジネススクールという経営系の社会人大学院リカレント教育が社会の中でどのような役割を果たすのかは、開校後の検討課題として残されたのです[35]。

成功モデルなしで専門職大学院を設立認可しスタートさせたことは、ある意味無謀で無責任なように見えるかもしれません。しかしこの背景には、1章で述べたように、大学院設置基準が抑制主義から準則主義に移行したことを考慮する必要があります。大学院の成功モデルは、一定の時間経過の後の事後点検により常に変化し続けるものという考え方のもと、社会人修了生の社会的活躍ぶりを教育成果として捉え、そこに至るまでの教育実践・学習過程に関するモデルを生成し組み替えていく終わりのないプロセスが、ビジネススクール設立の前提になっていたのです。

では実際に、教育理念に照らして制度的な点検と修正を行うためには、どのような方法が考えられるのでしょうか。一つの方法としては、その制度の利用者の個別具体的な視点や到達点から教育実践を相対化する、ミクロな視点からのアプローチが考えられていました[36]。また、米国モデルを導入したことで、米国における専門教育論での議論を参照しつつ、日本における制度的な整合性において検証するという、マクロな視点からのアプローチも提案されていました[35]。しかし現状においては、そのどちらのアプローチも手付かずのままで、本書は日本で初めて、前者の実証的と、後者の理論的の両方向から専門職大学院教育の成功モデルを提示しようとするものです。その手順は、まずは理論的にモデルを生成することから始め、次に専門職大学院の利用者である学習当事者の現実的な事例から理論とのギャップを捉えることとしたいと思います。これにより、現実に即した成功モデルを描くことができると考えます。

社会人は、ただ単に社会科学の知識を教科書どおり理解し記憶し、ビジネス現場で使用するという、知識の表面的な移動、もしくは、一夜漬けのようにテストが終了すれば忘却してしまうような表面的な知識の移動を行っているのではありません。一見、モノのように見える知識は、大学と企業の間を行き来する個人の中では、価値観や考え方にも影響を与え、心理的な変容を起こしているという報告があります[37]。学術的な知識である理論とビジネス経験で得る知識の性質の違いと価値を、レジーム四者で理解することなしには、大学と社会の間の知識の移動は進みそうにもありません。このような問題意識に立ち、3章では、社会人大学院リカレント教育の中心的教育機関であり、成功モデルがないままスタートすることになったビジネススクールに着目して、レジーム四者が共有できる理論的な成功モデルを描いてみます。この日本型ビジネススクールの成功モデルは、大学院教育研究という、研究蓄積の浅い領域における学術的な貢献と自負しています。

1　先行事例としての米国の大学院教育

米国では、大学院は研究者養成のための研究型大学院と、専門職養成のプロフェッショナルスクールに2分類され、プロフェッショナルスクールは、研究型大学院から発展的に分化して設立されてきた歴史があります。米国で本格的に大学院レベルでのプロフェッショナルスクールが展開したのは、1900年にダートマス大学エイモス・タック校に始まり、1908年ハーバード大学、1921年にウォートン校、1925年スタンフォード大学と続きました。日本に先駆けること、約100年の歴史をもつことになります[35]。

その米国では、1980年代に入りプロフェッショナルスクールへの批判的検討が進み、見直しが始まりました。成人教育における認識論の第一人者であるショーン[38]は、大学と社会の間にある知識の性質には階層性があり、米国の専門職業（人）の間で専門的な知識が有効に活用されず、知識の停滞が起きていることを問題視します。その問題点の核となるのは、専門性の優位性とも知の規範化とも言われるものです。日本型成功モデルを考える上で、日本の労働市場や労働慣行において、大学院教育がもたらす専門性がどのように受け入れられるのか、また知の規範化という米国と同じ問題をかかえる可能性があるのか、これらの点を検討する必要がありそうです。その意味で、ショーンらの理論枠組みを用いて検討することは、日本の社会人大学院リカレント教育の成功モデルを国際的に議論する可能性へと拓くものと考えます。

1・1　米国における大学と社会の間にある知識の階層性

まず、ショーンの論考から、米国におけるプロフェッショナルスクールを介した理論的知識の活用の特徴と問題点を理解しておきましょう。

ショーンは、1930年ボストンで生まれ、イエール大学で哲学を専攻した後、教育哲学者デューイの影響を受けつつ、実践における意思決定過程研究で1954年にハーバード大学大学院で博士号を取得しています。その後、コンサルタントとして活躍し、またケネディ政権時の米国産業に関するプロジェクトにおいて中心的役割を果たしますが、中央政府からのトップダウンによる改革の限界に直面しました。そこで技術革新と組織における思考のフレームの転換について研究し、大学と社会との関係性を説明する新たなモデルとして「省察的実践」という概念を1983年の著書で発表しました。[38]

ショーンによると、西欧では、「人間の進歩は、科学を用いて人類の目的を達成する技術を創造していくことで達成される」という考え方が優勢になり、18世紀には、「技術プログラム」という考え方が、啓蒙主義哲学の主要なテーマとなり、19世紀後半までには、世界の知恵を集約する役割を果たしたと言います。そしてこの時期には、プロフェッショナル（＝専門職業人）は、人類の進歩を達成するために新しい科学を道具的に使用する役割を果たすものとされ、医学は健康維持のための技術として、工学は産業のための技術として、政治学も社会工学として位置づけられました。専門的職業(profession) が、「技術プログラム」の主要な担い手となったのです。

この考え方は実証主義と呼ばれています。経験に基づく科学が世界に関する実証的知識の唯一の源泉であること、神秘主義や迷信その他の疑似知識を人間の心から追放すること、そして科学的知識と技術的コントロールが人間社会へと拡張すること、この三つの教義を主要な考え方としています。実証主義にとって世界についての有意味な説明とは、経験的観察に基づく説明であり、目的と手段という関係をめぐる知として構成されるようになりました。そして目的が一度同意されれば、「どのように行動したらいいいか」という問いは、技術プログラムによる予知の方法を用いることで科学的に答えることができると考えます。

19世紀後半と20世紀初頭、エンジニアと医師は目的と手段を当てはめる点において劇的な成功をおさめました。これらの職業は技術ベースの科学的実践の典型例となり、従来の職人の技や熟練は、科学的な実践の知識とは認められなくなります。米国では当時、科学性を備える知を尊重する世論が強く、合理的に分析された知識が受け入れられ、生活の改善に役立つと期待されました。その結果、大学と専門的職業の役割分担が、労働を適切に配分するという序列化のかたちで定着します。この関係は「分離と交換」と言われました。大学は、専門的職業が実践上の問題を大学に提供したものから新しい科学的知識を生成し、それを専門的職業に返していくのです。この交換関係は、専門的職業の技術者が、決して大学に職を得ることはできないという意味で分離されました。

1950年代半ば、ソビエトによるスプートニク号の打ち上げが成功し、米国では、スプートニク・ショックが起こり、科学に基づく社会づくりの機運がさらに高まりました。そして、国家プロジェクトとして、プロフェッショナルを養成する専門職主義の確立が急がれました。1960年代半ばには、米国においてあらゆる専門的職業が専門科目として大学の中に位置づきます。しかし、その代償として、職業もまた、実証主義の認識論を受け入れなければなりませんでした。研究者は、大学で基礎理論を生み出す任務を、専門的職業と技術者は、基礎理論を実践に適用する任務を担当します。そして、プロフェッショナルスクールの役割は、「プロフェッショナルの仕事を進める際の土台となる一般化された、体系的な知を学生に伝達することである」と定義づけられました。こうして、米国では、科学が技術より優越的だという知識の階層性を受容するかたちで、プロフェッショナルスクールは大学内部に地位づけられ発展しました。新しい理論を生成する人々は、それを実践的に適用する人々よりも高い地位にあり、「高次元の学習」は「低次元の学習」よりも優位にあると考えられるようになったのです。これが、研究と分離したプロフェッショナルスクールが誕生した背景であると言われています。

1・2　米国における専門的職業がかかえる「技術的合理性」という問題点

米国では専門的職業人の養成が大学とリンクし、国家目的のために科学を適用する計画が実行されて輝かしい成功をおさめました。国家が莫大な資金をつぎ込み、明確な目標を立てれば、科学はあらゆる困難な問題を解決できるという自信と期待が人々の間に生まれたのです。科学を厳密に使用すれば社会問題は解決されるはずなので、科学が実践の基礎となるべきであるという「技術的合理性」という考え方を、人々は受け入れました。政府が研究機関につぎ込む費用で、新しい科学的知識が創造され、それが富を生み、人々の生活を豊かにし、社会問題が解決されると信じたのです。この期待が、基礎研究と応用研究の階層性を促し、医学モデルと工学モデルにおいて成功をおさめます。そして、社会科学者たちも、教育や政策立案などにおいて、このモデルに追随しました。

しかし、次第に専門的職業の問題点が浮き彫りになり始めます。科学だけでは社会問題を解決できない現実に、一般の人々も、プロフェッショナルも、科学者も気づき始めたのです。現実の問題は、複雑性・不確実性・独自性・価値観の衝突という特徴があり、問題の所在が不確かで見えにくい状況になっていたのです。問題の核心を見出し、問題解決のための目的を設定するという営みは、技術以前のことであり、このような非技術的プロセスにおいては、「技術的合理性」は適用できないということに人々は気づき始めたのです。

この問題状況において、「技術的合理性」の縛りを受けたまま現実の問題に向き合うと、プロフェッショナルは、非技術的なプロセスにおいて二つの葛藤状況を経験することになるとショーンは指摘します。専門家の間で、同じ現象を異なる枠組みで捉えようとすることで起きる専門家集団内の葛藤と、多様性に富む現象を無理に既存の枠組みで理解しようとすることで、その問題に苦しむ当事者たちの期待に適切に応えられないという専門家個人内の葛藤です。そこでは、プロフェッショナルも問題をかかえる当事者も、科学技術の使用をめぐる「厳密性と適切性のジレンマ」に陥ることになります。そして、このジレンマに直面したプロフェッショナルは、自分の専門的知識に合わせて問題状況を設定する、手に負えない問題状況を「ジャンク・カテゴリー」に入れる、また果ては問題状況にあるクライアントを「問題あるテナント」として、問題の所在をずらしてしまうなどです。問題をかかえた当事者を犠牲にして、プロフェッショナルが技術的な熟達の感覚を得ようとする傾向があることに、ショーンは警鐘を鳴らしています。

1970年代に入ると、このようなプロフェッショナルが、「技術的合理性」ゆえにかかえる葛藤について研究する分野が現れ始めます[39]。実証主義の視点に立てば、科学という知は、経験された事象から普遍的なものを抜き出し、研究者が生成するものなので、たたき上げの職人の技など、他の人が経験できないものは、科学とはなりえません。しかしショーンは、実証主義者たちが封印してきた技のような暗黙的なものにこそ、現実と科学のギャップを埋める新たな知があり、科学となりうるのではないかと考えました。科学には、事実の後に研究により構築される命題というかたちだけではなく、事実に先立つプロセスというかたちもあるのではないかと言うのです。ショーンはこれを、科学の使用をプロセスとして捉える、プロセスの科学という言葉で提示しました[38]。暗黙的な知識は、科学を使用する専門職が、その実践を行いつつ、その行為を省察し言語化することで、プロセスの科学となりうると言うのです。

ここで言う「実践」という言葉は、ショーンによると、始まりと終わりという「構成単位」のある行為の「繰り返し」と定義されます。一般市民の実践においては、たとえばピアノのレッスン、医療のプロフェッショナルの実践においてはたとえば「症例」、弁護士では「判例（ケース）」などが当てはまります。専門分化が進むにつれ、同じ分類の構成単位の多様なバリエーションを経験することになります。

以上のように、大学から社会に向けて一方的に知識を伝達する、専門性の優位性という階層性をもつ「技術的合理性」は、知識を効率的に組み替え活用する流れを停滞させることから、プロセスの科学が注目されるようになりました。

1・3 ショーンによる米国プロフェッショナルスクールの修正モデル「省察的実践」

ショーンは、プロセスの科学を生み出すプロフェッショナルを省察的実践者と呼び、技術的合理性から脱却し目指すべき理想形として提示します。省察的実践者は、問題状況に苦しむクライアントと省察的契約をし、使用する科学技術の見直しを行うため研究者と省察的研究を行い、さらにここで重要な役割を担う両者との省察的対話（reflective conversation）を行えることが前提になります。したがって、プロフェッショナルスクールの役割は、この三つの資質をもつ省察的実践者を育成することであるとしています。

一方日本には、科学的知識と経験的知識の階層性はなく、科学技術偏重の文化もありません。むしろたたき上げの技術や直観といった、経験重視の文化があるように思います。そして、それは、日本企業がビジネススクールを効果的に人材育成として活用できない現状の端的な要因でもあると思われます。そこで、日米にはこのような違いがあることを念頭に、まずは米国型の理想形を、日本型の成功モデルを生成する上でのたたき台としたいと思います。理論と実践を正面から論じた唯一の論考がショーンの「省察的実践論」であるというだけでなく、米国同様に、日本社会が大学の科学的知識を偏重するならば同じ過ちを繰り返す可能性があり、日本への反面教師としての意義もあるからです。

■省察的契約と省察的対話

ショーンの提示した成功モデルとしての省察的実践では、プロフェッショナルは、新たな理論と技術を発見する研究的な役割を果たす実践者となります。そして、クライアントは既存の理論と技術では解決できない問題を指摘し、プロフェッショナルに省察を促す役割を果たすとしています。ショーンはこのようなプロフェッショナルとクライアントの関係を「省察的な契約：reflective contract」と呼んでいます[38]。

技術的合理性においては、クライアントはプロフェッショナルとの関係において、広い自由裁量の余地があります。つまり、プロフェッショナルの専門性を信頼するかしないかはクライアントの自由であり、対話による問題解決は想定されていません。一方、省察的実践においては、クライアントはプロフェッショナルと、問題状況に対して省察的な対話（RC：reflective communication）をし、解決に向けた主体的な役割を果たします。

プロフェッショナルは、省察的実践においては、クライアントと共に問題解決に向けた探索を行い、自己の専門知識に基づく説明をすることが期待されています。プロフェッショナルは、熟達者としての自分の専門知識の範囲という安全圏を超える現実問題に直面することを受け入れ、自ら進んで挑戦します。クライアントからの専門的な熟達への敬意を諦め、新たな発見による満足に動機づけられて、「実践の中の研究者：researcher-in-practice」になることを決意します。技術的合理性では、クライアントの理解能力に限界があるという前提で、プロフェッショナルの説明対象は同じプロフェッショナルであると考えられています。しかし、省察的実践では、プロフェッショナルは、自らの理解をクライアントと共有する責任があることを自覚し、専門的な熟達度が、クライアントのいる現実世界においてどの程度有効なのかを直視し、クライアントに寄り添う姿勢をもつものと考え、ショーンは彼らを「市民的プロフェッショナル」と呼びました。

さらにショーンは、このような市民的プロフェッショナルを養成する教育機関が、プロフェッショナルスクールだと位置づけますが、これは視点を変えれば、プロフェッショナルスクールで学んだ知識を社会で活用させる職業が確立しているからこそできる主張と言えます。日本企業の主に事務職が、専門的能力よりも企業特殊で経験的な知識を評価し、年功序列的に給与を決定する職能給制度であるのとは大きく異なります。日本では、企業の経営管理等の事務職は一般的には職能給であり、職務給制度が確立されている専門職は、主として医療・法曹等の一部の職種に限られています。[40] 専門職が確立されていないのであれば、大学院で学ぶ科学的な知識を企業という一般社会で有効に活用する時、米国が直面する「技術的合理性」の罠には陥りにくく、経営層から一般従業員まで、たとえば顧客志向や、おもてなしといった職務姿勢を第一義としてもそれと融和的となるという仮説が立つように思います。しかし、今後、米国のように知識の階層性を形成し、専門職主義とも言える職務給制度を短絡的に企業が取り入れれば、米国と同様に科学を社会で活用するプロセスに停滞が起きる可能性はあります。日本の成功モデルは、これが起きないことを説明できるものでなくてはなりません。

■省察的研究

科学を扱う省察的実践者としてのプロフェッショナルは、状況と省察的な対話[38]（reflective conversation with the situation）をすることで、理論と技術を現実に即してより良いものに発展させ、時には新たに生成するという役割を果たします。省察的研究の方法として、ショーンは五つ提示しています。専門職として大学院教育とリンクして確立された職業実践において、これらの省察的研究がプロセスの科学という新しい学問領域となる可能性を述べています。

一つ目は「フレーム分析」で、プロフェッショナルが、問題と自己の役割に枠組みを与えるやり方について分析することです。プロフェッショナルは自分の役割に応じたフレームで、問題状況を認識し、問題解決のために理論や技術を持ち込みますが、自らが用いるフレームに自覚的であることが、他のプロフェッショナルのフレームの存在を知ることを導くと考えています。

二つ目は「レパートリー構築研究」で、事例研究とも言われ、一連の実践を、「始まりの状況－実施した行為－その結果」として記述し、その記述を蓄積させていく研究です。弁護士における判例の記述、ビジネスにおける成功事例や問題状況の記述、教員が学生指導する際の質問の仕方の記述、医療における症例の記述などが、具体例としてあげられています。

三つ目は「基礎的探索方法と架橋理論に関する研究」で、先のフレーム分析とレパートリー構築研究と密接に関連しています。これまでに経験のない問題状況に対峙する第一歩として、プロフェッショナルが、使用可能な既存の理論をある意味スプリングボードとして使用し、探索的な方法で、最終的に問題状況を再構築するというものです。ショーンは、このような省察的研究における具体的な方法論を二つあげています。一つは、実践におけるエピソードの検証から架橋理論の構築プロセスを明らかにする研究です。もう一つは、アクションサイエンスです。一回限りの不確実で不安定な問題状況において、プロフェッショナルと研究者が協同で自分たちの仮説を生成し、検証する方法です。

四つ目は「行為の中の省察プロセスに関する研究」で、実践行為の中で行う省察を妨げたり促したりする条件や要因を探る研究です。実践行為をする際に、どのような省察を行っているのか、その認知的プロセスを明らかにするには、プロフェッショナルの実践環境を、社会的な文脈、思考の偏りなどの強化システム、観察されていることが何らかの影響を与える、いわゆるホーソン効果の三つの側面から検証する必要があるとしています。ショーンは、この研究のための新たな研究方法が必要になるとしていますが、具体的には示していません。

最後の五つ目は「研究者と実践者」で、研究者とプロフェッショナルである実践者との関係性への関心を指します。省察的研究では、研究者とプロフェッショナルが相互に協力しあい、実践に臨みます。プロフェッショナルは、実践に用いた理論や技術、その時の思考や経験を研究者に言語化すると同時に、自らのプロフェッショナルとしての在り方を見直します。一方、協同する研究者は、実践の内部から実践状況を観察し記述します。実践の現場に自ら入り、理論や技術を適合させるプロセスを自ら経験する研究者は、複雑な現実社会の問題状況を前に、新たな認識の枠組みの必要性を感じ、それを与える役割を果たすことになります。ここにおいて、プロフェッショナルの所属する学校や医療や企業などの所属機関と、研究者の所属する大学や研究所との、新たな関係が形成されると考えています。視点を変えれば、大学にとってプロフェッショナルの所属機関は、社会における新たな問いを発見する源泉となります。その問いは、新たな理論や技術を生むだけでなく、プロフェッショナルスクールの教育プログラムにも反映されるべきと捉えています。

ここでショーンが描く修正モデルは、当然ながら、先のクライアントとの関係で示したように、明確に研究者とプロフェッショナルを区別している米国の職務給制度による労働市場が前提になっています。省察的実践者としてのプロフェッショナルは、大学に蓄積された科学を、道具として一般市民であるクライアントの問題解決に使用し、そこで解決しきれない問題状況においては、クライアントから知識を得て個人内で知識を組み替え、新たな知識を創造して問題解決を図ろうとします。それでも対応できなければ、プロフェッショナルは、科学そのものを問い直すために、クライアントや周囲との省察的対話から得た知識を大学に移動させることになります。ショーンは、このように省察的実践者というプロフェッショナルを、大学と社会（一般市民）の間における知識の活用や応用の主体として描いています。職務給制度が確立され、専門分化された階層性のある米国の労働市場の現状においては、科学者（大学）、プロフェッショナル（企業等の組織）、そして一般市民（社会・生活者）という三者は明確に役割が分担されていて、三者の個人間で知識を円滑に活用し、応用し、生成させるにはどうしたらいいのかという問題意識で省察的実践論を提示しています。そして、科学者と一般市民がもつ知識の性質が異なることを前提に、その性質の違いを橋渡しする役割としてプロフェッショナ

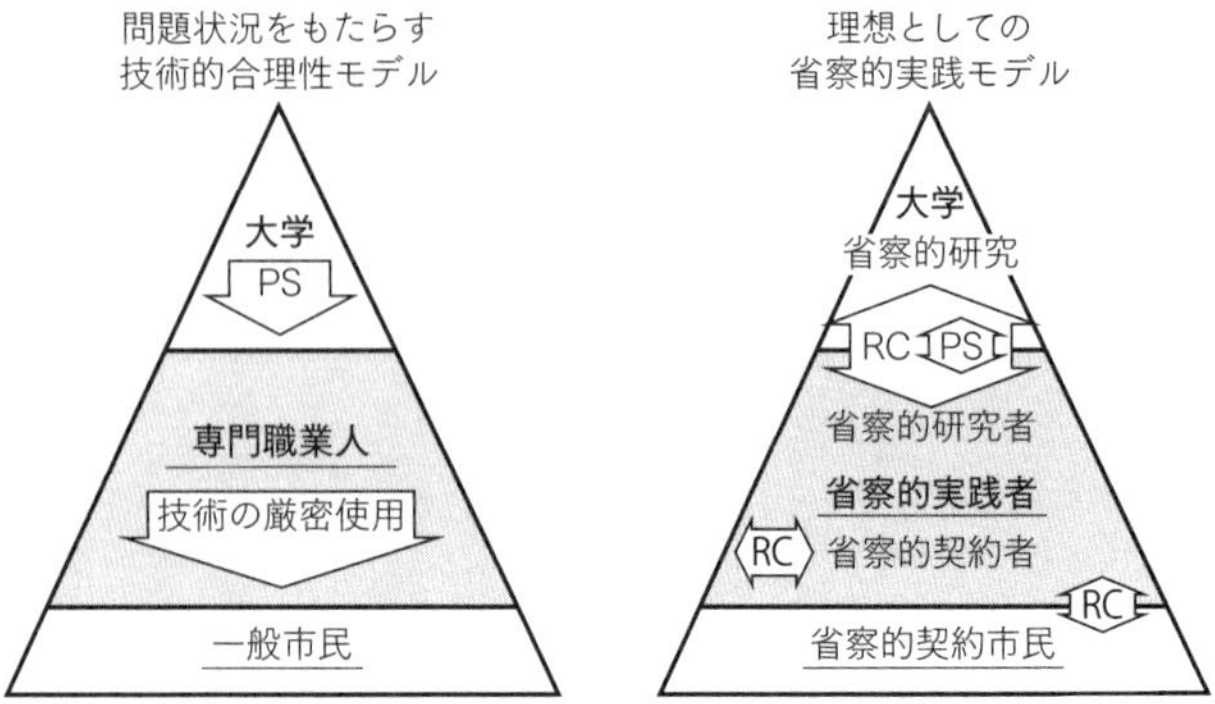

PS: プロフェッショナルスクール（professional school）
RC: 省察的対話（reflective communication）

図3・1　ショーンの省察的実践論の説明図

【出典】Schön (1983/2007) [38] を参考に筆者作成。

ルを捉え、彼らを省察的実践者と呼んでいます。

このような三者の間の分業体制を前提に、ショーンは、米国のプロフェッショナルスクールは、省察的研究の場の中心となりつつ、省察的研究者を育成する場となるべきだと考えます。科学を扱う専門的な知識の取得とその使用という、ある意味一方向的なプロフェッショナル養成の役割イメージから脱却し、大学と社会の間をつないで階層間で知識の移動が円滑に循環するという、より大きな視点でプロフェッショナルスクールの役割を論じています。

本書では、以上のようなショーンが提示した米国の専門職業が発達した職務給制度の労働市場を前提にした省察的実践論を、米国型省察的実践と呼びたいと思います。そして、これと比較するかたちで、職能給制度が一般的な日本企業における経営管理等の事務職の成功モデルを、日本型省察的実践と呼び、その生成を目指したいと思います。

以上のまとめとして、筆者が理解した米国におけるショーンの省察的実践論が図3・1です。技術的合理性（左側）においては、知識は大学から一方通行的に移動しますが、その限界を超える成功モデルとしての省察的実践（右側）では、知識は双方向の移動となることが特徴です。

1・4　ダブルループ学習から捉える米国型省察的実践とその限界

ここで、前節で考察した省察的実践論をより深く理解するために、ショーンがアージリスと共に1974年に提唱した、ダブルループ学習[41]という概念を紹介したいと思います。ダブルループ学習は、問題解決型の経験学習モデルの一つで、学習当事者が経験をどのように学習資源として省察し、新たな行為へとつなげるかという学習サイクルを説明する行為の理論（theory of action）に属するもので、個人の思考プロセスを説明する概念です。メゾレベルの企業や大学等の組織を運営するのは、そこに所属する研究者やプロフェッショナルという個人です。そして、一般生活者も個人です。個人の思考というある意味相互理解の最小単位の部分で、各個人がもつ知識がどのように移動し、活用され応用されるのかを理解することなしに、省察的実践論を理解することは難しいとショーンは述べています[38]。また、このことの重要性は、その後の研究でも長く支持されています。図3・2は、成人学習理論の解説書とも言えるフィンガーとアスン[42]を参考に、筆者が加筆修正した説明図です。

ダブルループ学習では、人はそれぞれ一連のシングルループの学習サイクル（行動－経験－観察－抽象的概念化－次の行動・・・）をもちますが、その中で、次の行動の根拠となる自らの行為の理論がつ

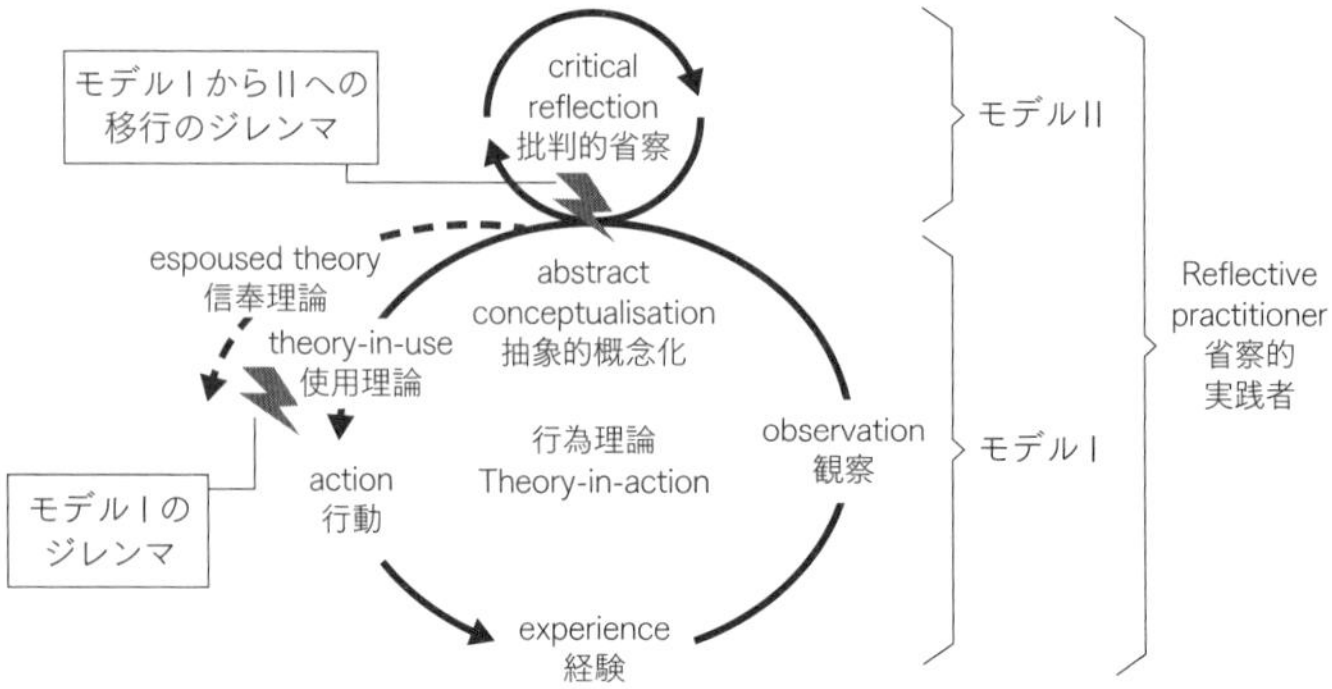

図3・2　ダブルループ学習の説明図

【出典】Fisher & Asún (2001), p.46[42]を参考に筆者作成。モデルⅠとモデルⅡの概念は、Argyris & Schön (1974)[41]より。省察的実践者の概念は、Schön (1983/2007)[38]に詳しい。

くられていると考えています。これは、デューイの言う「習慣」にあたるものです。そしてこの行為の理論を含む一連の学習サイクルであるシングルループ学習そのものを省察し、その前提を言語化して問う学習をダブルループ学習と呼んだのでした。シングルループ学習の場合、成功や失敗から学ぶ試行錯誤が前提になりますが、ダブルループ学習では、シングルループ学習における行為の仕方や前提そのものを省察対象とするので、より迅速な課題解決ができると考えています。このダブルループ学習という概念は、成人教育者の役割は知識の伝授だけでなく、自己の行為の理論を見直すための援助者（メンター）であるという認識を広めた点で評価されています[42]。

　では、どのようにすればシングルループ学習そのものを省察し、その前提を言語化し問うダブルループ学習が起きるのでしょうか。この点について、アージリスら[41]は、抽象的概念化がどのような価値基準でなされるかで決まるのではないかと考えています。アージリスらは調査を通して、多くの企業等組織は、設定された目標が達成されるか否かを価値基準にもつシングルループ学習の状態に陥り、問題状況に苦慮していると言います。「技術的合理性」に基づけば、目標達成に向けて、人は共同体という場の一貫性を保つように行動し、最大の勝ちと最小の負けが目指され、否定的な感情を押し殺し、自分にも他者にも面子を守り、孤立して防衛的な態度をとりつつ、一方向的で密かな吟味のみを行い、規範を守ろうとします。結果的に実践共同体内の省察が偏ることになります。このようなモデルⅠでは、有効なフィードバックが得られず、閉鎖的なシングルループ学習が起きるのが特徴です。

一方、抽象的概念化の価値基準が、モデルⅠのものだけでなく、モデルⅠそのものを省察するモデルⅡのものもあわせもつダブルループ学習の場合、モデルⅡの最大の価値基準は、確かな情報を最大化する探索であり、直接観察できるデータや報告などを想定しています。行為者は、確かな情報や報告の中から自由な選択ができ、関係者との双方向的な探索を行うことが特徴となります。その結果、行為者は積極的な関与と心理的な満足を得、防衛的な態度は最小限となり、モデルⅠの前提の開放的な吟味が起きるとしています[38]。

アージリスらは、日常生活においては、特に前提を問うことなく、モデルⅠのシングルループ学習で省察し、新たな行為へと展開させていくことが十分可能だと言います。しかし、理論を生成する研究者や理論を道具的に使用するプロフェッショナルの場合、他者からのフィードバックを得ないならば、自己の理論にとらわれて身動きできなくなるとし、そこにダブルループ学習の意義を見出しています[41]。勝ち負けが価値基準となるモデルⅠのみのシングルループ学習から、探索が価値基準となるモデルⅡをもつダブルループ学習へと移行する基本的な要件として、アージリスらは、モデルⅡに移行する自由意志があること、使用していると信じている信奉理論（espoused theory）と、実際の行為において用いている行使理論（theory-in-use）とのズレが、それほど大きくないこと、そして両方の理論についての確かな情報を行為者とその関係者が入手可能な環境であることという3点をあげています。

さらにアージリスらは、モデルⅡの形成を支援するためには、具体的には、指導者自身がモデルⅡに関与し、参加者がモデルⅡを学べる学習環境をつくり、モデルⅡへの不安を最小限におさえ、参加者のいらだちに対応をすることが重要であるとしています。具体的には、効果的にモデルⅠからモデルⅡへと進むためには、学習当事者である個人の経験が学習資源となり、その人がジレンマを言語化し、衝突や対立に価値を見出すようにすることをあげています。そして、支援者は個人が新たな思考に移行できることを誰よりも信じつつも、本人にはまだ移行する力に限界があることを踏まえ、感情と思考を適切に統合して、自発的にモデルⅡへと移行できるように支援するとしています。

ここで言うジレンマには、2種類が想定されています。信じ込んでいる信奉理論と実践の行為を規定する行使理論とのズレに直面する「モデルⅠのジレンマ」と、価値基準の見直しによる組織的価値観と対峙する「モデルⅠからⅡへの移行のジレンマ」です。前者は自己の強化システムという「自動的な妨害」によるものです。後者は、制度化され官僚化されたプロフェッショナルの実践においては、プロフェッショナルな個人と所属機関との関係性における文脈的制約によるものとしています。この組織的な制約を乗り越え、個人の意見が組織に活かされるかどうかは、組織内部で知識が循環し効果的に組み替えられる「組織学習」が、所属機関で推奨されていることが条件となるとアージリスらは言います[41]。そしてアージリスらは、ある程度手順を踏む必要があるとし、ダブルループ学習を起こす役割を大学院に見て、ダブルループ学習に気づかせる講師の役割の重要性を述べています。

ショーンは、このようなダブルループ学習という学習モデルを用いて、技術的合理性は、モデルⅠのシングルループ学習が強化された状態を維持すると指摘し、理想とされる米国型省察的実践では、プロフェッショナルがモデルⅡをもつダブルループ学習者となる必要性を指摘しました。そして、モデルⅡを形成させる役割を担うのはプロフェッショナルスクールであり、省察的実践者として、クライアントや研究者と状況に関して省察的対話ができる態度を養成することを成功モデルの中核においています。

以上がショーンの省察的実践論と考えられますが、このダブルループ学習という個人視点を大学と社会の間における知識の移動という視点から捉えると、アージリスらの議論は、大きく三つの点で限界があると筆者は考えています。

一つは、モデルⅡにおける「確かな情報（データと報告）」の確かさは、どのように担保されるのかです。昨今、フェイクニュースが社会問題となっていますが、必要なのは、確かであるとされるデータに疑問が残り、報告に食い違いが見られる場合に、その確かさをどのように担保するのか、その信ぴょう性を確認するための方法論であるように思います。科学的なデータの選び方により、省察の仕方が変わります。それは同時にデータで捉えきれない現象があることを前提におくということです。

もう一つは、ダブルループ学習は、シングルループ学習における行為の理論の前提を問い直すことですが、何を基準に問い直すのかという点です。行為の理論の前提を問うのであれば、行為そのものが埋め込まれている社会文化的な習慣や不文律のような文脈と呼ばれるものを客観視する視点が必要になるはずです。類似した価値基準の中で前提を問い直したとしても、それは単なる同じ価値の中での比較となり、ある意味個性や嗜癖といった問題に矮小化されてしまう可能性があります。前提を問うためには、社会文化的な文脈から離れた視点が必要だと考えます。

そして、最後は、モデルIIの形成が阻害される場合、たとえば企業等組織が価値の見直しに積極的でない場合、どのように個人がモデルIIを形成し企業に持ち込み、全体として組織化できるのかという点です。結局個人の技として暗黙的なものにとどまる、もしくは無視されてしまうのではないかということが懸念されます。あの人だからできるというような、カリスマ的なプロフェッショナルが誕生し、その恩恵を組織としては共有できないままになってしまうと考えられます。

大学院教育と専門職業が連動しながら確立された米国の職務給制度を中心とする労働市場においては、科学を頂点とする知識の階層性は強固であり、同業者間で行うダブルループ学習から説明される米国型省察的実践だけでは崩せそうにはありません。そこで、省察的研究や省察的会話、またプロセスの科学といった新しい考え方を導入して、ショーンは、新たなモデルIIを形成する可能性を探っているものと筆者は捉えています。

2　日本型成功モデルを生成するための背景知識

日本は、独自の歴史的背景の中で、米国のプロフェッショナルスクールを手本とし、２００２年に専門職大学院が認可され、２００３年から開校しました。その後約20年を経て、一定数の社会人大学院リカレント教育の受け皿として機能しつつも、量的拡大は不十分な状況です。本節では、米国型省察的実践論をふまえつつ、日本において大学院教育が職業教育として産業界にどのような貢献ができるのか、その在り方を考え、さらに、このような議論が長く起きてこなかった背景要因を検討します。

2・1　専門職業の定義

ところで、専門職大学院という時の専門職とは何でしょうか。

日本の高等教育研究では、専門職という語の定義は多義的であり、広義の定義としてはベン-デーヴィッドの、「その職への就職が高等教育機関からの卒業証書を有する者に限られている職業のすべてを指す」という考え方が提示されています。[43] またウィルバート・ムーア[44]は専門職の定義として「個別の問題に一般原理を適用することを意味しており、この一般原理が豊かに展開し増大していくのが、現代社会の一つの特徴である」としています。具体的には、専門職に必要な二つの重要な土台は、「(1) 専門家 (specialist) が尊厳を得られると言えるだけの実質的な知的領域、(2) 専門家が習得する必要があるとされる熟達した知を生産し、その知を適応する技術」であるとしています。先に述べた省察的実践論を展開するショーンは、このムーアの定義を使用しています。[38] この二つの定義の違いは、専門職に高等教育機関における学卒者が含まれるのか含まれないのかに絞られると思います。つまり、科学を道具的に使用する訓練を受けていない人がつく職業を、専門職と呼べるのかどうかという論点になります。そこで本書では、大学院教育の必要性を主張し、その意義をレジーム四者で共有することを目指していますので、ショーンと同様に、大学院レベルの教育で可能になる職業を専門職と定義して論考を進めていきたいと思います。

本書で言う専門職は、弟子が師匠から徒弟的に知識や技を見様見まねで学び、経験を積みながら技術を修得する暗黙的で芸術的な専門性とは異なる性質もので、一般原理という理論、つまり科学を使用する職業のことを指します。そして、専門教育は、その理論とその応用を教授学習する大学院教育と同義であり、それを指すものとします。

2・2 日本企業でマネジメントが専門職業として確立しなかった背景

一般に日本企業は、マネジメント (経営管理) に大学院レベルの知識に頼らないまま、1970～80年代に世界的な経済発展に成功しました。その成功を支えた知識循環のモデルを、ショーンの省

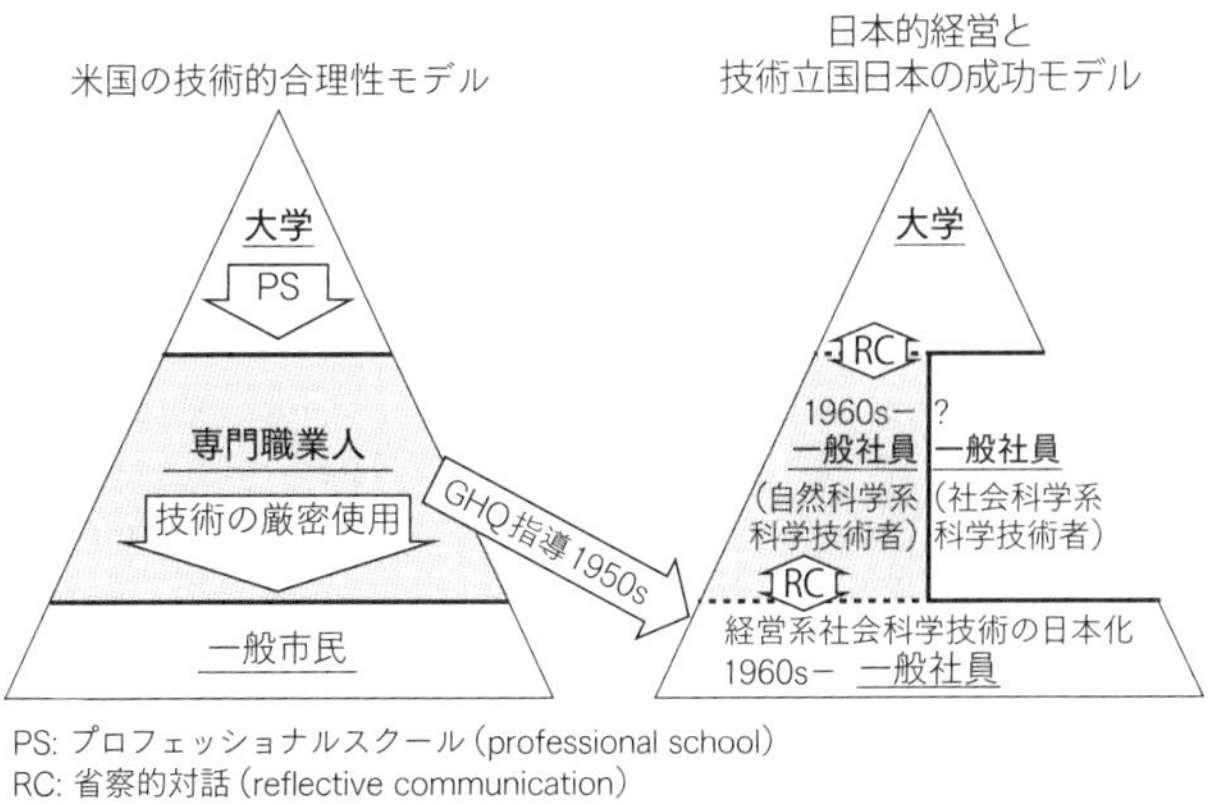

図3・3　米国の技術的合理性と日本的経営／技術立国日本の成功モデル

【出典】「米国の技術的合理性モデル」(左側)(図3・1 (左側を再掲))[83]を参考に、筆者作成。

察的実践論の説明（図3・1）を援用して示したのが、図3・3です。戦後日本が結果として形づくった日本的経営と国家政策としての技術立国日本による、高度成長の成功モデルの試作です。このモデルをもとに、日本企業でマネジメントが専門職業として確立しなかった背景を説明してみましょう。

戦後から今日に至るまでの就職後の職業教育について、谷内[45]は、「模倣・導入期」「体系化とその活性化の時期」「停滞・再検討期」「再活性化期」、そして「パラダイム転換期」の五つの時期区分に整理して、以下のように説明しています。

戦後復興期（1945年〜1959年）は、日本が経済復興を目指し、GHQによって推進された米国の教育技法を、企業等が企業内教育として取り入れた「模倣・導入期」でした。GHQ民間通信局による経営者教育CCS講座（Civil Communication Section）、監督者訓練プログラム

ＴＷＩ（Training Within Industry)、そして管理者訓練プログラムＭＴＰ（Management Training Program）が輸入されました。しかし、これらの研修は、米国的で標準化されすぎており、日本企業の文化にはそぐわないなど、限界が見え始めます。ＴＷＩは、比較的日本で成功したと言われ、これを参考にして、日本独自の研修方式ＪＳＴ（Jinjiin Supervisory Training：人事院監督者研修）が開発されました。

次いで高度成長期（１９６０年~１９７０年代前半）は、若年の労働者不足と技術革新に対応する技術者の養成に迫られます。マネジメント系の現職者の職業教育は、企業内訓練から人事制度と賃金制度を組み合わされ多様な発展をする「体系化とその活性化の時期」に入ります。階層別に新入社員、中堅、管理職教育など、人事制度と賃金制度と必要な職能が連動し、能力開発として体系化されました。具体的には、技術者の創造性開発にはブレインストーミング、ＫＪ法、ＮＭ法が、経営には行動科学を柱に目標による管理（ＭＢＯ：Management By Objectives）が広く浸透しました。いわゆるノルマ管理などが始まります。そうなると、部下と対話する技術が求められ、感受性訓練として、ＳＴ（Sensitive Training）やチームビルディング、また問題解決の能力開発には、ＯＤ（Organization Development）やＫＴ法（Kepner-Tregoe Methodology）が導入されました。

オイルショック以降（１９７３年~１９８５年）は、低成長期に見合う減量経営の時代に入り、企業内教育の「停滞・再検討期」に入ります。企業経営は組織のスリム化とフラット化など、合理化を促進させました。同時に、技術革新により、工場のＭＥ（マイクロエレクトロニクス）化、無人化、事務作業のＯＡ化やシステム化が進み、これまでの管理者を対象とする企業内教育では通用しない時代になります。この時期の後半には、行き場を失った中高年労働者を再教育するプログラムが企業独自で開発されるなど、企業内教育の再検討が始まりました。合理化の流れから生産性の向上が目指され、小集団活動による品質向上のためのＱＣ（Quality Control）サークルや欠陥製品ゼロを目指すＺＤ運動（Zero Defect）などが盛んに行われました。

続いて、経済のグローバル化が進んだ国際化時代（１９８６年〜１９９０年）は、企業内教育の一環としての海外ビジネススクールへの留学など、国際化への対応に積極的となり、企業内教育の「再活性化期」となりました。しかし、一般社員が海外留学で学んだ経営管理系の科学技術を企業内に輸入しようとする試みは、多くの場合、その意義は理解されないまま失敗に終わります[37]。その後、バブル経済の崩壊に始まる戦後最悪の平成不況期（１９９１年〜）に入り、企業は生き残りをかけた経営体質の改善に向け、企業内教育を再構築しようとします。これまでの日本企業の発展を支えていた護送船団方式で一斉に実施されていた企業内教育の方法を見直し、個人の自己責任による選択型研修や、選抜型の計画的で体系的な人材育成を取り入れるなど、人材育成の「パラダイム転換期」となりました。

企業内教育の歴史から捉えると、この人材育成の「パラダイム転換期」に、日本の社会人大学院リカレント教育が登場し、今に至ることになります。

これらの企業内教育の歴史を概観し、岩田[46]は、戦後行動科学に基づく最新の科学技術が輸入されたものの、やがて日本ならではの人事・労務の慣行など、日本の企業文化と融合したかたちで発達し、西洋モデルに対する日本モデルとして海外で評価され日本的経営として承認されるに至ったと指摘しています。ジェームズ・アベグレンは、1958年に著書『日本の経営[47]』の中で、日本人にとって自明のものであった日本的な人材育成等の手法に対し、日本では最新の西洋的な生産技術が、封建的とも言える前近代的な価値体系と結び付いて驚くべき効果を上げていると論じました。会社と家族を一つの大きな価値体系組織と捉え、そこに科学技術を取り込むことに成功していると言います。そして今ではこの日本モデルは欧米社会にも還元されるという形で知識の循環が起きているという指摘もあります[48]。

日本は、自然科学系の技術優位産業を中心とした電子立国日本と呼ばれたように、高度な技術をもつ製造業が経済発展の中核となってきた歴史があります。明治維新後、国家をあげて早急な産業発展を目指すために、産業に役立つ工学を大学で立ち上げ現在に至ります。高度な自然科学の専門教育を受けた技術者が、産業界の第一線で活躍し、企業が付加価値を付けた独自の「知識」と学術的に通用する「技術」が同時並行に発展しました。この背景には、日本工学教育の父とされる教師ヘンリー・ダイアーの功績があります。ダイアーは母国英国ではなしえない理想の工学教育を日本で実現しようとし、基礎教育、専門教育、そして実地訓練という3段階構造の「サンドイッチ方式」による教育を日本で実現しました。大学と社会の間の知識の移動の重要性を理解していたと考えられるこの工学教育の手法は、1877年学術雑誌『ネイチャー』で賞賛され、日本がいずれ工学分野で世界レベルに到達するだろうと予見されるほどでした[50]。

その後100年を経て、さらなる努力により日本の工学教育は、1960年代の高度成長を支えた「国民所得倍増計画」で国家主導により本格化し、1980年代に企業と連動するかたちで技術立国日本として成功をおさめます。1960年の理工系修士学生数は8395人でしたが、1970年には2万7714人、1980年には3万5781人、1990年には6万1884人と、30年で8倍近く増加しています[49]。日本の企業の生い立ちは、官営の産業が民間に払い下げられる場合が多かったことから、工学に関する科学的な知識は、組織的に大学とつながりながら発展せざるを得なかったのかもしれません[50]。これは、図3・3（右側の中段左）に示した「自然科学系科学技術者」にあたります。日本企業では、国家政策の下で、自然科学系の大学院レベルの専門的知識をもつ社員が育成され、大学（学術）とつながりながら専門知識を更新し、科学を応用し商品開発を行い社会問題を解決してきた歴史が確認できます。しかし近年は、1章で述べたように理工学系学生数の減少が顕著になり、日本の製造業の弱体化として議論されています。

一方、事務系の一般社員は、戦後GHQから導入された科学的経営手法を、日本文化や企業文化にあわせて独自に応用し、大学とはつながることなく発展してきました。2000年代に入り、社会人大学院リカレント教育として専門職大学院が設立され、経営管理など社会学系の大学院教育が始まり、社会科学を扱える一般社員が増えつつあります。しかし、企業と大学の円滑な連動はできていない実態があるので、図3・3右側の中段左ではこれを空白で示しました。

技術的合理性に基づく米国型の雇用形態では、大学院修了者に用意されている専門職業は、科学の使用に関する職務内容が明記され、それに対し報酬を支払う職務給が一般的です。一方日本では、科学的なマネジメント技術として米国から輸入された専門知識は、戦後70年近く、大学とは切り離されて、日本企業の文化にあわせて独自な知識として組み替えられ、企業内に蓄積され続けてきました。

こうした企業に特殊な知識、他社では通用しにくい自社ならではの経験的知識は、社内で時間をかけて習得され、企業DNAのような形で組み替えられてきました。このような企業発達の必要から生まれた給与体系が、職能給制度だったと言えます。その人が組織内の知識を用いて、組織の基準においてどの程度実績をあげ、また活躍が期待できるかを社内で評価するものです。この考え方が基本となり、現在では、職能資格制度という形で日本企業では一般的となっています。[51]

2・3　日本における省察的実践論の再検討の必要性

大学院リカレント教育を企業外教育として奨励する企業は一部にはあります。しかし、一般に日本企業における企業内教育と言われるものは、以上に述べてきたように大学院とは距離をおいてきた歴史があり、科学を道具として使用することに価値をおくものではなく、組織的に大学と連動した開放的な学習は起きていないのが現状です。

これを成人学習理論から捉えると、働く個人は所属する組織の価値観に基づくモデルⅠのみをもつシングルループ学習者として育成され、ノンフォーマル学習とインフォーマル教育・学習を通して、経験的な知識を蓄積させ続けている状態であると言えます。そこに企業の人材育成において昨今注目される個性重視という方針が強化されると、シングルループ学習における省察が省かれ、言われたことだけをやる視野狭窄的な強化学習に陥るか、またその逆で、個人の都合のよい方向でシングルループ学習を行い続ける自己中心的な態度となる危険性があります。このようなモデルⅠのみのシングルループ学習には、フォーマル教育の教育理念が入り込む余地がなく、閉鎖的なシステムに陥り、そのため大学等の科学的知識が入り込みにくい結果を招いているということです[52]。

ここで必要なのは、企業と個人の関係性を客観的に俯瞰する視点です。既述（本章1・4）のように、この視点を提供できるのが大学院教育であり、シングルループ学習の前提となる組織の価値観を社会科学という理論的な視点から省察するモデルⅡの行為の理論を、個人内に形成することと言えます。またそれは、組織の内部にそのような個人を育成し配置することで、企業自体がダブルループ学習を行う学習組織となる可能性をもたらすものです。

企業におけるシングルループ学習の前提を理論的に問うダブルループ学習を、人材育成の教育理念として企業が承認することは、ビジネススクールの教育理念である「理論と実践の架橋」をマネジメントトレベルで実現することを意味します。その場合、大学のもつ、世界的に通用する公共性の高い理論やその思考法は、個人の役割を、「個性の尊重 → 個性の重視 → 個の責任」ではなく、「個性の尊重 → 個性の重視 → 個の社会的責任 → 責任を果たす場を社会に希求する主体」とし、科学の使用において個人は社会的な必要に組み込まれ、社会のメンバーとして、企業という組織を活躍の場としてキャリア発達する道筋を展望できます。

このように考えると、個人の要求や社会の要請で始めるビジネススクールでの学習成果が、個人の自己満足に終わることなく、社会全体においてどのように活用されうるのか、またされていないのかを、教育理念に照らして捉える社会人大学院リカレント教育の質保証が重要な問題となります。しかし、もし企業が、従業員の内面にモデルⅡを形成することを承認せず、企業文化を俯瞰する目をもとうとしないのであれば、そもそも「理論と実践の架橋」という理念は、教育行政が絵に描いた餅で終わることになります。

企業内の知識循環と知識の創造を科学的視点から捉え直すショーンの「省察的実践」という概念は、日本では、既述の企業内教育の歴史が示すように、企業を始め多くの領域で、素朴な振り返りや反省会として誤解されているように思います。これが一つの原因となり、科学的視点で省察することの意義を、社会全体で共有することに出遅れてしまったようです。当初「省察的実践」という概念は、教師教育の領域で議論され、教師の熟達化研究として展開されました。[53] そこで行われた現役教師が力量をどのように形成するのかという調査では、実践的知識と思考様式の形成においては、個々の教師の反省的思考の次元、先輩教員等によるコーチングや見守りの次元、学校という共同体の次元という3次元が明らかにされました。そして教師たちには実践現場内での省察活動で一定の成長が見られるものの、基礎となる理論的知識が不足しており、その意味では、研究蓄積による科学的知識と教育実践現場の実践的知識の間の隔たりが埋まることがなく、科学的な省察がないまま、知識循環が不十分に続く研修の在り方を問題としています。[54]

これは、教職課程を修了した教師を専門職とみなすかどうかという問題と関係があるでしょう。つまり、教師が科学技術を扱う十分な訓練を受けているのかどうかという問い直しです。科学技術を扱う訓練を受けていない大卒教師が、経験知をもとに行う省察は、その本質において省察的実践と呼べるものではないということです。教師が実践現場で自ら行う省察（反省）や、先輩と行う省察、学校全体での省察は、大学と社会（ここでは教育実践）との間の知識の移動ではなく、同じ実践共同体内部の知識の移動と理解することができます。成人学習の3形態から捉えると、インフォーマル教育・学習であり、ノンフォーマル学習であるということです。もし仮に、教師が同僚や先輩や学校内で開かれた自由な発言に基づく省察を行っていたとしても、そこでは、所属学校長を中心とした教育方針が行為の理論となるシングルループ学習が起きています。設定された目標そのものの見直しではなく、校長により設定された目標に対し、素朴な反省会や意見交換による気づきという意味での成果を得たものと考えられます。今後、専門職学位課程の教職大学院修了生教員が、省察に加わり始めれば、そこに科学的な知識が創造されてくると理論的には考えられます。

シングルループ学習による素朴な反省会やワイガヤ的な意見交換会は、気づきや新たな視点を得るという意味では職業における力量形成において有効であることは多方面から報告されていて、決して否定するものではありません。たとえば、看護マネジメント[55]、社会教育主事[56]、ケアマネージャー[57]、学校支援ボランティア[58]、スポーツコーチ[59]などを対象とした実践研究が多数報告されています。また、企業における組織的な学習を考える場合、SECIモデルと呼ばれる知識変換モードで組織的に知識を創造する考え方があります[60]。あの人だからできる技と言えるような個人の暗黙的な知識をグループの暗黙知とする「共同化（socialization）」、それを言語化して形式知とする「表出化（externalization）」、その形式知を体系的にする「連結化（combination）」、そして体系化された形式知を暗黙的な知識へと定着させる「内面化（internalization）」という知識の循環です。この組織的な知識創造の理論が、シングルループ学習の組織で行われるのか、科学的知識を取り込んだダブルループ学習の組織で行われるのか、この違いに気づくことが重要と考えます。専門職業とはされない日本のマネジメント分野だからこそできる、組織的な科学的知識創造の可能性がここにあるように思います。

既述のように、歴史的に、米国から輸入された科学的なマネジメント手法が、日本企業の文化に即して独特の進化を遂げ、時代の必要から生まれた職能給制度と結び付いて日本企業は発展しました。そしてその成功体験が、今現在、マネジメントに関する科学的知識を企業等で活用するイメージを阻む理由だということをここまで述べました。しかし企業側に「省察的実践」という概念を正しく理解してもらう機会を提供できなかったのは、研究者側の責任とも言えます。省察的実践論を正しく理解して、科学的視点をもつダブルループ学習者として、主に大卒社会人が企業等の組織で活躍することが急務であり、本書はその学術的責任の一端を果たそうとするものです。

このように既存のシングルループ学習そのものを見直す意味でダブルループ学習は重要です。しかしダブルループ学習だけでは、確かに限界があります。米国のように専門職業として確立されていない日本企業のマネジメントにおいては、ダブルループ学習以上のものが必要であり、かつ可能であることを、筆者は主張したいと思います。日本ならではの省察的実践論を展開する可能性があるということです。

3　大学院教育で扱う知識とは何か

専門職大学院制度が設立された２００２年以降、日本では米国と日本との労働市場の違いや、大学院における専門教育とは何かという本質的な議論を十分に経なかったという反省があります[35]。その反省と向き合い、大学院教育の本質を理解し、大学と社会の間で生成される知識を有効に活用するための成功モデルを描くためには、知識がその性質の違いによって12区分されることを述べたいと思います。そして、その中に大学院教育で扱う知識を位置づけてみます。

3・1　知識についての多様な概念

「知識」にはその性質に応じて違いがあり、多様な概念があります。それを整理してみましょう。

■科学と技術

自然現象を体系的に理解しようとする試みは、古代ギリシアにおいてすでに「知識」と「技術」に分けられ、全く異なる道筋をたどりました。

「知識」はポリスに生きる特権階級の自由市民だけに許され、哲学として発達し、その一部が自然を対象とする「科学」へと継承されました。やがて専門性が深まり細分化されると、科学は科学者共同体の内部だけで理解される性質をもつようになり、閉鎖性を増したと言われます。１８１０年創設のベルリン大学（フンボルト大学）に、国家から「学問の自由」という特権が与えられると、科学者は大学に活動の場を求め、科学は学問として発展し、知識を増殖させ続けました。科学の知識を社会と結び付ける発想は当時にはなく、大学における上級職として伝統的に位置づけられた神学・医学・

法学のみが、知的な職能集団として科学を社会へと接合させていました。

一方、「技術」は人々の暮らしの中で生まれ、常に生み出す側とそれを活用する相手があり、相互作用を伴う社会的側面をもちながら発達しました。

一般的に、前者のような、科学者が興味に突き動かされて生成する知識は「純粋科学」と呼ばれ、その知識をクライアントの提案に基づき、技術として発展させるものは、「応用科学」と呼ばれました。そして、「科学」と「技術」の関係には科学的知識の活用において常に緊張感が必要と言われています。科学進歩の暴走を制御し、科学の誤用を監視するためです。[61]

■科学の性質

発展を遂げた現代科学は、知識の「普遍性」「論理性」「客観性」の三つの性質ゆえに、人々を説得し、自説を論証する強力なツールとなりました。「普遍性」とは、理論の適用範囲が広範で、原理的には例外を認めないことであり、事物や自然は基本的には量的なものに還元できる等質的なものとする考え方です。「論理性」とは、言語使用において曖昧さがなく、首尾一貫した一義的因果関係で事物や自然は説明できるという考え方です。また「客観性」とは、扱う人間の感情に影響を受けずに、事物や自然をそこに存在しているものとして扱えるということです。このように、近代科学の知による世界観は、原理的には例外はありえず、議論に曖昧さや矛盾がなく、物事の存在は主観に左右されないという性格をもつことになります。また、数学的方法と実験的方法が連動し、自然を数学的関係で法則として関連づける研究方法を確立したことで、近代科学は社会的に強固な基盤を築いたと言われます。[62]

■臨床の知

近代科学が、「普遍性」「論理性」「客観性」を重視したことで、「臨床の知」と呼ばれる、生命体がもつ「固有性」、「多義性」、「主体性」が無視されてきたという批判があります[63]。

「固有性」とは、生命体が個体として生き続ける有機的なシステムが内部にあり、さらにそのような個体が集合体の中で有機的に位置づけられているという認識です。近代科学は、固有世界のごく断片だけに注意を払い、有機体全体を把握することには関心を向けていないという批判です。「論理性」が軽視したものは、一見単線に見えるような因果関係の背後にある「多義性」です。論理性は一義のみの存在を主張しますが、立場や視点を変えれば意味づけも変わり、多義的だと考えられます。「客観性」が軽視したものは、「主体性」という生命体の主体的な行動の側面です。このように、近代科学の知と対比される「臨床の知」は、再現不可能な一度限りの今ココの「固有世界」において、「多義的」に存在しうる出来事を人間が身体を用いた行為として経験する時に得られる、「主体性」に基づく知であるということです。

■企業等組織で創造する知識の性質

「固有性」「多義性」「主体性」からなる「臨床の知」は、ビジネス領域においてもよく知られています。たとえば、ショーン[38]は、マネジャーの技のうちの一つに、ポラニー[64]の言う暗黙知をあげています。暗黙知とは、主観的で身体的な非言語的・非形式的な知識で、社会的文脈における個人の経験から生まれる知識です。一方、言語化された知である形式知は、マニュアルなどのように人に伝達可能な知の形式をとります。暗黙知は認知心理学が扱う情報処理的アプローチにおける「手続き的知識」に相当し、形式知は「宣言的知識」に相当するという捉え方もあります。この暗黙知から組織的に知識が創造される仕組みを説明する理論として、先に述べたＳＥＣＩモデル[60]があります。この知識創造を、シングルループ学習で行うのか、ダブルループ学習で行うのかで、得られる知識の性質が異なることになります。

また企業のような組織内で知識を創造する際には、企業文化という制約を視野に入れなければなりません。組織の成員間で知識を創造するプロセスには、知識の提案者である創造者と、それに対し組織的に承認する承認者がいます。組織の成員である提案者が一方的に独自案を出したとしても、組織的な承認がなければ、それは組織の知識とはなりません。また、組織の成員でなければ、そもそもその組織で通用する知識を創造できないということでもあります。

このように、知識の創造は、個人の思いだけでは不可能です。つまり個人の知識そのものが、個人がおかれている環境や文脈に埋め込まれているのです。それは逆から見れば、組織の成員が、組織から承認を得るかどうかわからない知識を組織に持ち込むことの難しさを示しており、組織改革を経験知から行う限界を示すものとも言えるでしょう。

3・2　知識の性質12区分

ここまで述べてきた知識の性質を踏まえて、多様な知識の関係性を整理したものが「知識の性質12

区分（図3・4の左側半分）」です。

■知識の性質を分類する二つの軸――価値自由度軸×抽象度軸

知識の性質を整理するための二つの軸として、知識を創る際の方法論における「価値自由度」と、創造された知識の性質における「抽象度」を設定しました。その理由は、日本で活用されている科学的知識には偏りがあり、理工学等の自然科学系とマネジメントなどの社会科学系の違いが「価値自由度」で捉えられるからです。また、大学に蓄積された知識が社会で活用されるか否かという点は、「抽象度」という知識の性質の違いで説明できると考えます。

「価値自由度」は、社会学者のマックス・ウェーバーに由来する「価値自由」という概念を用いて、自然科学と社会科学を社会的な価値体系からの影響力で区別する視点です。社会的価値からの影響力が弱いとされる自然科学系は、数学に依拠することで、人間の感情に比較的左右されない価値自由度の高い学問として発展しました。一方、意思決定や感情を主な研究対象とする社会科学系は、それとは対照的に、社会的価値からの影響を強く受ける価値自由度の低い学問として発展してきました[61]。

「抽象度」とは、「事物・事象が有する様々な性質のうち、ある性質のみを取り上げ、それ以外の性質を捨て去る精神の働き」と定義されます[65]。抽象化とはすなわち、対象とする現象の中の要素を捨象し続けることで知識を創造する手続きと言い換えることができます。

また知識を分類するには、知識の提案者がどの組織に所属するかによって使用するモデルⅠの学習ループの性質が変わることを考慮する必要があります。そこで、この「提案者×承認者」の組み合わせも知識の性質を捉える指標として取り入れることにしました。そして、知識の提案者が研究者で抽象度の比較的高いものを「学術知」、知識の提案者が研究者ではなく、一般的な経験に基づく抽象度の比較的低いものを「経験知」と呼び、知の整理を試みました。ここで言う研究者とは、大学院を修了し、自らの科学的専門領域で研究をする人を指します。

■知識の性質12区分――学術知と経験知とそのインターフェース

「価値自由度（社会科学系と自然科学系）」を横軸、「抽象度（学術知と経験知）」を縦軸にとり、「知識の提案者と承認者」の関係を考慮に入れて、知識の性質を区分したのが図3・4（左半分）「知識の性質12区分」です。研究者が提案する「学術知」については、その承認者の違いで、「純粋科学」、「応用科学」、そして「臨床科学」の3種類に、また一般市民が知識の提案者となる「経験知」は、同様に「科学的形式知」、「経験的形式知」、そして「暗黙知」の3種類に、それぞれ区分できると考えています。また方法論の価値自由度から、それぞれ社会科学系と自然科学系に分類すると、6×2の12区分となります。

現象からの捨象が最も多い（＝高抽象度）知識は、限りなく構造を単純化して、普遍性と客観性と論理性を高めた知識で、「純粋科学」と呼べるものです。知識の提案者が研究者で、承認者も研究者なので「(提案者：研究者)×(承認者：研究者)(以下、同順)」タイプとなります。理解がしやすいように図内には「純粋科学」のうち、社会科学系を第一区分（以下①）、自然科学系を第二区分（以下②）と表示しました。たとえば、社会科学のうち、経営学の労務管理を例にとれば、「鬱を誘発する職場

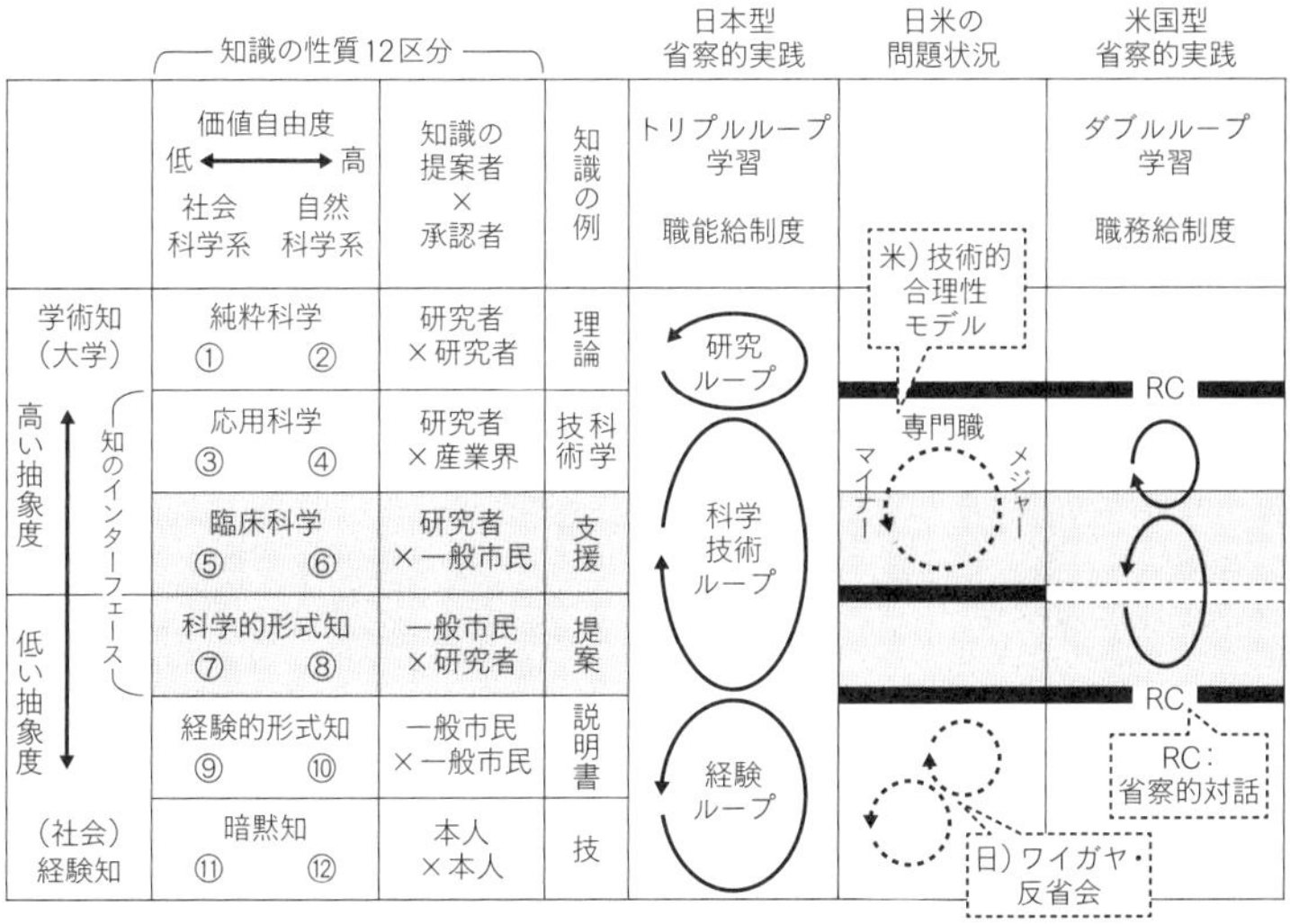

図3・4 「知識の性質12区分」と「省察的実践」の関連図[71]

の環境要因は何か」は①に、自然科学における医学を例にとれば、「鬱の病理は何か」が②に入ります。ここで創られる知識は理論やモデルが代表的です。

次に、純粋科学を応用し、産業界等の実社会で活用するための知識として技術レベルに落とし込んだ科学が「応用科学」です。知識の提案者は研究者ですが、承認者は組織等の産業界になるものと考えられ、創られる知識は科学技術としました。例としては、③には、研究者が経営者と健康経営プログラムを作成するなどが考えられ、④では、医療系研究者が製薬会社をクライアントとして新薬開発をするなどが考えられます。

最も抽象度が低い学術知は、研究者が一般市民に提案し、一般市民がこれを承認する「研究者×一般市民」タイプのもので、これを「臨床科学」と呼びたいと思います。⑤では、教育や啓蒙活動、⑥では医療の治療場面など、何らかの支援の在り方のようなものがこの知識です。本書がテーマとする大学院教育は、この「臨床科学」が中心となると考えています。

次に、研究者ではない一般市民が提案し、研究者がこれを承認する「一般市民×研究者」タイプは、「科学的形式知」と呼びたいと思います。社会生活の中で起きている問題事象について、一般市民が言葉にして仮説を立て相談し、研究者が承認する場合などが考えられます。⑦では、社会人大学院教育において、既存の理論では説明できない事象についてビジネスの第一線にいる社会人が仮説を立て予測し逆提案もする場合、また⑧では、患者さんの意志で治療方法を提案するなどが考えられます。

知識の提案者も承認者も一般市民で創られる「一般市民×一般市民」タイプの知識は、「経験的形式知」と呼びたいと思います。⑨では、社内会議での合意点のようなもの、⑩では、患者が同じ病気の経験者と会話するセルフヘルプグループなどから得る知識が考えられます。最後に「暗黙知」は、個人本人が自問自答しながら得る知識で、形式知にならない、つまり言葉になる前の段階の技や感覚やイメージといったものです。たとえば、営業実績を上げるための自分ならではの工夫や（⑪）、自覚症状にあわせて体調管理をするスポーツ選手（⑫）などが考えられます。

4　日本型省察的実践を説明する「トリプルループ学習理論」生成の試み

では、「知識の性質12区分」の視点から、日本で成功する大学と社会の間の知識循環を説明するモデルを生成していきましょう。その際、大学院教育と連動した専門職業が確立している米国の現状も踏まえたいと思います。今後ますますグローバル化する日本の労働市場を幅広く国際社会に理解してもらうためには、両者を同じ理論的枠組みで捉える必要があるからです。

ショーン[38]は、大学院教育の出口に確立している専門職業で働くプロフェッショナルが技術的合理性に縛られ、組織内の目標達成のためだけに行為と省察を繰り返すシングルループ学習者となる傾向を問題視しました（図3・4の右から2列目、中段）。そして、この問題を解決するためには、一般市民に耳を傾けつつ、研究者に新たな問題を提示する省察的対話（RC）ができるダブルループ学習者としてのプロフェッショナルの育成が急務だとし、彼らを「省察的実践者」と呼びました（図3・4の右端）。ここではこれを、米国型省察的実践と呼びます。

一方、日本では、医師や弁護士などのように、大学院教育を必須とする科学技術を扱う専門職業が国家資格において制度化されている職業を除き、一般の労働市場では、科学や技術とは関係なく、経験的知識が評価される属人的な職能給制度が中心で、専門職化は進んでいません。その場合、大学院（米国のプロフェッショナルスクール）等で科学技術の扱いを修得しても、職場で評価が上がるわけではないので、米国が直面した「技術的合理性」という問題は起きないことになります。その代わりに、日本で広く行われている素朴な反省会や情報交換的なワイガヤで創られる知識は、論理的で普遍性が高い客観的なもの、つまり科学的な知識とは言えないものとなります（図3・4の右から2列目、下段）。大学と社会の間の円滑な知識循環という意味では、米国では、応用科学と臨床科学の間で知識の停滞が起き、日本では、経験的形式知と暗黙知の間で知識の停滞が起きていることが問題状況となります。

この二つの停滞と米国型省察的実践を「知識の性質12区分」から見ると、「知識の提案者と承認者」に違いがあることがわかります。米国が問題としている「応用科学」と「臨床科学」と「科学的形式知」の領域は、知識の提案者と承認者がそれぞれ大学と社会で異なる所属となり、いわば学術知と経験知の「知のインターフェース」での問題と言えます。まさに技術的合理性の問題であり、科学を社会において道具的に使用する仕方を扱うものと言えます。そこで、ここでの行為理論となる学習ループを、本書では「科学技術ループ（以下、Tループ：Scientific Technology Loop）」と呼びたいと思います。また、「研究者×研究者」で知識創造を行う純粋科学領域での学習ループは、「研究ループ（以下、Sループ：Science Loop）」、そして、研究者が入らない「一般市民×一般市民（本人含む）」による「経験的形式知」と「暗黙知」の領域での学習ループを「経験ループ（以下、Eループ：Experience Loop）」と呼びたいと思います。

このように捉えると、ヒトが扱うことができる知識は、理論的に、大きく三つの学習ループ（Sループ、Tループ、Eループ）から創造され生成されることになります。そして、マネジメント等に従事する日本企業の一般事務職の従業員は、研究者の資質を備えた院卒社員が極めて少ないことから、組織に蓄積されている知識がEループで創造されたものに偏っていると推測できます。そして、米国ではTループにおいて「技術的合理性」という強化学習が起きていて、SループとEループとに円滑に連動していない問題が指摘されていると理解できます。

また、日本ならではの強みとして、専門職化されていない職能給制度が一般的な日本企業の職種においては、組織内で個人間で有効にSループ、Tループ、Eループを連動させて知識を移動し、知識を組み替えていくことが可能だと考えられます。また、大学院教育を受ければ、個人内において、Eループ、Tループ、Sループの三つの行為の理論を回しながら、3種類の知識を応用して使用することが理論的には可能だと考えられます。つまり、それぞれのシングルループの前提を、他の二つのループから問うことが理論的には可能だということです。先に述べたダブルループ学習の限界をこれにより乗り越えられるということです。そこで、筆者はこのような三つの学習ループを組み合わせたものを「トリプルループ学習（triple-loop learning）」と呼ぶことにします。そして、この「トリプルループ学習」理論を援用することで、日本における大学と社会の間での理想的な知識移動を説明するモデル、つまり日本型省察的実践モデルが生成できると考えます。そしてそこで創造される知識の性質の違いを視野に入れた知識の活用方法が検討可能になると考えます。米国型では個人間の省察が核心となりますが、日本型では個人内と個人間の両方の省察が可能になるという点が顕著な違いと言えます。

社会人大学院リカレント教育における知識の移動は、図3・4の⑤と⑦の間で起きると考えられます。その領域がグレーで示してあります。また、大学院教育を受けることに関する個人と企業等組織との問題は、⑦と⑨の間の問題と言えます。1章で述べた能力の潜在化という問題状況です。これを大学院での教授・学習場面から捉えれば、⑤と⑦の間で起きている教育実践と学習経験を明らかにしないことには、⑦と⑨の間で学術知と経験知を連動させるための議論は始まりません。トリプルループ学習理論が示す理論上の理想と現実とのギャップを明らかにすることで、実態に即した「理論と実践の架橋」をモデル化してみたいと思います。本書の目的はそこにあり、日本型省察的実践の成功モデルの生成に向けて第一歩を踏み出します。

4章では、専門職大学院が開設し社会人大学院リカレント教育が本格化して約20年を迎えようとする現在の到達点を、社会人大学院生が最も多いビジネススクールを事例としてトリプルループ学習理論から捉えてみようと思います。

4章

事例研究——専門職大学院ビジネススクールにおける社会人大学院生の学習経験

約20年の歴史を経た専門職大学院の理念である「理論と実践の架橋」は、理論的には「トリプルループ学習」で説明できるということを3章で述べました。では、実際の社会人大学院生や修了生において、このトリプルループ学習はどのように達成されているのでしょうか。この問いに対する今日的状況を把握するために、社会人大学院生数が最も多いビジネススクールを事例として実際に大学院で学んだ社会人個人に着目し、四つの研究を行いました。社会人大学院生の内面で、どのような学習が起きているのか、また実際に何ができるようになり、どのように理論を実践に架橋しているのかなどを知ることで、「トリプルループ学習」という理論が本当に現実を説明できているかどうかを確認し、修正をするためです。大学院という制度的にはメゾレベルにある教育機関を通した、ミクロレベルの個人の学習経験から彼らの成長や変容を明らかにします。

1　知識移動

これまでも知識の移動に触れてきましたが、ここで、改めて定義づけておきましょう。その際の認識の枠組みとして、質的研究法ＴＥＡ（Trajectory Equifinality Approach：複線径路等至性アプローチ）を援用します。また、知識の移動が起きている時の個人の内面の変容も、同じＴＥＡの枠組みから捉えたいと思います。

1・1　質的研究法ＴＥＡの三つの枠組み

知識移動を定義するにあたり援用する質的研究法（ＴＥＡ）という認識枠組みは、サトウとヴァルシナーを中心に開発されたもので、人と文化の関係性を記号を通して描こうとする文化心理学を基礎として、発達心理学の領域を中心に学際的に活用されつつある比較的新しい質的研究法です。[66]人は社会文化的、歴史的文脈を生きており、何らかの選択を迫られる分岐点で悩みつつ多様な人生や発達の径路を歩みながらも類似の結果にたどりつくという等至性（Equifinality）の概念に基づくもので、たどりつく類似の結果を等至点（ＥＦＰ：Equifinality Point）とよんでいます。

ＴＥＡの認識枠組みは、調査対象者を選定する「歴史的構造化ご招待」（ＨＳＩ：Historically

Structured Inviting)、等至点に至る過程を記述する「複線径路等至性モデリング」（ＴＥＭ：Trajectory Equifinality Modeling)、そして、その過程における内的変容を記述するための自己モデル「発生の三層モデル」（ＴＬＭＧ：Three Layers Model of Genesis）から構成されます。

ＴＥＡによる分析では、研究者は、最初に、自分が関心を寄せるある事象を「研究者の等至点」として設定し、その等至点を経験したであろう人をインタビュー調査の対象者として研究にご招待します（ＨＳＩ)。そして、研究の結果として、調査対象者である当事者の視点に寄り添う等至点（「セカンド等至点（2nd ＥＦＰ)」）を明らかにしようとします。

調査対象者は、等至点に至るまでに、制度的、文化慣習的、また不可避的に経験する必須通過点（ＯＰＰ：Obligatory Passage Point）を経験する場合が多いと考えられます。制度的必須通過点は、定年や学校進学など法律や制度的なもので、文化慣習的必須通過点とは、成人式など文化的で慣習的なもの、結果的必須通過点は、企業の倒産やパンデミックなど、ある事象が起きた結果、不可避的に経験するものです。

さらに調査対象者は、必須通過点から等至点に至るまでに、重要な分岐点となるような事象を経験していると考えます。この「分岐点（ＢＦＰ：Bifurcation Point)」では、当事者が支援として認識する「社会的助勢（ＳＧ：Social Guidance)」と、社会的な圧力として認識する「社会的方向づけ（ＳＤ：Social Direction)」がせめぎ合っていると考えます。そして、もし、その分岐点で異なる径路選択をしていたら、等至点とは対照的な事象を経験していたかもしれません。ＴＥＡでは、これを「両極化した等至点（Ｐ-ＥＦＰ：Polarized-EFP)」として概念化しています。「複線径路等至性モデリング」（Ｔ

EM)は、人が等至点に至るまでにたどるこのような複数の径路をこれらの概念ツールを用いて明らかにする方法とされています[66]。

分岐点の前後では、ある事象に対するイメージや記号、重要な対象にかかわる価値観、また時には人格にかかわるような信念にも変容が見られると考えられます。「発生の三層モデル」(TLMG)は、このような変容過程を、行為や思考という個別活動レベル(第1層)、意味づけやイメージという促進記号レベル(第2層)、そして、信念・価値観(第3層)として、三層に分けてシステム的に自己を記述しようとするモデルです。TEMは、TLMGの枠組から捉えると、第1層の個別活動レベルを、知覚された環境要因であるSDとSGを捉えながら、非可逆的時間におけるプロセスとして可視化する分析枠組みと理解するとわかりやすいように思います。これらを可視化することで、研究関心事のある事象を経験した人(たち)の人生径路の特徴を、時間軸に沿って時期区分として明らかにできることが、TEAの強みの一つとされています。

図4・1は、TEAの三つの枠組みを接続させた最小分析単位と時期区分の抽出関係を試作的に示したものです。第1層の個別活動レベルでの経験により、ある対象に対してもっていた既存のイメージや記号がたとえば記号1から記号2に変化する、もしくは第3層で捉えようとする価値観レベルのものが変化すれば、三層の自己モデルで説明する自己システムは、時期区分第Ⅰ期のものとは異なる様子で作動する第Ⅱ期に入ります。さらに何らかの身体レベルでの経験により、その対象のイメージも変わり、価値観だけでなく、信念にも変容が起きれば、自己システムは全体として新しいものになる第Ⅲ期に入ると考えられます。つまり、ここでは、何らかの対象に関する自分とは何者かという、

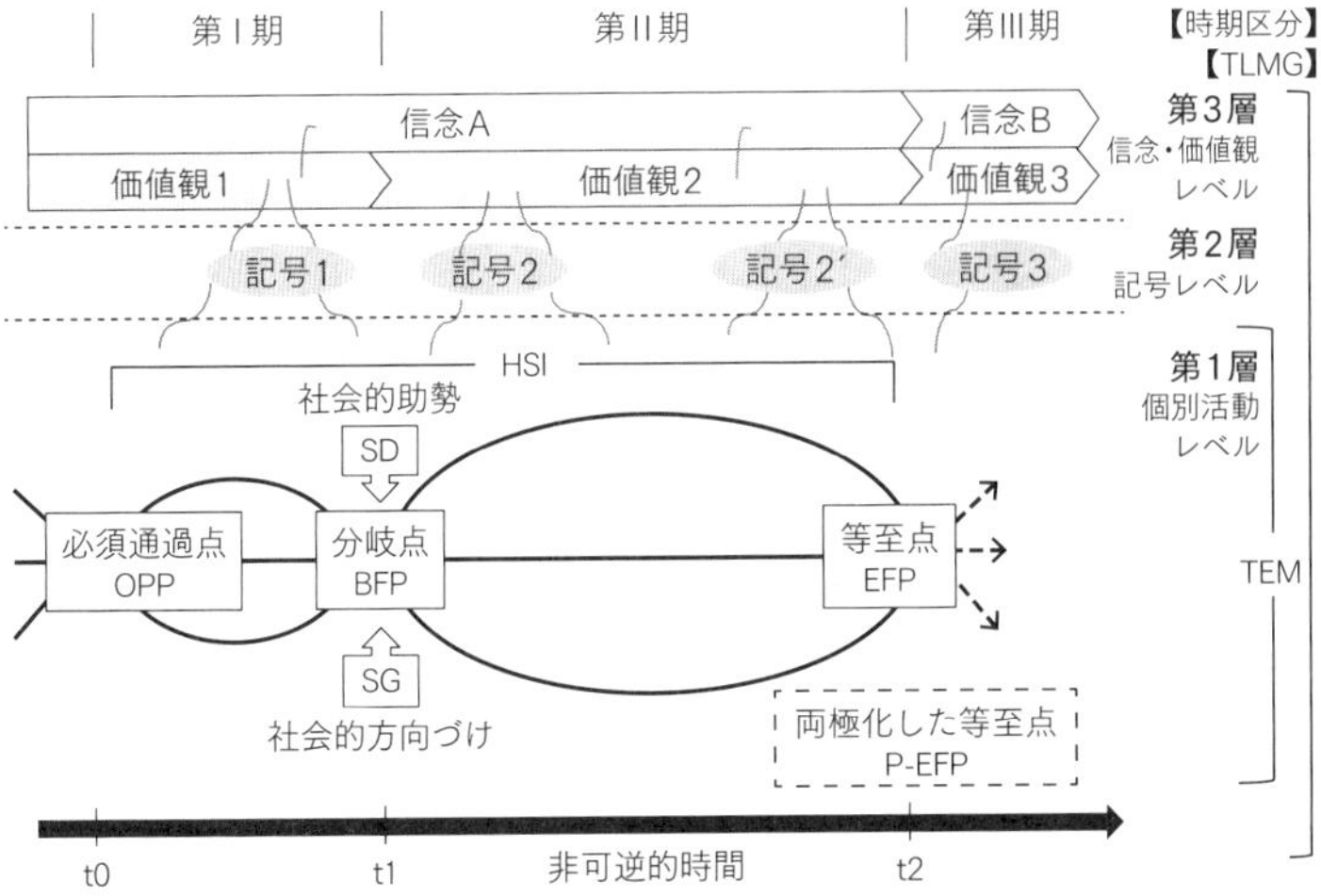

図4・1　TEA3枠組（HSI/TEM/TLMG）を接続させた最小分析単位と時期区分の関係図（TEM/TLMG図）

【出典】サトウ・安田・木戸・高田・ヴァルシナー（2006）、サトウ（2009）等[66]を参考に筆者作成。
• 質的研究法TEAの英語略語：
TEA (Trajectory Equifinality Approach), TEM (Trajectory Equifinality Modeling), HSI (Historically Structured Inviting), TLMG (Three Layers Model of Genesis), SD (Social Direction), SG (Social Guidance), OPP (Obligatory Passage Point), BFP (Bifurcation Point), EFP (Equifinality Point), P-EFP (Polarized-EFP)

アイデンティティの感覚が変容したと言えるかもしれません。[67]

人間の発達は、外部環境から影響を受けつつ、外部環境に影響を与え、そこで変化した新たな外部環境に再帰的に影響を受けて自己システムを組み替える終わりのないプロセスと考えられます。このような、外部環境との相互作用によって自己システムが全体として（systemic）発達するという考え方は、人間を閉じたシステムとしてではなく、外部に開かれた変容し続けるシステム、つまりオープンシステム（open system）として理解しようとするものです。ヴァルシナーは、人間と環境が影響を与えあいながら共存することを前提として、自己システムのオープン性を、自己システム内の環境と直接対話する外側（outside）と外部から影響を受けにくい内側（inside）、その中間にある記号（sign）という三層から理解しようとしました。[67] TLMGはこの考え方に基づく自己モデルです。その三層は相互に影響をうける透過性があることを示すために、点線でそれぞれ区切りました。

このようにTEAは、マクロレベルの国の教育制度、メゾレベルの教育機関や企業などをSDやSGとして捉えつつ、ミクロレベルの個人の行動や心理的な変容を可視化できる認識の枠組みと言えます。その意味で本書がテーマとする、レジーム四者（専門職大学院を設立した国家、企業等の組織、大学院、企業と大学院を行き来する学習者個人）が共有することを目指す社会人大学院リカレント教育の成功モデルを描くのにふさわしい認識の枠組みと考えます。

1・2　知識移動の定義

TEAの3枠組みを接続させた最小分析単位と時期区分を示した図4・1を援用して、本書における知識移動を経験学習サイクルの視点をふまえて定義してみましょう（図4・2参照）。

まず本書では、知識の移動を個人間と個人内の知識移動とに分けて考えます。個人が他者からSDやSGとして知識、情報、メッセージなどを受け取る場合、その知識の文字通りの受容がまずありま す。これが個別活動レベルの第1層に達した知識です。教員の声が小さかったり、難しすぎて理解できない、興味がもてないなどの場合は、第1層に到達したとは言えず、個人間の知識移動が成功しな

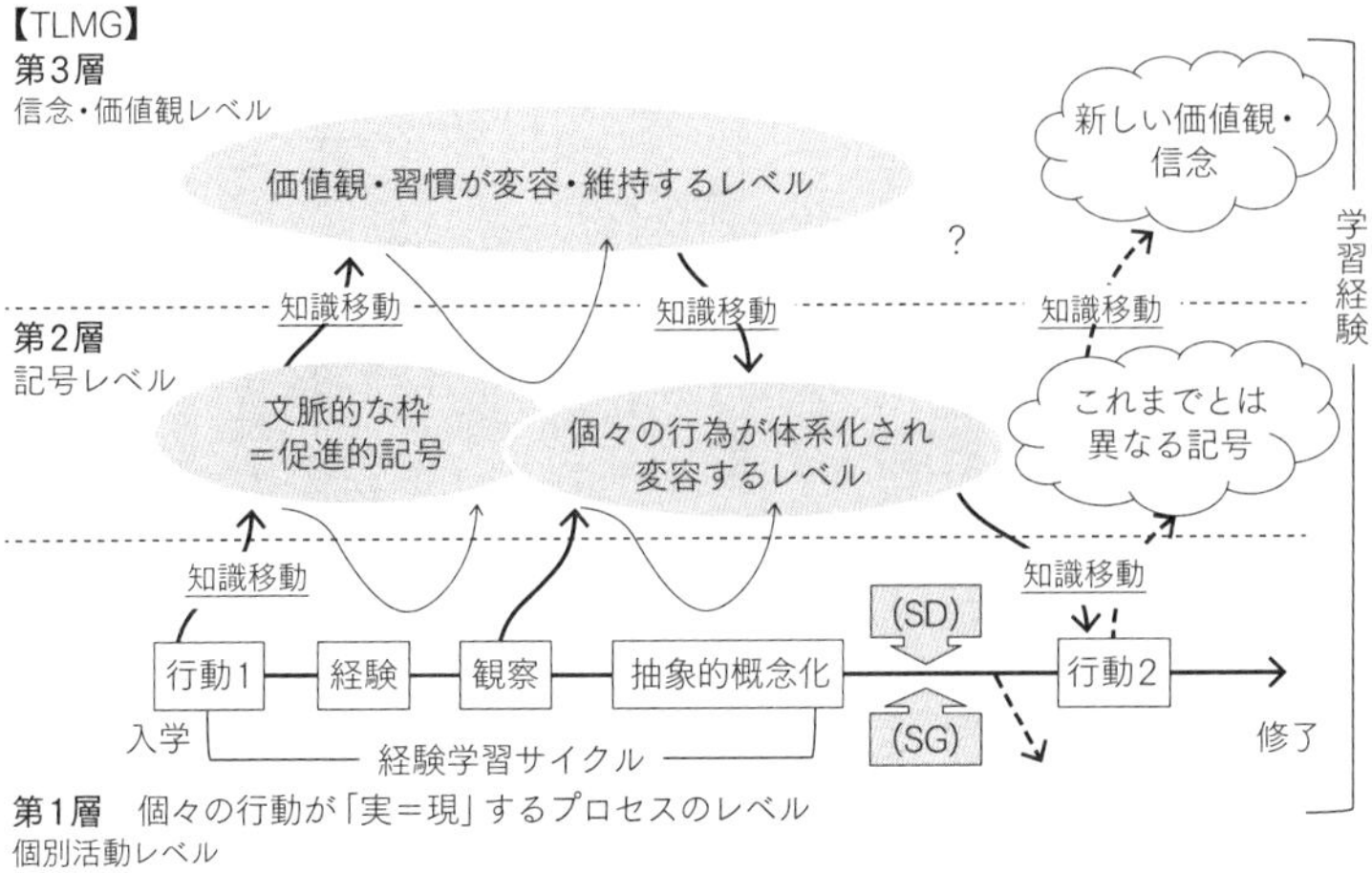

図4・2　発生の三層モデル（TLMG）による知識移動の定義と経験学習サイクルの関係図

【出典】TLMGについては、サトウ（2009）, p.99 を参考に筆者作成[66]。
•「経験学習サイクル」は、[38]［41］［42］に詳しい。

かったことになります。

そして文字通りの受容にとどまらず、内容を理解し、状況を観察し、何らかの意味づけがなされ抽象的概念化へと進む場合は、知識が記号レベルの第2層へ達したと考えられます。促進的な記号や回避的な記号、また快・不快のイメージを発する場合もあるでしょう。たとえば、ある学生は、米国で発砲事件が頻繁に起こる報道を見て、米国の銃規制が進まないことに否定的なイメージをもつかもしれません。しかし大学のある授業で、その背後にある歴史的かつ環境的な要因を学ぶことで、銃規制に対して否定的だけではないイメージを描くかもしれません。この段階では、まだ銃規制をすべきであるという信念には何らかの変化はなく、個人の人格にかかわる第3層まで知識移動が達していないことになります。しかし、その学生の両親が後に米国在住となり、両親の自宅にクマが侵入したところを、隣人が銃で撃退してくれたとします。この事態は、かつて大学で学んだ知識を、その学生の第3層に影響を与えるまで移動させ、銃規制に対する価値観を変えるかもしれません。第3層にまで知識移動が進む場合は、この事例のように、これまでの価値観を変容させる場合もありますが、既存の価値観や信念をさらに強化する場合もあると考えられます。

以上のように、個人が他者から受け取った知識なり情報が、TLMGにおける三層のどのレベルまでどのように達するかというプロセスを、本書では個人内の知識移動と定義します。つまり知識移動とは、学習当事者である個人が、理論などの知識を教員から文字通りに受け取ることに成功する個人間の知識の移動に始まり（第1層）、そこから記号が新たに発生したり強化されたりして（第2層）、価値観や信念のレベルでの変容（第3層）が起こり、それがさらに新たな記号を発生させ（第2層）、新たな行為や思考（第1層）を導く、この一連のプロセスを指します。また、そのような個人間と個人内の知識移動に関連した大学院での学習過程全体を、本書では学習経験と呼びます（図4・2右端）。

2　四つの研究の枠組み

ここで、3章で述べた大学と社会の間の知識移動を説明する「トリプルループ学習」理論を用いて、社会人大学院リカレント教育を通した知識移動の実態から、レジーム四者で共有できる成功モデルの生成へと議論を進めましょう。まず、そのために実施した四つの研究の枠組みを説明します。

2・1　調査対象校の選定と予備調査

この研究の調査対象者は、当然ながらビジネススクールに入学し修了した個人となります。しかし調査実施の時期は、ビジネススクールの胎動期にあって、各ビジネススクールがそれぞれ試行錯誤しながら教育実践を行っているのが実状でした。このような手探り状態の時期に教育の質改革に強い関心をもつビジネススクールX校の協力を得ることができ、調査が実現可能になりました。

調査対象校X校において、大学と社会の間の知識の移動がどのように行われているのかという全体像を得るために、最初に予備調査を行いました。社会人大学院生の個人の内的変容というミクロ視点に関する先行研究はほとんどない状態だったので、理論に基づく研究者の等至点から、もう一段調査協力者の視点に寄り添う等至点を見つける必要がありました。予備調査では、6人の調査協力校の修了社会人（修了約2年後）を対象に、知識移動に関する半構造化インタビューを行いました。

インタビューでの質問内容は、①ビジネススクールにおける学び、②その活用、③ビジネススクールの課題、の三点でした。①は学習体験において知識が実際にどのように移動したかという関心、②は修了後における企業等の組織における知識の活用という関心、そして③は、知識の活用を円滑に進めるためのビジネススクールの教育の質への関心によるものです。

予備調査対象者の年齢は、入学時で20代後半1人、30代3人、40代1人、50代1人です。職業は、製造業2人・金融1人・商社1人・IT関連1人・コンサルタント1人で、職歴は4年から35年でした。

調査の結果、調査協力校の修了社会人は、3章で述べた、企業等の組織で培った経験知を省察することで起きる「モデルIのジレンマ」と、所属する企業等がもつ価値観を見直すことになる「モデルIからIIへの移行のジレンマ」を経験していることが確認できました。このようなジレンマの体験は、個人が埋め込まれた職場環境や学習環境からの影響（SD／SG）を受けていることを示しています。先行研究が示すように、企業の多くが大学院リカレント教育を承認していないという事実を個人視点から裏付ける結果と言えるでしょう。

この予備調査から、このようなジレンマ体験となる分岐点を経ながら、修了社会人は個人間と個人内で知識移動を行い、修了数年後に企業等の職場で、等至点（EFP）として「知識移動に成功している」、もしくは両極化した等至点（P-EFP）として「知識移動に成功していない」が、研究者視点で設定できると考えました。これらの等至点を分ける大きな分岐点がどこなのか、その前後で環境要因を含めてどのようなことが起きているのか、この疑問に応えるように研究枠組みを設定することが重要です。

2・2 研究の調査協力校

研究者養成の経営系大学院と経営系専門職大学院とは専門教育の理念が異なりますが、ビジネススクールに関する先行研究では、その点を考慮せず、MBA（経営系修士号学位）取得者を対象とするもの

表4・1 調査協力校への入学選択理由[69]

入学理由	1位選択率	重要度	選択率
講義内容が魅力的だったから	33%	0.52	66%
指導してもらいたい教員がいたから	16%	0.31	40%
授業時間帯が自分にあっているから	12%	0.42	63%
場所が便利だから	7%	0.45	73%
修了生が推薦したから	4%	0.09	13%
学部の卒業生だから	2%	0.07	10%
入試方法が自分にあっていたから	1%	0.09	17%
特別貸与奨学金の制度があるから	1%	0.08	16%
有名な大学の大学院だから	1%	0.08	15%
修了後も、科目等履修生として継続的に学習ができるから	1%	0.06	13%
ゼミ指導が魅力的だったから	1%	0.07	12%
給付奨学金がもらえたから	1%	0.08	17%

- 研究3・4の入学時調査と同時期に実施したものを含め過去数回の入学式当日に実施したアンケート調査より（回収率90%）。
- 1位選択率は、1位に選んだ人数を、調査人数で割ったもの。
- 重要度は、1位5点、2位4点、3位3点、4位2点、5位1点として各人数を合算し、調査人数×5点で割ったもの。全員が1位に選択していれば値は1、全員選択しなければ値は0となる。
- 選択率は、選択者総数を調査人数で割ったもの。

が多くありました。また、1校に絞り込んだ事例研究であっても、従来の研究者養成大学院の院生を対象とした調査でした[68]。その意味では、大学院間の特性を平均値で捉えるのではなく、「理論と実践の架橋」を理念とする職業教育としての専門職大学院1校に絞り、探索的に学習過程を本格的に調査する研究は本書が初めてであり、学術的な意義は大きいと考えます。調査対象を1校に絞ることで、ビジネススクール間の誤差をなくすことができるという長所がある一方で、調査協力校の特色が調査結果に表れる可能性は否めません。その点に留意して調査結果を考察するためにも、まず調査協力校の特徴を踏まえておきたいと思います。

調査協力校X校は、日本の専門職大学院ビジネススクールです。「マネジメント」「マーケティング」「ファイナンス」「経営戦略」「人的資源管理」など、幅広い経営系の科目から院生が自由に選択できることを特徴としています。一定の職歴が入学の条件であり、20代後半から50代前半と、院生の年齢幅が広く、中心は30代から40代で、男女比はほぼ8対2です。在学中に倒産等で余儀なく無職となるケースはありますが、それ以外は、昼間に就業、夜間と週末に就学するパートタイムの院生です。自己啓発として私費で就学する院生と企業等の派遣で就学する院生の比率は、ほぼ9対1となります。また、入学条件に一定の職歴がありますので、Eループはある程度形成されている状態と考えられます。

X校への社会人大学院生の入学選択理由は、1位選択率第1位が「講義内容が魅力的だから（約33％）」で、第2位が「指導してもらいたい教員がいたから（約16％）」でした。また、選択率としては「場所が便利だから（約70％）」、「授業時間帯が自分にあっていたから（約60％）」が多く挙げられています。X校による調査では、3年平均で総合満足度が4・3（5点満点）であることから、大卒社会人の期待に応え、院生の価値観に近い教育が行われ、院生は、望ましい学習経験をしていると感じていることが調査の前提になります[69]（表4・1）。

2・3　研究枠組み

以上の予備調査とX校の特徴を踏まえて、四つの研究を設定しました。

研究1では、社会人院生が、授業を通して、個人内や個人間でどのような知識移動を経験しているのか、その特徴を明らかにします[69]。

研究2では、ビジネススクール修了生の修了社会人が修了約2年後の段階で、企業等の職場で、どのような知識移動を行っているのか、その特徴を明らかにします[70]。

研究3では、知識移動が始まる直前の（Tループが形成されていない）社会人大学院生が入学時にどのような不安や期待をもっているのか、彼らの入学時のEループの特徴を明らかにします。この研究3は本書で初めて発表するものです。

研究4は、入学時と修了時との比較から、個人内の心理的変容を数値的に捉え、ビジネススクールでの知識移動という学習経験の特徴を明らかにします[71]。

4章では、このように個人の学習経験というミクロレベルの四つの研究を通して、制度を利用する学習当事者である個人視点の「理論と実践の架橋」について今日的到達点とその実態を、TEAの枠組みを通して明らかにします。なお、研究方法など学術的に興味がある方は、当該論文をあたっていただければと思います。ここでは、研究結果を簡潔に述べたいと思います。

3　研究1――授業満足基準から見た知識移動

研究1では、調査協力校X校に通う現役の社会人大学院生が、どのような授業に満足をしているかを調査しました。Eループをすでに形成している社会人大学院生は、Eループと関連づけた思考、つまり、理論を実践で役立てたいと希求していると予想できるので、もしそのような授業であれば満足を記述すると予想できます。また、直接Eループと関連づけられていなくても、学びそのものが楽しい、もしくはすぐには役に立たないかもしれないが興味関心において面白いという満足もあるかもしれません。このような満足は、教員から社会人大学院生へと知識の移動が起きて、イメージ（記号）や価値観に影響を与えているものと予想できます。このような社会人大学院生の授業満足基準と呼べるものを明らかにすることで、知識移動の最初の段階のあり様が明らかにできると考えます。もし、満足度が低く、イメージにも価値観にも影響を与えないのであれば、「理論と実践の架橋」を目指す専門職大学院教育の教育内容や教授法の見直しが必要、もしくは、社会人大学院生が大学院で学ぶ目的そのものの意識改革が必要、またはその両方が必要ということになります。

3・1　アンドラゴジーの視点

研究1の分析の手がかりとして、3章で説明したダブルループ学習に並ぶ重要な成人学習理論である、アンドラゴジーという概念を踏まえたいと思います。成人教育の代表的論者であるノールズは、成人教育実践は、教育者への依存性が強調されるペダゴジー（pedagogy）と、学習者自身の自己決定性が強調されるアンドラゴジー（andragogy）との二極を行き来するプロセスであると述べています。[72]そして、アンドラゴジーの概念を四点に集約しています。①これまでの経験を学習資源とする経験的手法で、②個人のレディネスによる社会的役割の達成を発達課題とし、③教科中心から課題達成という学習の方向性をもちつつ、④依存的状態から自己決定性の増大を目指す、という四点です。本研究で着目したい点は、自己決定性という概念です。その性質は、子どもとは異なる成人ならではの教育実践や学習過程を端的に示す特性で、社会人大学院生のような成人は主体性が重要であり、自ら納得しないと学習が始まらないということです。

さらに、もう一つの分析の手がかりとして、相互教育という概念があります。相互教育とは、OECDが提唱する成人のリカレント教育における「学習の3形態」[11]（1章1・1）に関連する概念で、上記のアンドラゴジーにも通じるものです。学習は必ずしも学校などの統制されたフォーマル教育の場面で起きるだけでなく、授業外でのノンフォーマルやインフォーマルな人と人との相互の教えあいや情報を共有することでも起きるということです。本節の授業満足基準の視点から言うと、院生間のちょっとした会話や、院生の質問が教員の知的刺激になるなど、シラバスで予定されたものを越えた学びが起きることを指します。シラバスとは、講義内容・達成課題・使用テキスト・参考文献・テスト方法などについて記した計画書のことです。

分析したデータは、3年間84科目、社会人大学院生のべ1137人が、履修科目の最終日の終了時に記入した授業改善に関する自由記述です。詳しい分析の方法については、原著論文を参照してください[69]。

3・2　授業満足基準と満足タイプ

授業実施後に社会人大学院生が自由記述した授業改善アンケートを分析した結果、図4・3に示す

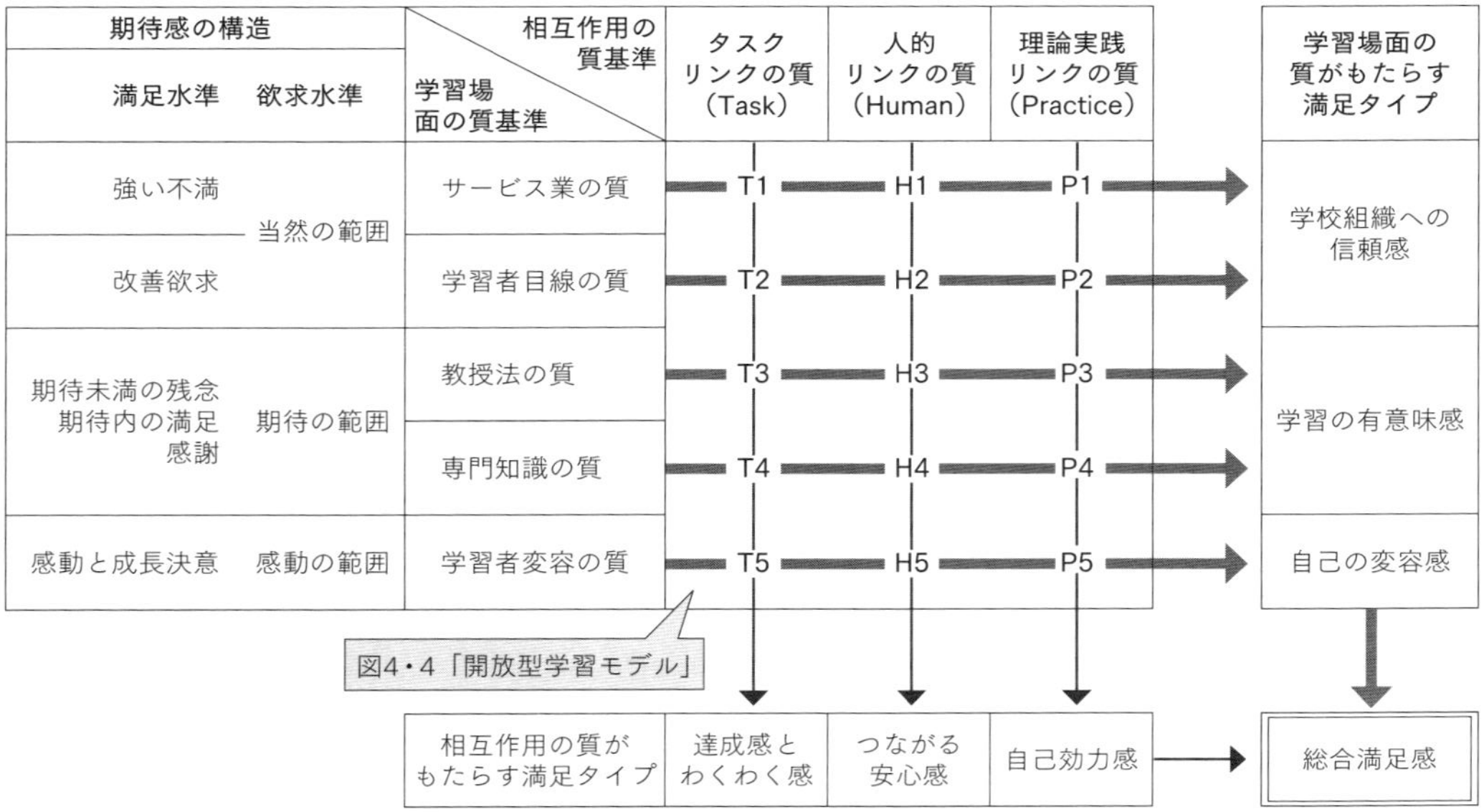

図4・3　院生視点の授業満足基準と満足タイプ [71]

ような二種類の授業満足基準（学習場面の質基準・相互作用の質基準）と、それを満たす際に得られる満足タイプがそれぞれあることがわかりました。また満足不満足に関連して、社会人院生が注意を向ける授業構成要素として、①課題、②テキスト、③ゲスト講師、④専門知識、⑤学習成果、⑥予習、⑦講義、⑧ディスカッション、⑨グループワーク、⑩プレゼンテーション、⑪質問、⑫レジュメ、⑬事例、⑭授業全般、⑮教授法、が確認できました。これらは、シラバス（①～⑤）と教授法（⑥～⑮）とに分けられます。

社会人大学院生個人は、独自の期待感を教室に持ち込んでいて、同じ授業を体験していても、満足と不満足が混在する授業や、不満か満足かに偏る授業がありました。偏るということは、ある一定の共通イメージが院生内に起きているということであり、混在する場合は、院生の授業満足基準の多様性がそこに隠されていると考えられます。このような違いは、教室に持ち込む個人のEループの性質の違いなのかもしれません。このような偏りや多様性に着目し分析を進めます。

■学習場面の質基準

分析の結果、評価基準は欲求水準と満足水準に沿って五つにカテゴリー化することで、全体を網羅的に説明できると考えました。これらは、院生がビジネススクールの授業において、比較的限定された学習場面で感じる満足・不満足をカテゴリー化したものだと考えられるので、全体を『学習場面の質基準』とし、それぞれ〈サービス業の質〉〈学習者目線の質〉〈教授法の質〉〈専門知識の質〉〈学習者変容の質〉と名づけました。

まず欲求水準【当然の範囲】にあたる〈サービス業の質〉と〈学習者目線の質〉は、院生が、「学校にとっての学生は、企業における顧客のようなもの」という感覚を指します。授業以前の問題として、大学院という教育機関において、多忙な社会人が安心して学べる環境かどうかが問われているので、ここで得られる満足タイプは、〈学校組織への信頼感〉と考えます。

次に、【期待の範囲】にあたる授業のやり方など〈教授法の質〉に注目する場合と、授業の中身など〈専門知識の質〉に注目する場合がありました。院生が、これまでの実務経験とそれに関連する課題意識を、学術知に結び付けて何らかの意味づけができるか否かがここでは問題になっているので、ここで得られる満足タイプは、〈学習の有意味感〉ではないかと考えます。

最後に、院生は、科目履修を終え、自分に起きた内的な変容感や思考の変化を高く評価する【感動の範囲】がありました。これらは受講前には想像ができない学習者の質的変化であり、「教育の事後性[73]」という特徴をもつ〈学習者変容の質〉が問われる記述です。学習経験を通して、今までの自分とは異なる自分を自覚することで得られる満足なので、この満足タイプを〈自己の変容感〉と命名しました。

■相互作用の質基準

五つの『学習場面の質基準』とは別に、授業における様々な要素のプロセスや関係性など、相互にわたるつながり方にも、院生は主に三つの視点から注意を払っていました。そこでこれを『相互作用の質基準』と呼びます。シラバスに沿い教室内外で院生が行うタスク間のつながりという〈タスクリンクの質〉、教員と院生とのやりとりや、院生間のやりとりなど、人と人とのつながりという〈人的リンクの質〉、そして習得しようとする理論が実務と関連づけられるかどうかという〈理論実践リンクの質〉の三つです。また、これらがもたらす満足タイプは、図4・3の下段に示したように、それぞれ〈達成感とワクワク感〉、〈つながる安心感〉、そして〈自己効力感〉と考えました。

『学習場面の質規準』と『相互作用の質規準』は、図4・3中央に示すように、15区分で示され、それぞれタスクリンクの質はT1~T5、人的リンクの質はH1~H5、理論実践リンクの質はP1~P5と表記しています。

〈タスクリンクの質〉が高い授業では、院生は、一度きりの参加型ショーのように、楽しい、面白いといった学習経験をし、日常とは異なる学術的な学習に身を投じ、今ここで身体を用いて何かを行うその瞬間に集中している様子がうかがわれます。思考においてもそれまでになかった認知的負荷の高いタスクの連続を経験することで、それをやり遂げる〈達成感とワクワク感〉を味わっているようです。〈タスクリンクの質〉が高い授業を計画するには、多様な院生の期待を満たす必要がありそうです。たとえば、グループワークやタスクそのものの工夫の仕方、また「予習－講義－演習－ディスカッション－質疑応答－課題」を通した一貫性などへの配慮が、教員には求められます。教員が用意する一連のタスクに院生は進んで自らの学びを委ね、新しい学習経験として受動的で他者決定的な学びを楽しんでいる側面が浮き彫りになりました。

〈人的リンクの質〉が高い授業では、教員と院生とゲスト講師との間の知識移動が活発に行われているようです。院生は、一方的な教員の講義だけではなく、業種や役職を異にする他の院生からの話を聞き、また、最先端の専門性を深めるにあたり、実務経験の豊富な現職のゲスト講師の話から刺激を受けます。独学とは異なり、教員とゲスト講師と他の院生の視点や考え方を学習資源としながら学ぶプロセスにおいて、周囲から承認を受けつつ、つながりを直接肌で感じる〈つながる安心感〉を得ていると思われます。自分勝手に思考の幅が拡大するのではなく、教員のもつ知識体系や他者の思考を取り込む学びによる成長は、より広い社会とつながる安心感を得るのかもしれません。

〈理論実践リンクの質〉が高い授業では、難易度の適正さ、事例と理論のつなげ方、教員の知識体系へのアクセス、の三側面が主に評価されていました。なかでも事例の扱い方が重視され、多様なEループを形成している社会人大学院生の既有知識を一つの理論に収斂させる「先行オーガナイザー」の役割を担っていました。先行オーガナイザーとは教授法の概念の一つで、「新たな内容の学習に先立ち、既有知識の構造や上位概念についての情報を与えることによって、知識の獲得を促進させる学習・指導」方法[74]です。また、院生が、教員の知識体系へアクセスできるかどうかも重要な視点です。教員がどのように原理原則から知識を体系化させ、そこに至ったのかに興味をもち、それを手本に自らのEループとすり合わせながら、新たに自己内にTループを形成することで、〈自己効力感[75]〉を得ているものと考えられます。

このように、社会人大学院生の学習プロセスには、成人学習理論の一つとされる「自己決定型学習」とは正反対の、教員の知識体系に準じた、ペダゴジー的とも言える他者決定型学習の側面がありました。極めて受動的でありながら効果的な知識伝授型の学習経験に満足が生まれているということです。正しく理論を理解し、ビジネスで活用できるように教えてもらいたいというある種受動的な姿勢が、自由記述から読み取れました。

3・3　社会人大学院生の満足度の高い教授法「開放型学習モデル」

授業満足基準と満足タイプを時間的なプロセスで捉え直し、社会人大学院生にとって高い満足を得る教授法はどのようなものかをTEM／TLMG図として試作的に可視化したものが、「開放型学習モデル」（図4・4）です。

■価値観の初期設定となるシラバス

院生が授業の履修を決める際に授業全般の計画書となるシラバスは、基本的な学校組織への信頼性を問うレベルで受け止められており、個人の授業満足基準の初期設定になり、その科目の価値基準となっていました（図4・4のTLMG第3層に示される要素）。院生は、その科目に価値を見出し、自己決定的に履修をするかどうか決め、履修を決意するとシラバスに全面的に同意することになります。しかし、その科目で学ぶ理論についてはまだイメージがないゆえに（同、第2層）、ワクワクし期待が膨らみつつも、その後の学習は受動的で他者決定型の学習になり不安定さをはらむことになるようです。選択科目ではない必修科目の場合は、教員は院生の価値観（第3層）に働きかけるところから始めないと、知識移動は始まらないということになります。「教育の事後性[73]」をふまえた円滑な知識移動を計画できるシラバス作成が重要です。

■事前課題

院生が教室に持ち込む既有知識の個人差は、大学での専攻、年齢、また実務経験などにより極めて大きいことは先に述べたとおりです。この差を埋める方法として、予習の重要性が確認されました。基礎知識をクラス内で共有し、円滑に知識移動を起こすためには、事前課題を授業プランに組み込むことが有効です（図4・4、SD1）。テキストを指定して、共有ベースをつくることで、社会人大学院生のEループの違いを活用した、互いに学び会う学習（＝相互教育）の土台ができるとも言えます。教員から提示される事前課題は自己決定型ではなく、他者決定型学習となるので、教員は院生の価値観に響くような教材を慎重に選ぶ必要があります。

■事例

大学院教育では、当然、理論を通した専門知識の理解を深めることが授業の中心となります。したがって社会人を対象とする専門職大学院の教員は、院生個人に慣れた考え方（Eループ）を一端手放し、教員の知識体系を取り込みながら教員から理論を正しく学ぶことを求めます。一方社会大学人院生は、理論を理解し、具体的な理論の活用方法のイメージを得たいという期待があります。そこでは既存のEループと連動させてTループを形成するための連結部分が必要であり、それが事例になります。事例を用いた理論の説明は、教員の知識体系（SG1）の一部として、院生にはSGとして捉えられているということです（SG2）。

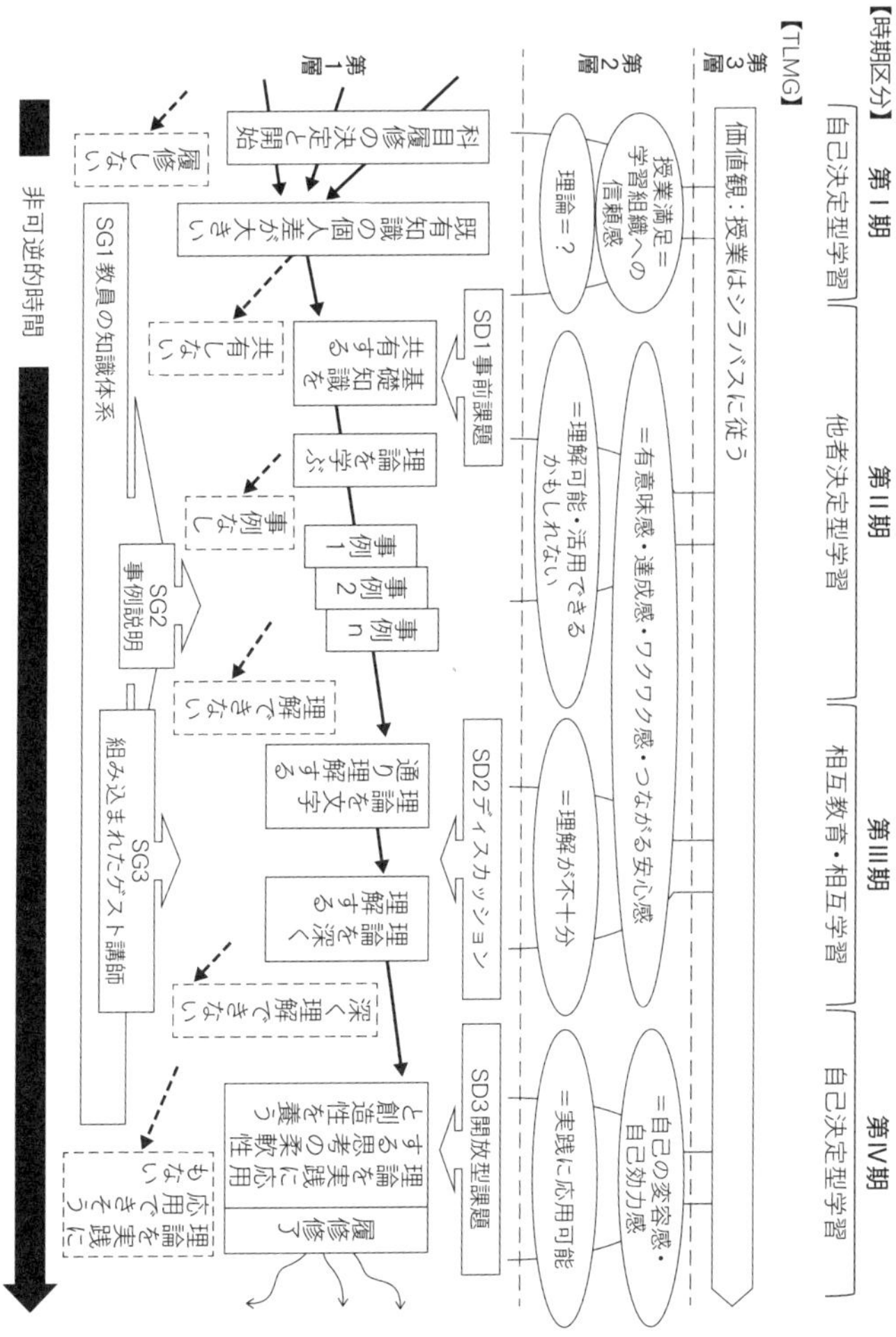

図4・4 社会人院生が望む「開放型学習モデル」のTEM/TLMG図[71]

■ディスカッション、グループワーク

事例でイメージが広がり、教員の知識体系とつながり、理論の教科書的な浅い理解ができたとしても、それは既存の思考の枠組みであるEループ（モデルⅠ）における理解の範囲となります。このEループそのものを見直すような、自分の考え方とは異なるもう一つの学習ループ、つまりモデルⅡを形成するには、ディスカションやグループワーク、また教員以外のゲスト講師（SG3）など、教員の講義だけでは終わらない、相互に学びあうタスクが十分に機能する必要がありそうです。ディスカッションやグループワークでは、院生は、自分が何を考えているのかを他者が検討可能となるよう言語化させなくてはなりません。自分が何を考えているかを考えられる、これがモデルⅡとなります。企業文化内で経験が評価される日常とは異なり、文化そのものを言語化するという新しい経験となります（SD2）。

■開放型の課題

相互教育によって、理論の深い理解から従来の思考の枠組み（Eループ）の見直しが起き、次にその変容を自覚できるような課題に出会うと、その課題を高く評価する傾向があるようです。たとえば、ある理論を用いてビジネスモデルを作成し、自分が経営者やある種の責任者の役割を演じる「ロールプレイ」などの創造的な課題です。このタイプの課題は、複数の正解があるという意味で開放型であり、従来の考え方を多様に変容できるという意味でも開放型であり、さらに、他者のEループの変容を許容するという意味で、他者に対しても開放型であると言えます（SD3）。

最終的にこの三つの開放を導くようにデザインされた学びを、「開放型学習」と呼ぶとすると、この開放型の学びは、主体的な学習を促す「自己決定型学習」の一つの在り方と言えそうです。なぜなら、思考の柔軟性と創造性を促すこの学びは、まさに自己決定的な営みであり、その自由な感覚ゆえに「楽しい」と感じつつ達成感という主体感をもてるからです。理論という社会科学を絶対視するのでもなく、自己のこれまでのEループにとらわれ一人よがりになるのでもなく、影響力の強い他者、たとえば教員を信奉してしまうわけでもなく、柔軟で創造的な思考が許される課題を経て、開放された自らの思考に高い自己効力感を得るのだと思います。このような開放型課題（SD3）は、理論の活用がイメージにおいては自由で無限になるかもしれません。そのような理論を使用した自由な思考がモデルⅡとなり、社会人が最初に形成するモデルⅠ、つまりEループを客観視し始めると言えるでしょう。

以上をまとめると、社会人大学院生の満足度の高い教授法と言える「開放型学習モデル」は、成人学習理論の特性から見ると、図4・4の上部に示すように、四つの時期区分ができそうです。第Ⅰ期では、自分がこの場所を学びの場として承認するかどうかという自己決定型学習です。そして第Ⅱ期は、学ぶべき理論に関する教員の知識体系をいったんは受入れる、他者決定型学習の段階です。その後の第Ⅲ期では、教員の知識体系だけでなく、他学生やゲスト講師など、複眼的に他者の視点や知識を取り込み、自分の思考を相対化し、これまでの自分とは違う考え方や視点から自分を見直す「相互教育」による学習経験となります。そして最後の第Ⅳ期では、学んだ理論を実際の実務で活かす方法を自由にイメージできる開放型課題において、最終的には自分の考えを自分の言葉で人に伝わるよう完成させる「自己決定型学習」の段階となります。

3・4　授業満足パス図の探索的生成

研究1により、専門職大学院ビジネススクールX校を事例とした授業満足基準と満足タイプが明らかになりました。次に、この研究結果をさらに発展させ、授業改善アンケートを改訂し、調査を行いました。その結果から、探索的に授業満足モデルを生成しました。この研究部分（3・4）は本書で初めて発表するものです。

■調査内容と分析方法

調査対象科目は、研究1の調査終了後2年間実施された240科目で、科目内容は、マーケティングや経営戦略などビジネス系の科目です。「授業改善アンケート」を提出した人数は、のべ1万6225人で、各科目の回答率は65・9％でした。

実際に使用されたアンケート項目は表4・2です。研究1から明らかになった授業満足基準70項目を、実際に使用しやすいように33項目に絞り、改訂版「授業改善アンケート」とし、図4・3内のT1～T5、H1～H5、P1～P5と関連させて作成しました。質問は5件法（5点満点）で、「そう思う（5点）」「どちらかと言えばそう思う（4点）」「どちらとも言えない（3点）」「どちらかと言えばそう思わない（2点）」「そう思わない（1点）」となります。また、「自己取り組みの満足」は項目

表4・2　研究１に基づく「授業改善アンケート」の項目

研究1による分類		授業満足基準項目(図4・3)	質問内容
当然の範囲	サービス業の質	T1	1. 開始時間および終了時間は厳守されていた。
		P1	2. 到達目標と講義要項の講義計画は関連していた。
		H1	3. 成績評価の基準と方法が具体的に提示されていた。
	学習者目線の質	T2	4. 十分な量のテキスト・参考書が提示されていた。
		H2	5. 教員の話は、はっきり聞こえた。
		H2	6. 質問機会は平等に与えられた。
		H2	7. 講義内での学生の質問への返答は適切であった。
		P2	8. 講義の難易度(注1)
期待の範囲	教授法の質	T3	9. 課題と講義の内容は関連性があった。
		T3	10. 講義後、講義内容の理解のためのフォローアップがなされた。
		T3	11. 課題の量(注2)
		T3	12. 講義の進度(ペース)(注3)
		H3	13. 講義中は適度な緊張感があった。
		H3	14. 院生どうし意見が交換しやすい雰囲気であった。
		H3	15. 講義とディスカッションのバランスが適切であった。
		H3	16. 発表やレポートを通して創造力を発揮する機会が得られた。
		P3	17. 講義の内容は体系化されて学べるように工夫されていた。
		P3	18. 教員は理論と実践を繋げる工夫をしていた。
	専門知識の質	T4	19. 講義の理解を深めるように補助教材(レジュメやパワーポイントなど)が工夫して作成されていた。
		H4	20. 課題に対するコメント等は有意義であった。
		H4	21. 講義内での人的交流を通じて新しい知見が得られた。
		P4	22. 事例により理論の理解が深まった。
		P4	23. 講義内容はわかりやすかった。
		P4	24. 教員は本科目の履修が有意義なものになるよう工夫をこらしていた。
感動の範囲	学習者変容の質	T5	25. この科目への興味が向上した。
		T5	26. 更にこの分野を掘り下げる学習意欲が湧いてきた。
		H5	27. この科目に対する自分の取り組み姿勢は満足である。
		P5	28. 講義内容は実務での応用可能性が高かった。
		P5	29. 理論的裏づけのある新しい視点が得られた。
総合満足感		総合満足	30. この科目の履修を終え、自己成長した。
		総合満足	31. この科目を履修したことによって、達成感を感じた。
		総合満足	32. この科目は総合的に満足である。
追記項目		欠席回数	33. この科目を欠席した回数(注4)

- 全て5件法(注1-4は、別途参照):「そう思う(5点)」「どちらかといえばそう思う(4点)」「どちらとも思えない(3点)」「どちらかといえばそう思わない(2点)」「そう思わない(1点)」、とした。
- 注1:〈講義の難易度〉は、「難しい(3点)」「やや難しい(4点)」「適切である(5点)」「やや易しい(4点)」「易しい(3点)」、注2:〈課題の量〉は、「多い(3点)」「やや多い(4点)」「適切である(5点)」「やや少ない(4点)」「少ない(3点)」、注3:〈課題の進度(ペース)〉は、「早い(3点)」「やや早い(4点)」「適切である(5点)」「やや遅い(4点)」「遅い(3点)」、注4:〈この科目を欠席した回数〉は、「全出席(5点)」「1回(4点)」「2回(3点)」「3回(2点)」「4回以上(1点)」、として計算した。

27だけを、「出席状況」は項目33だけを観測変数として使用しました。さらに、質問項目外から回答数を観測変数として使用し、クラスの人数による影響を考慮することにしました。そして、最終的な「総合満足」は、項目30~32の平均値としました。以上のような33項目からなる九つの観測変数間をパス解析という手法を用いて分析し、当てはまりの良いモデルを生成しました（図４・５）。

■結果と考察

このパス図は、「専門知識の質」と「教授法の質」という教員の教育力量と言える要素が、院生が自覚する「学習者変化の質」に影響を与え、それがさらに、「総合満足」に決定的な影響を与えるということを示しています。また、教育力量のうち教員の教育内容の深さなど「専門知識の質」が、院生自身の学

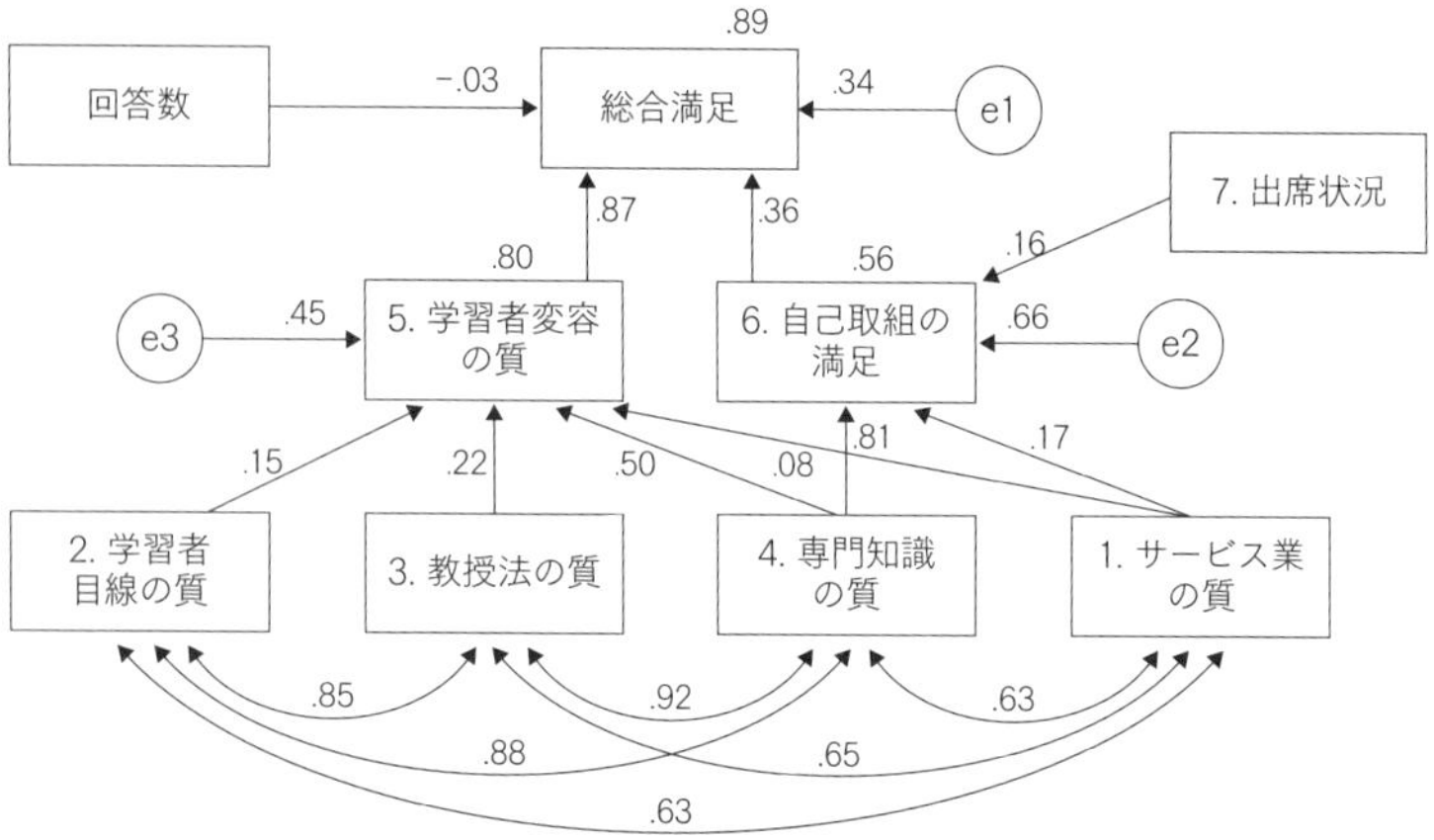

図4・5　パス図と分析結果 [71]

- 表４・２の「授業改善アンケート」を240科目（のべ16,225人）に実施した結果をAMOS21.0で分析。
- 数値は標準化推定値。
- 統計値：自由度20　x二乗値＝27.837　確率＝.113
- 標準化推定値　GFI＝.977, AGFI＝.948, CFI＝.996, RMSEA＝.040

習に対する「自己取り組みの満足」に強く影響を与えることを示しています。そしてこの二つが、「総合満足」に影響を与えるという階層構造を示しています。

これを教育機関である大学院側のFD活動の視点から見ると、社会人を中心とする大学院教員の力量として、「専門知識の質」を高めることが最優先であることがわかります。また現状からは、「専門知識の質」が高いと評価されている科目は、「教授法の質」も高く（相関係数 $r=.92$）、「学習者目線の質」も高い（相関係数 $r=.88$）と評価されています。今後も教員の力量形成として、「専門知識の質」と「教授法の質」、「学習者目線の質」を連動して高めていくことが望ましいと言えるでしょう。院生が望む学習モデルとして提示した「開放型学習モデル」と関連づければ、教員の知識体系（SG1）の主軸になっているものが、まさに「専門知識の質」と言えます。

3・5　抽象度調整能力

「開放型学習モデル」のような学習経験を経て個人内のEループを見直しつつTループを形成することで、自己の変容感を実感し、満足を得ている社会人院生は、具体的には何ができるようになったのでしょうか。トリプルループ学習理論に基づけば、日本型省察的実践は、個人内で抽象度を軸とした三つのタイプの知識移動が理論上可能になることを示しています。ここで示した「開放型学習モデル」は、ビジネススクールの役割が、単に知識を伝達するのではなく、それに加え汎用性の高い理論を技術として使用する方法を修得させること、つまり、Tループそのものの形成と、TループとE

ループの連動という、抽象度を上下させる抽象化調整技術と呼べるような思考技術を育成することと考えられます。これは、「理論と実践の架橋」という理念の具体的な能力の一つと言えるでしょう。このような抽象化調整能力と呼べる思考技術は、修了社会人の潜在能力と言え、企業側がその能力をビジネス実践において顕在化できるかどうかが、知識移動を成功させる上での次なる問題と言えそうです。その潜在能力を顕在化させるには、企業側がその機会を修了社会人に提供することから始まりますが、企業内努力に任せるだけでなく日本社会全体で「理論と実践の架橋」の成功事例そのものを創ることから始める必要がありそうです。

4　研究2——修了後の知識移動と職業的アイデンティティの変容

研究2では、修了社会人が、修了後約2年を経た段階で、大学で修得した理論等の知識を職場で活用するイメージ（第2層）を、ビジネス実践において、行動レベル（第1層）まで落としこむ知識移動を起こせているのか（いないのか）を、検討しました。

4・1　研究2の枠組み

修了後約2年が過ぎた社会人修了生23人への半構造化インタビュー内容を、質的研究法TEAを用いて分析しました。男性は16人（入学時平均年齢41・2歳（27〜53歳））、女性は7人（同40歳（30〜49歳））、平均インタビュー時間は72分で、一人一回の調査です。TEAでは、一人三回の聞き取り調査が推奨されています。しかし、研究調査の現実的な限界を踏まえ、得られたデータの範囲で分析結果を提示する意義はあると考えます。インタビューガイドは、予備調査の結果から、「ビジネススクール入学に至る経緯と、入学前−修学中−修了後における自己の変容についてお聞かせください。①仕事面について、②他者とのかかわり方について、③自己観について、④行動面について、⑤周囲からの評価について」としました。研究方法の詳細については、原著論文をご参照ください。[70]

4・2　入学から修了後約2年までの知識移動に伴う職業的アイデンティティ変容プロセス

分析の結果、大学卒業後に就職し、職歴を重ねた後に継続勤務のままビジネススクールで修学し、修了後も約2年間勤務するという経験において、職業的アイデンティティが五つの時期区分を経て変容する傾向が確認できました。そのプロセスを可視化したものが図4・6です。

■第Ⅰ期――職業的アイデンティティの獲得と確立期

23人の協力者は、調査協力校が入学条件を就業経験X年以上としていることから、共通して一定の職歴があります。そこで【必須通過点（OPP）1】は〈大学卒業後、職業生活をスタートする〉と

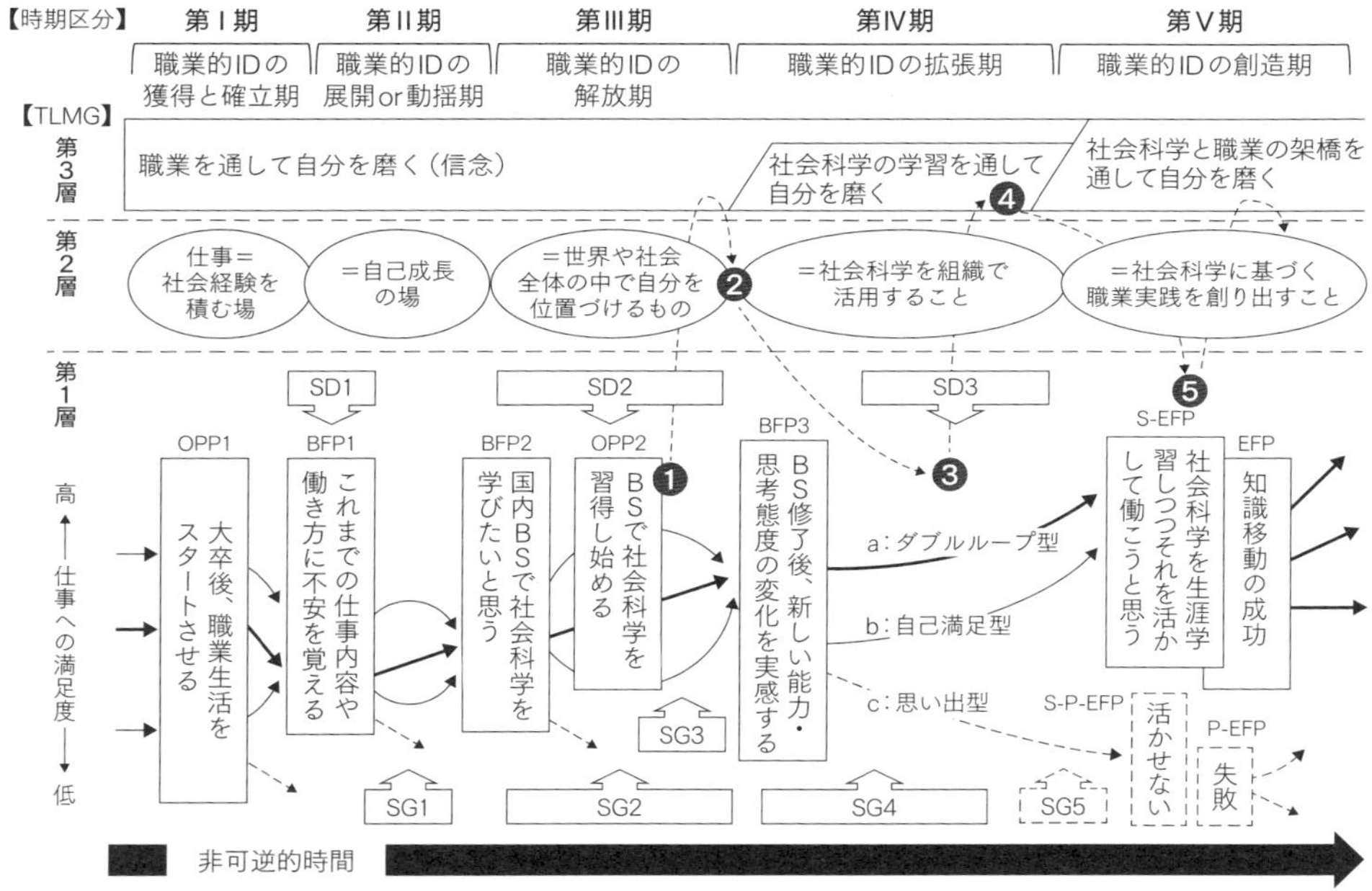

図4・6　修了社会人の職業的アイデンティティ（ID）の変容プロセスと知識移動（①-⑤）を示すTEM/TLMG図[71]

• S-EFP (Second-EFP) は、研究結果として明らかにされた調査対象者に寄り添う等至点をさす。S-P-EFP (Second-P-EFP) は、研究結果として明らかにされた調査対象者に寄り添う両極化した等至点をさす。
• その他、質的研究法TEAで使用される英語略語については、図4・1を参照。

設定しました。社会人として初めての職業経験となるこの時期の仕事に対するイメージは〈仕事＝社会経験を積む場〉であり、仕事への【信念】は、〈職業を通して自分を磨く〉と理解できました。この時期は、職業におけるＥループがゼロからある程度形成され、働く自分は何者なのかという自覚である職業的アイデンティティの感覚を獲得しつつ、また明確に確立する時期なので、〈職業的アイデンティティの獲得と確立期〉と呼びたいと思います。

■第Ⅱ期――職業的アイデンティティの展開 or 動揺期

協力者たちは、共通して、所属する企業ならではの企業特殊と言える職業経験を重ねるにしたがい、〈これまでの仕事内容や働き方に不安を覚える〉など、今後について見直しを迫られるような【分岐点（ＢＦＰ）１】に立ちます。〈職業を通して自分を磨く〉という【信念】をもちつつ、この時期の仕事に対するイメージは〈仕事＝自己成長の場〉へと変わり始めます。この時期に経験した社会的方向づけとなる環境要因【ＳＤ１】は、〈社内教育が不十分〉が共通していました。ある程度形成したＥループに基づく職業的アイデンティティをさらに発展させる、もしくは修正するように動機づけられる時期と考えられるので、この時期は〈職業的アイデンティティの展開 or 動揺期〉と呼びたいと思います。

■第Ⅲ期――職業的アイデンティティの解放期（知識移動①→②）

協力者たちは、仕事を通して成長実感を得ることに限界を感じ始めると、〈国内ビジネススクールの存在〉を社会的助勢【SG1】と捉え、〈国内ビジネススクールで、理論などの社会科学を学びたいと思う〉ようになります。彼らは、職業能力に不安のまま仕事を続けるのか、国内ビジネススクールで学ぶのかの【BFP2】に立つことになります。〈職業を通して自分を磨く〉という【信念】があるので、所属する組織に頼る成長に限界を感じると、企業特殊な能力ではなく、もっと広い領域で活用できる普遍性の高い知識を得ようとします。現職を続けながら平日夜間と週末にビジネススクールに通おうとすると、〈上司の圧力や時間管理の難しさ〉などの問題に直面します【SD2】。協力者によっては、所属する企業の承諾などをもらわないまま、密かにビジネススクールに入学する人もいるほどです。しかし中には、〈上司や職場や家庭の理解〉が後ろ盾【SG2】となり、入学を決める人もいます。いずれにしても協力者全員が、【OPP2】〈ビジネススクールでの学びを開始し、社会科学を修得し始める〉ことになり、その間は【SD2】と【SG2】がせめぎ合うことになるようです。

ビジネススクールでの2年間の就学が始まると、似た意識をもつ大卒社会人の学習の場として、〈教員や学友の励まし【SG3】〉が新たに加わります。こうして、ビジネススクールでの学びを続けることで個人間で知識移動がおき（①）、所属する組織を越えて、より広い社会的な視野に立つようになり、仕事に対する見方は、〈仕事＝世界や社会全体の中で自分を位置づけるもの〉へと変容するようです。知識移動が①→②へと個人内で進んだことになります。所属企業の職務を通して形成してきた職業的アイデンティティは、組織という縛りから解放されるので、この時期は〈職業的アイデンティティの解放期〉と呼べると思います。

■第Ⅳ期――職業的アイデンティティの拡張期（知識移動②↓③↓④）

ビジネススクールで2年間学び、再び職業を中心とした生活に戻るころには、協力者全員が、入学時にはない〈新しい能力・思考態度の変化を実感する〉ようです。もし、このような変化が実感できないのであれば、理論と実践を架橋する自己効力感が得られなかったことになるので、ここを【BFP3】と捉えました。この分岐点では、協力者が周囲の期待や評価を受けるようになり、仕事イメージは、それまでの受動的なものから〈仕事＝社会科学を組織で活用すること〉へと、能動的なものに変わるようです。その根拠となる自己効力感は、論理的に言語化して提案する力、理論的な裏付けをもつ自信、ひらめきと類推力が特徴として確認できました。

この時期には、当初からもち続けていた〈職業を通して自分を磨く〉という【信念】に加えて、修了後も〈社会科学の学習を通して自分を磨く〉という【信念】をもつようになるようです。つまり、知識移動が②↓④へと個人内で進んだことになります。企業等組織に評価される職業実践を通した自己成長と、自ら社会科学を学習し続ける知的高度化による自己成長という、二つの成長軸を個人内にもつ自己内変容が起きたということです。

しかし一方で、企業等組織に〈社会科学を余計なものとする傾向〉があり、それが社会科学の知識を積極的に活用する修了生の気持ちを下げる要因【SD3】となっている実態が確認できました。この実態から、ビジネススクールを通して形成された（と想定できる）Tループと、既存のEループとの連動の仕方には三つの径路があり、知識移動は②→③へと進むと考えました。

径路ⓐは、二つの学習ループがしっかり連動し、理論と実践が架橋している〈ダブルループ型〉です。ある意味理想が実現している径路で、企業等の共同体から評価され、組織的に社会科学が活用できている径路です。

径路ⓑは、個人内で密かにTループを回し、組織的には知識を共有していない径路で〈自己満足型〉と呼べるものです。この修了社会人がビジネススクール修了後に職場で学び、活躍した場合、それは個人技の範囲なので、その人が離職すれば組織に知識がとどまることはなさそうです。

径路ⓒは残念な径路で、修了社会人が、ビジネススクールでの学びは過去の思い出として、社会科学の活用を諦めてしまう径路です。「理論的な知識を組織で活用しようとすればするほど、疲れるんだなって思いました」という語りからわかるように、企業組織という実践共同体の中で知識の承認者がいなければ、知識は創造されず、個人内で停滞することになります。

社会科学の活用を修了社会人の個人の努力に委ねたままでは、所属する組織文化の影響を強く受け、これら三つの径路に分岐してしまうと言えそうです。これでは、せっかく大学院教育が育成した抽象度調整能力という潜在能力を広く社会に還元し顕在化することに限界があります。

一方で、ビジネススクール修了後も学び続け、学業と職業を通して自分を磨くという信念の拡張を支える【SG4】として、〈ビジネススクールの教員や修了生同志による相互支援〉といった、インフォーマルやノンフォーマルな相互学習の継続が確認されました。大学院教育というフォーマル学習の後に続く勉強会やゼミ活動など、学びのかたちは変わっても社会科学を学び続ける環境は残っているようです。このように、仕事に対するイメージが変わり【信念】も拡張するこの時期を、ここでは、これまでの職業的アイデンティティをさらに拡張するものと捉え、〈職業的アイデンティティの拡張期〉と呼ぶことにしました。

■第Ⅴ期——生涯学習型職業的アイデンティティの創造期〈知識移動④→⑤〉

ビジネススクールの学びを積極的に活用することで、職業的アイデンティティを拡張させようと試みる時期（約2年間）が過ぎると、やがて所属する組織の中で、協力者たちは周囲から、社会科学を扱う人として見られるようになり、個人内でTループとEループを自然に連動できるようになるようです〈知識移動④→⑤〉。行動レベルで最も多く聞かれたのが、組織における役割を幅広い視点で理解し、単に命令に従うだけではなく、時には上司に提案するなどの積極的な役割行動をするアクティブ・フォロワーシップと言える姿勢でした。ある程度組織の上層部にいる協力者からは、既存の企業特殊な文化そのものを改革し、新たな部署を創設するなど、行動レベルの積極的なリーダーシップの発揮なども確認できました。さらに、部下の視点に立つサーバント・リーダーシップや、組織の仕組みを説明し、勉強会を開く啓蒙活動など、幅広い新たな役割を自ら模索し実行する状況が確認できました。

ビジネススクール修了後約2年間、協力者たちは、企業等組織の実践共同体の中で、EループとTループの連動を試行錯誤し続けた末、新たな【信念】〈社会科学と職業の架橋を通して自分を磨く〉をもつようになったと言えそうです。仕事イメージも積極的なものに変わり、〈社会科学に基づく職業実践を創り出す〉という、組織の言いなりになるのではなく、組織に働きかける主体的で創造的な働き方が立ち現れ始めていました。ここでTLMGにより記述される三層からなる自己システムは大きく変容したことになります。つまり、働く自分は何者かという職業的アイデンティティの感覚も大きく変容し、〈生涯学習型職業的アイデンティティ〉とよべるものへと変わったと言えます。協力者のデータの範囲ですが、修了社会人は、社会科学を学び続けるという成長軸を得た新たな自己観をもつようになったということです。

4・3　大学と社会の間の知識移動のパターン

研究2の結果は、知識移動を円滑に進めるためには、修了社会人の個人的な努力を促すだけでなく、Tループという思考そのものを知らない、もしくはその価値を理解できずに、Eループを重視しすぎる企業体質にも切り込む必要性を示しています。修了時にはEループとTループがそれぞれ機能しているかもしれませんが、やがて忙しさと共に、苦労して形成したTループが消滅してしまう可能性もあります。修了社会人の個人の努力に委ねていては、修了後に職場に戻り時が経つにつれ、知識移動は、〈思い出型〉〈自己満足型〉となり、理想とも言える〈ダブルループ型〉にはなりにくいからです（図4・7）。つまり、この実態からは、大学と社会（ここでは企業）の間の知識移動を成功させるには、大学と社会という異なる組織間での知識移動を理論的に理解する必要がありそうです。

ここでヒントなるのは、成人学習理論の一つである状況的学習論（正統的周辺参加）の視点です。[76]図4・8に示すように、状況的学習論では、共同体と個人の関係を、成員としての正統的で周辺的な参加から始まり、その共同体の中で複雑に変容し続ける、多様なトラジェクトリー（軌道）として捉

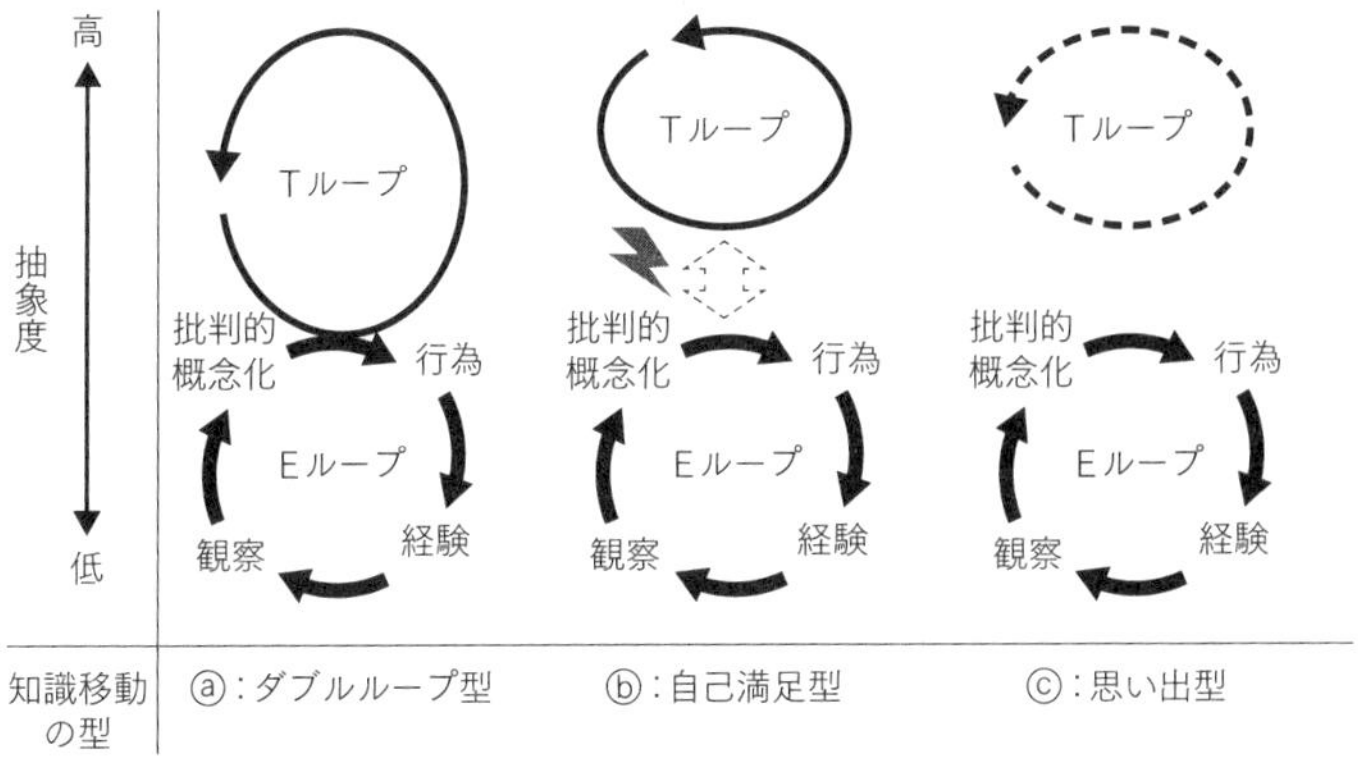

図4・7　修了社会人の職場における個人内の知識移動3パターン

- 実線は実態が確認されたもの、点線は現在は実態が確認されたが消滅してしまう可能性があるもの。
- ⚡は緊張状態。

えます。これは単なる、周辺から中核への単線的な成長や発達や昇進を意味するのではありません。コンピューターの精密部品の生産工場を例にとると、新しい生産方式の導入においては、古参者もまたある種の新参者となる可能性があります。共同体は、メンバーの入れ替え、新規テクノロジーの導入、そして他の部署や取引先など関連する他の共同体との関係性の変化などにより、熟練の所在が安定的であることの方が珍しく、新参者が古参に追いつき追い越すという一般的な徒弟制の視点だけで実践共同体を捉えることには限界あるという視点を提示します。この点で状況的学習論は、第四次産業革命期の科学技術時代を説明するのに、ふさわしい理論と考えます。

研究2では、大卒社会人が、企業組織とビジネススクールという教育組織の二つの実践共同体を行き来する場面が想定されているので、時間的なプロセスでの職業的アイデンティティの形成と変容を、二つの組織から多層的に記述する必要があります。その点からも、状況的学習論における多様なトラジェクトリーという概念は、有用な概念と考えます。

状況的学習論では、知識を創造する場面となる知識を承認する立場の共同体と提案する個人との間に、個人がもつ未来展望と関係づけて五つのトラジェクトリー（軌道）があるとしています[7]。その五つとは、選択または必要により、実践共同体の正式な成員としての十全な参加に至らない軌道である「周辺的トラジェクトリー：Peripheral trajectories」、実践共同体の正式な成員になりたての新参者が、十全参加を目指して実践に参加する時の軌道である「上りのトラジェクトリー：Inbound trajectories」、十全参加が実現され、共同体の成員というアイデンティティが形成されるものの、新しい出来事や期待や発見など、実践の進化が進む中でそのアイデンティティが再体制化される時の軌道である「内部トラジェクトリー：Insider trajectories」、複数の実践共同体の間を架橋することに価値を見出し、複数の組織を行き来する多重成員性（multi-membership）を前提とする軌道である「境界領域トラジェクトリー：Boundary trajectories」、そして、定年退職のように、実践共同体から退出する時などが想定される「下りのトラジェクトリー：Outbound trajectories」です。

大学と企業の間の知識移動を成功させるには、上記の五つのうち、「境界領域トラジェクトリー」への企業からの支援が必要と考えられます。それには三つのタイミングがあります。それを図4・8に点線矢印（①②③）で示しました。

一つ目は、大学という学術界への「周辺的トラジェクトリー」から「上りのトラジェクトリー」への形成支援です（①）。社員が、企業等組織の成員性を保ちつつ、つまり休職や退社をせずに、学術界の「上りのトラジェクトリー」を形成する、つまり入学するには、企業がそれを承認する必要があ

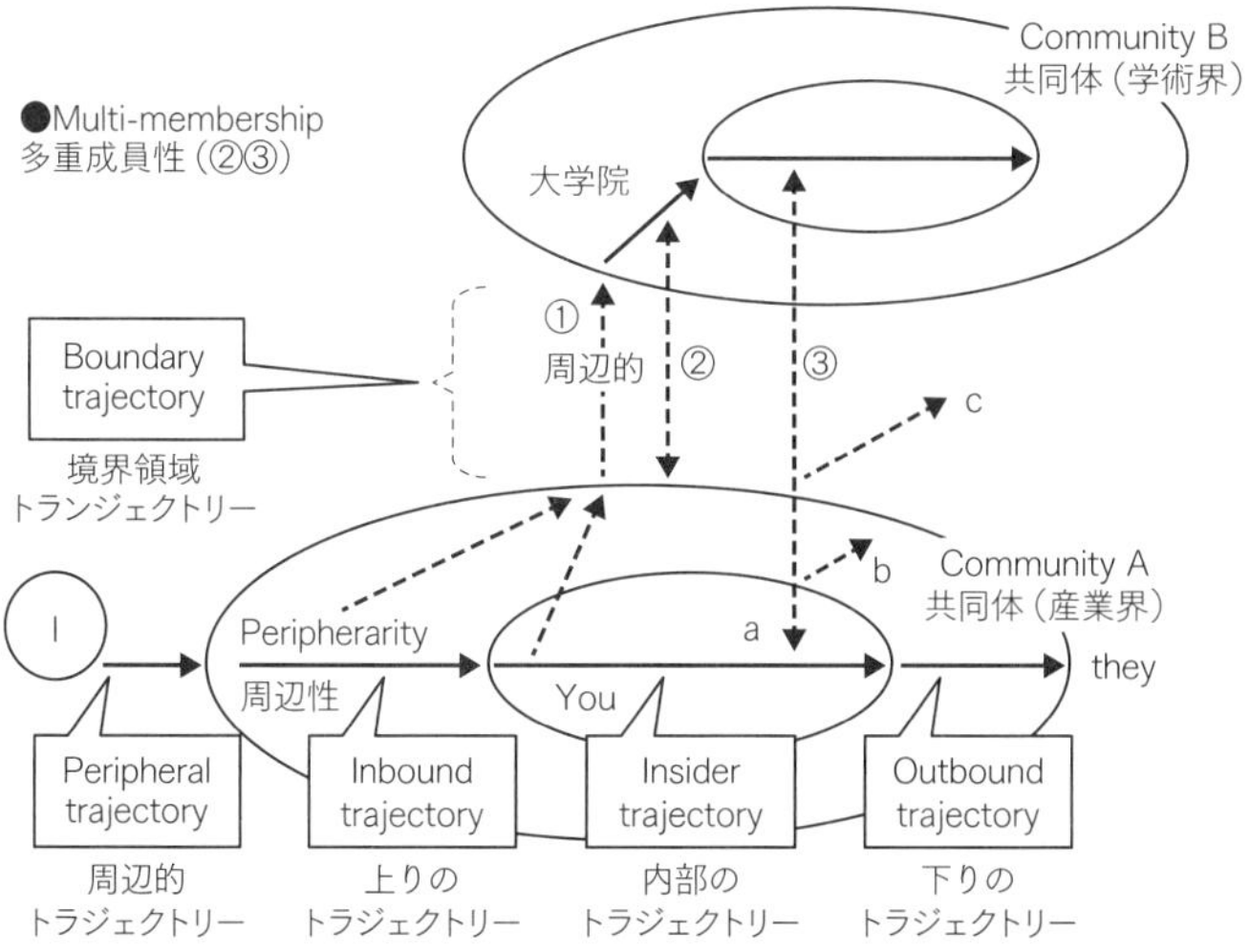

図4・8　状況的学習論における大学と企業の間の知識移動

【出典】Lave & Wenger (1991)[76]とWenger (1998)[77]を参考に著者作成。

ります。状況的学習論的に言えば、「企業が学術界との多重成員性に正統性を与える」ということです。多重成員性に正統性を与えることに否定的な企業の場合、そこに所属する社員は大学院で学ぶのを躊躇するか、秘密に修学することになります。また、協力者の中には、ビジネススクール入学のタイミングを10年間待ったという人もいました。このように入学そのものを個人の問題にとどめていては、社会人大学院リカレント教育の量的拡大は期待できません。企業を含め、社会全体での意識改革が必要です。

二つ目は、修学期間中の「境界領域トラジェクトリー」（②）の形成支援です。調査協力者の中には、上司により、学術界への参加が左右された人がいました。入学当初は、ビジネススクールで学ぶことに賛成する上司でした。ビジネススクールで学ぶこと自体を、企業組織にとって利益のあることと承認し、正統な学習として知識を組織に移動させようとしていたと考えられます。しかし、修学途中で代わった二人目の上司は、営業実績に責任をもつ者として、残業をせずにビジネススクールで学ぶことは「職務放棄」であるとし、組織として正統な学習とは認めませんでした。また別の事例では、2年間の修学途中で転勤を命じられ、飛行機通学を余儀なくされた人もいました。仮に個人で密かに、もしくは一部の理解ある上司のおかげで大学院に入学したとしても、企業側の理解なしには2年間無事に深い学びを安心して、腰を据えて達成することはできなくなります。途中で休学せざるを得ない事例があったことも、対象者の語りで確認できました。

そして三つ目は、大学院修了後にも生涯学習的に社会科学を学びTループの質を高めて知識を企業実績に活かそうとする、学術界と企業等組織を行き来する「境界領域トラジェクトリー」(③)の形成支援です。これは、修了社会人の科学的知識を企業内に組織化できるかどうかに影響します。企業が組織的に修了社会人の社員を通して社会科学を活用する場合は、経営戦略につながる「内部トラジェクトリー」(a)へと知識が移動すると考えられます(図4・7のダブルループ型)。もし密かに個人技として社会科学が密かに企業で活用される場合は、知識は最大限活用されるというより、むしろ周辺化する可能性が高く、そこからの知識移動はやはり個人技として続くことになるかもしれません(b)(図4・7の自己満足型)。そして、所属する組織では社会科学は活用されないと修了社会人が諦めてしまえば、その企業の中に知識が入ることなく周辺的なものになります。やがていつか、他の企業で活かそうと転職の準備をするかもしれません(c)(図4・7の思い出型)。調査協力者は、共通して社会科学を学び続けてそれを職業に活かすことで自己の成長実感を得たいという生涯学習型アイデンティティの感覚をもっていました。企業がこの修了社会人の思いを、仕事へのモチベーションとして活かせるかどうかが問題と言えそうです。

また一方で、「中途半端に折れちゃいけない」と語る協力者もいました。心が折れそうになる修了社会人を支えることが、知識移動の成功には重要だと言えます。もちろんその中心は企業となりますが、修了生を支えるもう一つの組織は大学院だと言えます。協力者たちは、図4・6〈SG4〉が示すように、ビジネススクール修了生同志による情報交換や、教員を交えた勉強会を頻繁に実施しています。このような、企業組織の枠組みを超えた学習共同体で生涯学習をする活動が、「境界領域トラジェクトリー」となっています。その意味では、企業がこれらの活動に正統性を与えるだけでなく、学術界においても、大学院などの高等教育機関や各教員や関連する学会等が、修了社会人の生涯学習型職業的アイデンティティを積極的に支援する取り組みが重要となります。修学社会人の信念を支える社会的支援として、ビジネススクールの新たな役割が示唆されていると言えるでしょう。

5　研究3——入学時の社会人院生Eループの特性

研究1では、修学中に事例を参照しながら理論を理解し、教員だけでなく学友とのグループワークやゲスト講師とのやりとりを通して知識を個人間と個人内で移動させ、理論を自分なりに使用する自己効力感を得ていることが確認できました。しかし研究2では、修学中から修了後において、大学と社会（主に職場）の間の知識移動が、必ずしも円滑にできていない実態を確認しました。そこで、研究2で明らかにした第Ⅰ期と第Ⅱ期の職業経験で形成されたEループの性質を把握し、その実態を理解することで、第Ⅲ期以降に知識移動（図4・6中の①－⑤）が円滑に進むためのヒントを得ることを目的とした介入研究として、研究3「キャリアデザインセミナー」を実施することにしました。

働き方に言葉にならない閉塞感があり、企業等組織の中で習得する職業能力に限界を感じ、自らの成長軸を汎用性の高い科学的知識を修得する知的高度化へと移動させようとする大卒社会人のおかれている苦しくも前向きな状況が浮き彫りになりました。

5・1　キャリア理論の視点

企業特殊なEループだけで自己の成長に限界を感じ、大学院でリカレント教育を受ける状態をキャリア理論から説明してみましょう。これは、シャイン[78]による「自覚された才能と能力」における職業の自己イメージ――キャリアアンカー――に揺らぎが生じた状態と言えるかもしれません。またホール[79]の言葉を用いれば「ミッドキャリアチェンジ」と呼ばれる、ルーティン化した日常業務からの解放を指すものとも言えます。その契機となるものは、科学技術の革新などの社会的要因、経験主義的な働き方の限界、そして私生活の変化などがありますが、今必要とされている働き方は、「プロティアン・キャリア（Protean Career：変幻自在のキャリア）」と呼ばれるような、明確なアイデンティティをもちつつも、社会と自己の変化に応じて主体的に働く適応力だとホールは言います。しかし、成人の「キャリアはデザインしなければドリフトする」とも指摘しています。職業人生において、すべてを詳細に計画し実行し実現することは現実的でないので、節目だけは職業人生の方向性を見直すために、現実を見据えた夢や抱負を描くキャリアデザインを行うことが推奨されています[80]。社会人入学生は、まさにその節目にいる可能性があります。ブリッジス[81]が言う、何かが終わり、混乱や苦悩の時間を経て、新しい何かが始まる「トランジッション」の予感を、社会人入学生は入学時に感じているのかもしれません。

ここで言うキャリアという言葉は、広義には人生役割、狭義には職業設計や職業履歴を指しますが、本書では、特に説明がない場合は後者の職業に関連したものとして使用します[82]。

5・2 研究3の枠組み

研究3で実施した社会人院生の入学時の「キャリアデザインセミナー」は、「セミナーの主旨理解」、「現在の職業的アイデンティティの感覚の自覚」、先輩たちの学習プロセスや学習体験を知ることによる「視点取得」、TループがEループとは異なる価値観で形成されるものであることをワークを通して感じる「学習者アイデンティティの自覚の促進」の4段階からなります。就業中心の生活から、就業と就学という二足のわらじを履く生活に移行するにあたり、異なる価値観で時間を過ごす必要性を客観的に理解することを目指すものです。実際の進行方法については原著を当たってください[71]。

表4・3　入学時の職業に対する現価値観と大学院就学に必要な新価値観[71]

現価値観	得点	新価値観	得点
質問：今、仕事をする上で何を大切にしていますか？悩んだ時に何を基準に判断していますか		質問：「書いてみたい論文」を書くために追加しなくてはいけない価値観は何ですか？現価値観の順序を変える必要はありますか？	
企業利益	53	主体性／積極性	21
自分の信念	37	自己のエネルギー管理（仕事とのバランス）	21
外的評価	31	自己成長	8
人間関係	23	知識への希求	6
自己満足	21	会社目線	4
自己能力	6	組織力	3

• 現／新価値観の第1位を2点、第2位を1点として算出（55人）。

表4・4　入学時の働き方に関するキャリア意識[71]

質問E：課題		質問F：回避したいこと		質問6a：2年後の自己イメージ	
幅広い知識	20	その他大勢	23	理論と実践を架橋	15
専門性	14	主体性のない働き方	13	専門領域をもつ	14
経営者目線	8	目標なし	11	リーダーシップをとる	12
思考力	6	窓際	7	自分に自信をもつ	12
自己成長	7	無回答	1	学位取得	2
（計）	55	（計）	55	（計）	55

（単位：人）

表4・5　セミナー受講後の感想[71]

現在の自己意識状態の明確化ができた	17
決意表明	10
大学院修学に必要なものに気づくことができた	10
目標が曖昧であることが自覚できた	9
具体的な行動イメージが習得できた	7
振り返る行為の重要性を再認識した	2
（単位：人）	55

本節ではこの研究3から、入学時の社会人院生のEループの特徴を明らかにしたいと思います。使用するデータは、20XX年のキャリアデザインセミナーの参加者のうち、研究協力に同意を得た55人のワークシートに記入された質問への回答です。

それぞれの質問項目のうち、Eループの現在の状態を推察できる質問としては、「今自分が成長するために乗り越えなくてはいけない課題は何ですか?」、「未来に、どのような自分になるのが嫌で(回避したくて)、ビジネススクールの入学を決めましたか?」、「2年後に成っていたい自分はどのような人ですか」などがあります。また現在仕事をする上での価値観や、大学院で書いてみたい論文を書くために必要そうな価値観(新価値観)について質問し、入学時の社会人大学院生がどのような価値観をもつ傾向にあるのかを把握しました。その結果が表4・3、表4・4です。さらに、このセミナーを受講後の感想をまとめたものが、表4・5です。

5・3　入学時の社会人院生のEループの特徴

本調査の協力者55人の範囲の結果ですが、社会人大学院生が入学時に形成している職業に関するEループには、大きく三つの特徴が確認できました。

■強化学習からの脱却

社会人大学院生の入学時のEループの多くに、ショーンの言う強化学習が起きていることが確認できました。彼らのEループの特徴を示す「現価値観」では、企業利益を追求することに目標が設定され、それを目指すという信念をもち、自分のやり方が他者から評価されることを望むという傾向がみられます。そして、その価値観でEループを回す自分に対し感じる課題は、知識の狭さであり、専門性の弱さです。このままの状況が続けば、自分はその他大勢の一人となり、主体性のない働き方を続け、目標が定まらない状態が続くことになりそうで、それを回避したいという動機をもっています。言われたことだけをタンタンとこなす受け身な働き方ではなく、主体的な働き方に価値を見出しています。視点を変えれば、仕事を通して成長しようとする傾向のある大卒社会人が、ルーティンをぐるぐる回り、成長を感じない強化学習の状況にあることが嫌で、ビジネススクールに入学して何とかしたいと思っている状態と読みとれます。

■教育の事後性

2年後、つまり修了時の自己イメージはどのようなものかを質問しました。その結果は、ほぼ同じ割合で四つに分かれ、①理論を実践に架橋して働くというある意味教育理念どおりの未来像、②専門領域で働くという専門家という未来像、③リーダーシップをとる組織人としての未来像、そして、④自分の仕事に自信をもち働くという自尊感情に重点をおく未来像でした。

この結果から、Eループだけを形成している社会人新入生の視点に立てば、この四つの自己イメージを達成する方向でTループを形成するように教育を計画すれば、満足を得ながら知識移動が進むのではないかという仮説を立てられそうです。しかし、ここで行われる教育は、Eループに加え、新たにTループという思考径路を形成し、Eループと連動させることです。つまり入学段階では、社会人院生は、「自分はこれから大学院で理論を学ぶ」ということはわかっていても、それがどういうことで、自分にどのような意識変容が起きるのかは、教育前には決してイメージができない状況で教育が行われるということです。このような意識変容学習の特徴は、研究1で述べた教育の事後性と言われるものです。[73] 社会人院生の入学段階での未来展望はこの四つのイメージに分類されますが、教育者側は教育の事後性を踏まえ、さらにこの期待を越えて、まだ体験したことのない科学を扱う本質を教授していくことが教育力量として求められることになります。

■自己エネルギー管理の必要性の自覚

自分が「書いてみたい論文」を書ける自分に成長するためには、55人中51人（93％）が、新たな価値観を追加する必要があることに気づいています。つまり職業に関するEループを支える価値観だけでは、「書いてみたい論文」を書き、その先の成りたい自分になるためのTループの形成はできないということに気づいたということです。Tループを形成するには、そのための心の準備、マインドセットが必要ということです。

実際に、この「書いてみたい論文を書く」ということを未来の等至点として言語化したことで、社会人入学生からは、セミナー後の感想として、自分の意識状態をメタに見ることができ、やりたいことが明確になり、職務とは異なる心構えが必要なことに気づけたという意見が多く聞かれました。まさに、ブリッジス[81]が言うように、このセミナーは、職業設計における転機（トランジション）を迎えた大卒社員にとって、新しい何かが始まるかもしれないと感じる時間だったのかもしれません。そしてそのためには、新たに必要な価値観として、まるで自らを鼓舞するかのように「積極性」が多くあげられました。また、就業と就学の両立を心理的にも時間的にも実現するため、「自己のエネルギー管理」の必要性を実感したようです。

研究3では、一定年数の職歴を入学条件とする調査協力校の社会人入学生が形成したEループの実態を明らかにしました。既に形成されている入学生のEループの多くは、強化学習がおきていて、知識の幅や専門性を広げることでそれを脱却しようとしている状態でした。入学生は、理論を学ぶことでまだ言葉にはできない新しい自分になることを期待しつつ、このセミナーを通して、これからの就学に向けて、どこに力を入れるのかを見極めようとする自己エネルギー管理の必要性の自覚が進んだようです。

6　研究4――社会人大学院生のビジネススクールでの内的な学習経験

研究4では、社会人大学院生は、ビジネススクールでの学習経験をする前と後で内面にどのような変容が起きるのかを、心理尺度を用いて数値的に明らかにしました。内的な学習経験を数値化することで、ビジネススクールで育成する潜在能力がどのように個人に自覚されているかを可視化できます。それにより、企業が人材育成としてビジネススクールを活用するためのヒントが得られると考えます。

具体的には、入学時と修了時において同じ心理尺度を使用した質問紙調査を実施し、心理尺度（項目）平均得点にどの程度差があるかを明らかにします。使用する心理尺度は、研究1と研究2の結果を踏まえて選択し、分析は対応のあるt検定を用いました。入学時と修了時で平均得点の差が比較的大きいと思われる尺度や項目については、それらの相関係数を考慮しつつ、これまでの研究結果が示す知識移動を踏まえて読み解いてみたいと思います。そして探索的に、学習経験の心理モデルと呼べるものを生成します。詳しい分析手法は、原著論文を参照してください[71]。

6・1　心理尺度による定量的視点

先行研究と研究1・2の結果から、知識移動に伴う個人の内面で起きる学習経験の要素を捉えるための探索の視点を、批判的思考態度、対人関係の積極性、心理的たくましさ、自尊感情、多次元自我同一性（アイデンティティの感覚）、職場ストレッサー、そして心身ストレス反応の七つに絞りました（表4・6）。

■批判的思考態度の自覚

ビジネススクールの教育理念は「理論と実践の架橋」なので、理論を通してこれまでの経験を見直し、理論を活用する未来的な職業展望を得る批判的な思考態度を修得することが基本的に期待されています。その期待は、研究1の授業場面において、理論と実践を架橋する未来展望を得ることが高い

表4・6　使用した尺度（質問項目）と各尺度の分析結果

尺度		質問項目（●は逆転項目）
尺度名	下位尺度	
批判的思考態度 t=3.49, p=.001	論理的思考の自覚	①私は、複雑な問題について、順序だてて考えることが得意だ
		②私は、考えをまとめることが得意だ
	探究心	③いろいろな考え方の人と接して多くのことを学びたい
		④私は、生涯にわたり新しいことを学び続けたいと思う
	客観性	⑤私は、いつも偏りのない判断をしようとする
		⑥●私は、物事を見る時に、自分の立場からしか見ない
	証拠の重視	⑦私は、何事も、少しでも疑わずに信じ込んだりはしない
		⑧結論を下す場合は、確たる証拠の有無にこだわる
対他的 ER t=.98, p=.333		⑨私は自分からユーモアが言える
		⑩私は、人から自分に対する好意や受容を引き出すことができる
		⑪私は、こころがあたたかく、親密な関係を持つことができる
		⑫私は、みんなの集まる場所で、存在感がある
対自的 ER t=2.28, p=.028		⑬●私は、現実または想像上の脅威（恐れ）に対してもろい
		⑭●私は基本的に不安が強い
		⑮●私は、いろいろあれこれ考えてしまい、それらが頭から離れないことが多い
自尊感情 t=2.29, p=.028		⑯私は、物事を人並みにはうまくやれる
		⑰私は少なくとも人並みには価値のある人間である
		⑱●自分には自慢できるところがあまりない
		⑲●私は、敗北者だと思うことがよくある
職場ストレッサー（何にどの程度負担を感じているか） t=-3.69, p=.001	過度の圧迫	⑳どこにいても仕事のことが頭から離れない
		㉑有給休暇がとれない
	役割の不明瞭	㉒今の仕事には、はっきりした目標や目的がない
		㉓複数の上司の指示に、くい違いが多い
	能力欠如	㉔職場での時間を自分で適切に配分できない
		㉕私の仕事のやり方は不適切である
	過度の負担	㉖上司・部下それぞれの要求に挟まれている
		㉗部下の相談にのらなければならない
ストレス反応（心理的苦痛・身体的不調を感じている程度） t=-2.29, p=.029	過敏	㉘神経質な方である
	抑うつ	㉙憂鬱な気分である
	怒り	㉚自分の思い通りにならないと、すぐにカアッとなる
	疲労	㉛仕事を終えた時疲れきっている
	怒り	㉜ちょっとしたことで感情を害しやすい
	対人関係の緊張	㉝上司が来ると震えるほど緊張する
多次元自我同一性 t=1.31, p=.198	自己斉一性・連続性	㉞●今のままでは次第に自分を失っていってしまうような気がする
		㉟●過去に自分自身を置き去りにしてきたような気がする
	対自的同一性	㊱自分が望んでいることがはっきりしている
		㊲自分のするべきことがはっきりしている
	対他的同一性	㊳●人前での自分は、本当の自分ではないような気がする
		㊴自分は周囲の人に理解されていると感じる
	心理社会的同一性	㊵現実社会の中で、自分らしい生き方ができると思う
		㊶●自分の本当の能力を活かせる場所が社会にはないような気がする

• t= 尺度ごとの平均得点の t 検定結果（対応あり・両側）, p= 有意確率
• SPSS21.0を使用

満足感とつながるという結果からも確認できました。そこで、探索の視点1として、批判的思考態度は、どのような学習経験として自覚されるのかを探索します。

測定には、「批判的思考態度尺度[83]」の四つの下位尺度から、それぞれ社会人という成人学習にふさわしいと思われるものを2項目ずつ、計8項目を選択して用いました（表4・6「批判的思考態度」を参照）。

■対人関係の積極性の自覚

研究1が示すように、社会人大学院生は、授業において教員から知識を学ぶだけでなく、多くの他の院生とグループワークやディスカッションを通して交流を深め、意見を聞き、他の院生にわかるように自分の意見を述べる訓練を積むことになります。このような学習経験を経て、修了時には入学時よりも積極的に対人関係を築く術を身に付けると考えられます。そこで、探索の視点2として、2年間のビジネススクールでの知識移動において、対人関係の積極性はどのような学習経験として自覚されるのかを測定するために、自我制御の自覚を測定する「日本語版CAQ版ER尺度[84]」を用います。

自我制御とは、「エゴレジリアンス：ER（Ego-resiliency）」と言われ、「ストレスを体験する状況で、自我の制御を柔軟に調整する能力」と定義されています[84]。その中から、〈対人関係の積極性〉については、ストレスがかかった状態でも他者に積極的にかかわろうとする態度が形成されると考え、他者に対するエゴレジリアンスを測定する対他的ER尺度から4項目を使用しました（表4・6「対他的ER」を参照）。

■自己不安への対処力の自覚

自分の意見を教員や他の院生の前で発信するということは、それを否定されるかもしれないという不安を伴いますが、慣れも含めてその不安感情に対処する力を、知識移動という学習経験を経て身につけた可能性があります。研究1で確認された、学びの場で生まれる相互承認のおかげかもしれません。また2年間の就学と就業の両立をやりきるという成功体験が、自己の不安感情と向き合う際の自信の根拠となるかもしれません。研究2からは、やり遂げる強い決意が新しい能力として確認されています。ビジネススクールでの学習経験は、心理的なたくましさを育む可能性があるようです。そこで、探索の視点3として〈心理的たくましさ〉の変化を測定するために、自己の不安感情を調整するレジリアンスという意味の対自的ER尺度から3項目を使用しました(表4・6「対自的ER」を参照)。これは、上記の対他的ERと同じ「日本語版CAQ版ER尺度」に含まれています。[84]

■自尊感情の自覚

研究1が示すように、2年間のビジネススクールでの学習経験を積むことで、院生は理論を実践へと架橋する展望と、職業に関する理論的な思考や科学的知識などの潜在的な能力感を得て、最終的に自己効力感を高めていると考えられます。また、それに伴い、研究2で確認されたような、入学時の能力観の不安が軽減され、最低限のことはできるという職業に関する自尊感情が高まると推察されます。職業における自尊感情が高まれば、職業満足や職業へのモチベーションも高まることが期待されます。[85]そこで、探索の視点4として自尊感情の変化を測定するために、M・ローゼンバーグが開発した自尊感情尺度を用いました[86]。また現時点の自己に対する全体的な自己評価を測定するために、質問紙上に「現在の気持ちを記入してください」と教示し[87]、項目は、ローゼンバーグの邦訳版である「自尊感情尺度[86]」から、4項目を用いました（表4・6「自尊感情」を参照）。

■職場ストレス（ストレス反応とストレッサー感受性）

研究1・2からは、ビジネススクールにおける知識移動に伴い、やり遂げる強い意志が生まれるなど、心理的たくましさや人間関係の積極性と連動して、身体的なストレスに対する対処能力を得るような学習経験が起きている様子がうかがえました。職場のメンタルヘルスが重要視される昨今において、探索的に、職場ストレスとビジネススクールの学習経験との関係を捉える意義は深いと思います。そこで2年間のビジネススクールでの知識移動において、探索の視点5として身体的なストレス反応、視点7としてストレッサーへの感受性が、学習経験においてどのように位置づけられるのかを測定するために、島津ら、および小杉による「職場ストレッサー尺度・ストレス反応尺度[88]」からそれぞれ8項目と6項目を使用しました（表4・6「職場ストレッサー」「ストレス反応」を参照）。

■職業的アイデンティティの自覚

研究2では、働く個人のアイデンティティが動揺している中で、理論などの社会科学を学ぶことで自分を見つめ直し、働き方を見直す過程で、これまでにない職業的アイデンティティの感覚を得ていることが確認できました。そこで、探索の視点7としてアイデンティティの感覚を多様な視点から測定するために、「多次元自我同一性尺度」[89]を使用しました。この尺度はエリクソン[90]の記述より抽出した四つの下位尺度で構成され、その下位尺度から、ビジネススクールの学習経験と関連が深いと思われる項目をそれぞれ2個選択し、計8項目を使用しました（表4・6「多次元自我同一性」を参照）。

6・2 研究4の枠組み

調査を実施するにあたり、図4・9のような探索の枠組みを設計しました。同じ質問紙を使用して、7尺度41項目（表4・6）において、個人内の変化を定量的にビジネススクールの学習経験として捉えることにします。使用した尺度はすべて、「1＝全くそう思わない」から「5＝かなりそう思う」までの5段階評価を用いました。またこれらの尺度は、半日のビジネス研修[91]や大学のキャリア教育の教育効果測定の指標として使用され[92]、一定の効果が確認されている尺度です。

調査対象者は、入学時と修了時の両調査に協力した42人で、男性36人（平均年齢38・6歳・標準偏差8・7歳）、女性6人（同40・3、8・2）でした。職種は製造業をはじめ、IT系、サービス業（教育・介護など）、小売業、NPO法人、金融保険、建築業、総合商社など幅広い層となりました。調査対象者のうち約88％が私費で、残りは全額もしくは一部が社費での入学でした。また、約55％が職場から応援をされていますが、残りの半分弱は「特に何もない」、「迷惑そう」、「報告していない」など、職場から積極的な支援を受けないままの受講でした。調査対象者の特徴としては、修了時の段階で転職経験がゼロのまま修了する院生が約半数いる一方で、残り半分は転職経験が平均約2回でした。

所属企業において、ビジネススクール修了が経営幹部への昇進のための必須条件となっていると答えた院生は1人（外資系企業勤務）で、それ以外は皆ビジネススクール修了が経営幹部になるための資格とは設定されていない環境です。したがって、調査対象者のほとんどは、心理的な自己満足（内的要因）に動機づけられて入学していると言えます。修了後において、現在と同じ企業で幹部や専門職を目指したいとする人が約70％で、それ以外の院生は、起業や転職を視野に入れています。また修了後において、やがていつか実務家教員として教壇に立ちたいとした人が半数以上いました。

6・3　11項目が示す学習経験モデルの探索的生成

入学時と修了時に同じ質問紙を用いて得た7尺度41項目のそれぞれの平均得点（5件法）を入学時と修了時の差から検討し、変化が顕著だった11項目（表4・7）について、就学時の各項目間と入学時と修了時の相関係数をふまえて検討し、TLMGが示す知識移動の視点から、知識移動の探索モデルの生成を試みました（図4・10）。このモデルからは、学習経験の特徴が3点確認できました。なお、全項目の統計値の詳細は、原著論文[71]でご確認ください。

■批判的思考態度の定着

ビジネススクールの教育理念とされる「理論と実践の架橋」と直結する論理的思考の自覚は、「②私は、考えをまとめることが得意だ」とする第1層の個別活動レベルの思考において達成されていると考

表4・7　入学時と修了時で大きな差がみられた11項目とその統計値

項目番号と質問内容（●は逆転項目）	平均得点（標準偏差）		t 値	有意	相関係数									
	入学時	修了時	(両側)	確率	㊶	㉘	⑳	㉔	⑬	㉜	⑤	④	⑨	②
⑲●私は、敗北者だと思うことがよくある（自尊感情）	3.4(.92)	4.0(.97)	3.07	.004	**.548**	-.135	-.177	**-.319**	**.338**	**-.514**	**.346**	.12	-.007	.286
㊶●自分の本当の能力を活かせる場所が社会にはないような気がする（自我同一性：心理社会的同一性）	3.9(1.06)	4.4(.84)	2.65	.012	—	.028	-.184	-.141	.246	**-.447**	.272	**.315**	.037	.158
㉘神経質な方である（ストレス反応：過敏）(r=.65)	3.4(.99)	2.9(1.07)	-3.38	.002		—	.175	-.063	-.206	.222	.062	.112	-.072	-.041
⑳どこにいても仕事のことが頭から離れない（職場ストレッサー：過度の圧迫）(r=.58)	3.1(.83)	2.6(1.06)	-3.24	.003			—	.293	.026	.065	-.227	-.003	.025	-.207
㉔職場での時間を自分で適切に配分できない（職場ストレッサー：能力欠如）	2.5(.98)	2.0(.98)	2.27	.030				—	-.113	.249	-195	-.186	-.221	-279
⑬●私は、現実または想像上の脅威（恐れ）に対してもろい（対自的 ER）(r=.53)	3.3(1.00)	3.8(.79)	3.30	.002					—	-.263	-.051	.131	.233	-.096
㉜ちょっとしたことで感情を害しやすい（ストレス反応：怒り）(r=.43)	2.6(.98)	2.2(.99)	-2.29	.028						—	-.237	-.179	-.206	-.233
⑤私は、いつも偏りのない判断をしようとする（批判的思考態度：客観性）	3.5(.80)	3.9(.87)	2.47	.018							—	.071	.004	**.368**
④私は、生涯にわたり新しいことを学び続けたいと思う（批判的思考態度：探求心）	4.4(.69)	4.8(.62)	3.29	.002									-.101	.269
⑨私は自分からユーモアが言える（対他的 ER）(r=.68)	3.5(.89)	3.9(1.00)	3.05	.004									—	.182
②私は、考えをまとめることが得意だ（批判的思考態度：論理的思考）(r=.32)	3.5(.74)	3.9(.71)	2.55	.014										—

- N=42（男性は36人（平均38.6歳・標準偏差8.7歳）、女性は6人（平均40.3歳・標準偏差4.5歳））（項目⑳㉔㉘㉜㊶は N=35）SPSS21.0使用。
- 尺度項目平均得点差（修了時ー入学時）の絶対値の大きい順に並べた。項目内容の後ろに相関係数（r）の表記のある項目は、入学時と修了時の項目得点に有意（5%水準）な相関係数がみられたもの。
- 太字の項目間の相関係数は、5% 水準で有意なもの。

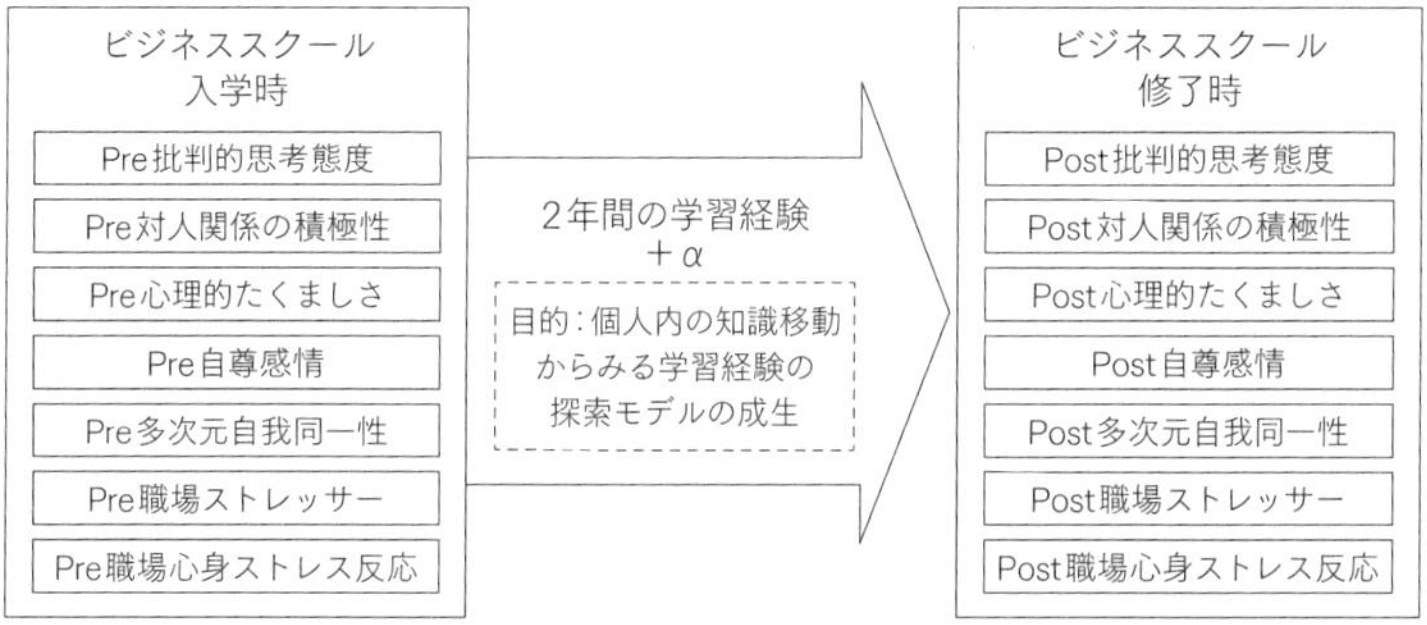

図4・9　研究4：探索の枠組（7視点からの探索）

えられます。またこの②は、「⑤ 私は、いつも偏りのない判断をしようとする」という客観性を重視する批判的思考態度と弱い有意な正の相関があるので、自分は考えをまとめることが得意だと思う人ほど、偏りのない判断をすることに価値観をもつ傾向が見られると理解できます。②も⑤も平均得点が入学時よりも修了時の方が高いことから、知識移動は、批判的思考態度において、考えをまとめるという第1層の思考段階から、偏りのない判断に価値をおく第3層の価値観のレベルへと進んだと思われます。入学時にはないTループを形成し、授業を通して論理的思考の訓練を経た結果、新たな価値観が得られたと考えるのが妥当だと思います。

なお、批判的思考態度のなかでも探究心を示す「④ 私は、生涯にわたり新しいことを学び続けたいと思う」は、②と⑤との相関は低く、むしろ〈㊶ 心理社会的同一性〉と有意な正の相関があり、〈㊶ 心理社会的同一性〉は〈⑲ 自尊感情〉と中程度の正の相関があります。この点は、改めて職業的アイデンティティと関連づけて考察します。

また〈⑤ 客観性〉は、自己の最低限の評価とされる〈⑲ 自尊感情〉と、弱い有意な相関があります。TLMGが示す知識移動

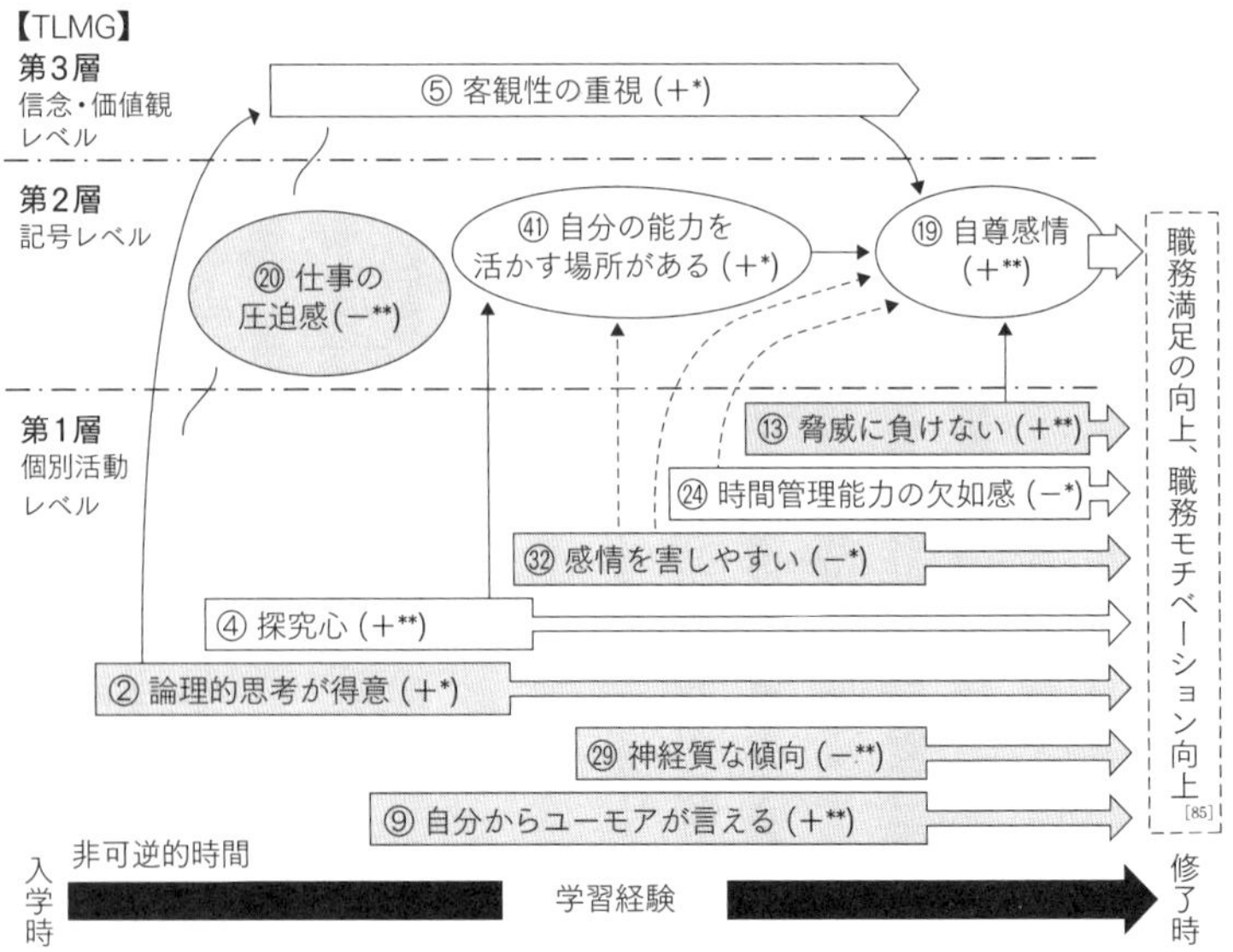

図4・10　心理尺度からみる探索的学習経験を示すTLMG図[71]

- グレー項目（入学時と修了時で有意な正の相関）は、当初の傾向を維持したまま一定の影響を均等に受けたと考えられ、白項目（相関なし）は、全体として平均得点に変化があったが、その影響は個人差があると考えられる項目。
- 実線曲線矢印は有意な正の、点線曲線矢印は有意な負の相関関係がある項目を、理論的な時間経過で探索的に示した知識移動のプロセス。

から考察すると、知識移動は第3層まで達すると、その後、そこから新たな自己イメージの記号が発生し（第2層）、その新しい自己イメージに対し自己評価を高めているのではないかと考えられます。「⑲自分は、敗北者であると思うことがよくある」が減り、成功する自己イメージをもちつつあるのかもしれません。「理論と実践の架橋」という教育理念に直結する学習経験としては、批判的思考態度を身につけ、それに価値を感じ、自尊感情を高めたというプロセスが考えられるので、個人内の知識移動としては、「第

1層②→第3層⑤→第2層⑲」が起きているものと考えられます（図4・10）。この一連の知識移動は、研究1の自己効力感[75]（図4・3）と、研究2の分岐点3（図4・6）で確認できた〈論理的に言語化し提案する力[70]〉を裏付けるものと考えられます。

■職場ストレスと学習経験の関連

本研究ならではの新しい知見として、ビジネススクールにおける知識移動は、職場ストレスと関連が深い学習経験となる可能性が確認できました。各項目をまとめた七つの心理尺度のうち、入学時と修了時の尺度平均得点の差がいちばん大きい尺度は、ある対象に対する負担の感じ具合を測定する職場ストレッサー尺度で、二番目に大きい尺度がストレス反応尺度でした。

職場ストレッサー尺度のうち過度の圧迫感を測定する「⑳どこにいても仕事のことが頭から離れない」は、入学時と比べ修了時には、個人差はあるものの平均得点差が非常に大きく減少しました。Eループで仕事に没頭する時間が長ければ、第2層のイメージのレベルにおいて、限定された範囲の仕事に関連した記号が発し続けられてしまうのかもしれません。頭から仕事のことが離れない状態とは、Eループの強化学習とも言えます。ここに、Eループに加えTループが形成されることで、仕事だけではない多様なイメージが頭の中で描かれるのかもしれません。これは第2層の記号レベルにかかわるものであり、その意味では、ビジネススクールの知識移動は、第2層に達するものと言えるでしょう。

職場ストレッサー尺度のうち時間管理能力の自覚を測定する、「㉔職場での時間を自分で適切に配分できない」も、入学時と修了時の差が同じ程度に大きい項目でした。研究3では、ビジネススクールで「書きたい論文」を書くには、時間管理などのエネルギー管理が必要だと、入学時のセミナーで多くの院生が気づいたことが確認されました。そして実際に、2年間、フルタイムの就業とパートタイムの就学をやり遂げ、時間をなんとかやりくりするコツのようなものを習得したのかもしれません。時間管理能力の欠如感の低さと、自尊感情の高さには弱い負の相関が見られるので、知識移動から見れば、第1層で時間管理能力を発揮している人ほど、そのような自己イメージ（第2層）に対し自己評価を高めたと理解できると思います。

ストレス反応尺度は、職場ストレッサーに次ぎ、入学時と修了時で尺度平均得点の差が二番目に大きい尺度です。なかでも、過敏さを測定する「㉘神経質な方であると思う」は、入学時と修了時の平均得点の差が、全員に一定程度減少していました。自己の神経質さに対する自覚は、ビジネススクールの学習経験として共通した特徴として捉えられそうです。

また怒りを測定する「㉙ちょっとしたことで感情を害しやすい」も、入学時と修了時の平均得点の差が比較的大きく、全員に一定の影響が確認できた項目でした。この〈㉜怒り〉は、〈⑲自尊感情〉と「㊶自分の能力を活かす居場所がある」と中程度の負の相関が見られます。怒りっぽさの程度が低い人ほど自分の能力を活かす居場所感が高く、自尊感情が高い傾向があります。第1層の個別活動レベルで捉えられる感情の害しやすさが低減したことで、怒りにくい自己イメージを自覚し、また良好な居場所感を得られたことで自尊感情を高めたという理解ができるかもしれません。学習経験が怒りの低減と関係するという結果は、研究2の分岐点3（図4・6）で確認された〈感情に振り回されない自己マネジメント力〉を裏付けるものと考えられます。[70]

このように研究4では、ビジネススクールでの知識移動に伴う学習経験は、仕事の圧迫感と時間管理能力の欠如感、自己の神経質さの自覚、そして感情マネジメントという要素で、職場ストレスと関連があることが探索的に確認できました。これは探索的に明らかにした新しい視点なので、意義深いものですが、この結果から読みとる因果関係は仮説の域にあります。またこの四つの項目以外にも関連が深い要素があるはずです。さらに探索的に調査を進める必要があると言えるでしょう。

■職業的アイデンティティの複雑な変容

「多次元自我同一性」尺度では、複雑な変化が確認できました。項目を詳しく見ると、「㊱対自的同一性：自分が望んでいることがはっきりしている」（表4・6）だけが減少方向に変化し、形成や確立ではなく、見直しや拡散という方向に比較的大きく変化する傾向が見られました。それ以外の項目はすべて、アイデンティティの感覚を獲得する方向に変化している点を踏まえると、自分の望ましい未来展望においては、描き直しの状態で修了時を迎えていると言えそうです。修了時も、何かが始まるトランジション[81]の時期と言えそうです。

項目別に詳細を見ると、ビジネススクールにおける知識移動とアイデンティティの感覚において、入学時と修了時の項目平均得点の差が最大だったものは、心理社会的同一性の「㊶自分の本当の能力を活かせる場所が社会にはないような気がする（逆転）」でした。そしてこの〈㊶心理社会同一性〉は、〈④探索心：生涯にわたり学び続けたい〉と〈⑲自尊感情〉と正の相関をもっています。つまり、学習し続けたいという思いが強い人ほど、自分の能力を活かす社会的な居場所感を自覚し、自己評価が高いことになります。〈④ 探索心〉と〈㊶ 心理社会的同一性〉と〈⑲ 自尊感情〉がどれも、入学時と修了時の平均得点の差が望ましい方向に動いたことから、研究2では、生涯学習型職業的アイデンティティは、修了後2年を経て形成されたものとして結論づけましたが、もしかしたら修了段階で形成され始めているのかもしれません。学習経験が学習を習慣化させ、学習体質のようなものを強化している可能性がありそうです。

以上をまとめると、研究4からは、ビジネススクールにおける知識移動と関連して、院生は多様な変容感を自覚していることがわかります。生涯にわたり新しいことを学び続ける探索心を高めつつ、自分の能力が活かせる社会的な場所、つまり社会科学を活かせそうな新たな居場所の感覚を得たことで心理社会的同一性の感覚が高まり、過去から積み上げてきた職業経験（Eループ）が、新たにTループとつながることで、連続的に発展できそうだという連続性の感覚を高めつつも、自己未来のイメージには見直しが起きています。同時に、批判的思考態度が定着し、なかでも、論理的思考の習得という感覚を皆が一定レベルで高めています。その背後では、職場以外の社会的な居場所を得て視野が広がり、論理的かつ客観的な思考が習慣化し、時間管理能力が鍛えられ、細かいことにとらわれすぎずに、くじけない心をもち始めストレス耐性のようなものを得ていると言えそうです。そして、全体として自分はなんとかやっていけるという自尊感情が高まり、ビジネススクール修了時においては、高いモチベーションで職務に軸足を移す生活に戻るものと言えそうです。

5章 成功モデル「層化的トリプルループ学習モデル」の生成と可能性

本書の結論として、この章では、レジーム四者（国家・企業等・大学院・個人）が共有できる、大学と社会の間の円滑な知識移動を説明する成功モデルを、トリプルループ学習理論の視点から提示し、共有することで可能になる知識移動の道筋とそれによる知識創造のあり様を提案したいと思います。

1　1章から4章までのまとめ

本書では、日本の主に大卒社員の大学院修学の量的拡大が進まない原因の一つは、マクロレベル（国家）、メゾレベル（企業等と大学院）、ミクロレベル（個人）のレジーム四者間で、社会人大学院リカレント教育の成功モデルが共有できていないことにあると指摘しました（1章）。そして、その量的見劣りは、産業界の中核を担う多くの社会人が科学を扱う力をもたないことを意味し、日本が、第四次産業革命期に国際社会の一員としての役割を果たす上で、今すぐ解決すべき課題であることを、五つの視点（人道的立場・持続可能な開発・企業戦略・第四次産業革命・長寿化と国際移動）から指摘しました（2章）。そして、レジーム四者で共有できる成功モデルを生成する手がかりとして、大学院リカレント教育を成人学習の場として捉え、「省察的実践論」と「ダブルループ学習」の二つの理論を援用し発展させて、「トリプルループ学習理論」を提示しました（3章）。

次に成功を説明する「トリプルループ学習理論」が、レジーム四者で共有できるものかどうかを実践から検証し、これを現実に即したものに精緻化するために、レジーム四者のうちの一者（個人）の視点から、四つの調査を実施しました（研究1、2、3、4）。制度的な意図（マクロレベル）と、企業や所属部署の方針、教育機関の教育理念（メゾレベル）をすべて引き受け、知識移動を行う学習当事者（ミクロレベル）にとって、今何が問題で、何が成功しているのかを知ることが現実に即する修正に必要と考えたからです。研究の認識枠組みとしては、個人の内的変容を知識移動の視点から捉えつつ、企業や学校や制度などの環境要因を視野に入れることができる、文化心理学と発達心理学を基礎におく質的研究法ＴＥＡ（複線径路等至性アプローチ）を援用し、本書の中心的概念となる「知識移動」を定義しました（4章）。

研究1では、社会人院生が理論を学ぶにあたり期待することと得られた満足を、のべ１０００人以上の自由記述アンケートから分析しました。その結果、理論を事例から学ぶことで、教員から知識が有意味に個人に移動し、さらに多様な経験を積む他院生と知識を交換し組み替えるような〈開放型学習〉（図４・４）という学習形態が望まれている実態が明らかになりました。これまでの職務経験で形成した自らの思考パターン（Eループ）を客観視し、新しい知識が創造できそうな自己効力感やその変化に満足を得ている様子がうかがえました。

研究2では、新たな自己効力感を得たと想定される修了社会人が、修了後にどのように知識移動をしているのかについて、23名のインタビュー調査から明らかにしました。その結果、従来のEループだけでなく、新たに形成したTループを常にアップデートするために学び続ける様子が確認できました。そこでは、「生涯学習型職業的アイデンティティ」と呼べるものが形成されていますが、実態としては、社会科学を実践で扱うための抽象度調整能力という潜在能力が、組織的に顕在化できている人（ダブルループ型）、技として個人的に顕在化させている人（自己満足型）、そして力を発揮したいができていない人（思い出型）、の三つのグループに分類できました。

研究3では、社会人入学生の入学時のEループの特徴と実態を明らかにしました。修了時に学習の集大成として「書きたい論文」を書き上げる自己未来像をイメージするなど、修学のマインドセットのための「入学生キャリアデザインセミナー」で作成したワークシートの記述をデータとしました。入学時のEループは強化学習を起こしていて、これから始まる学習の成果は未知なものとしてイメージができないものの、ビジネスで必要な価値観とは異なる価値観をもつ必要性を感じている実態が確認できました。

研究4では、入学時と修了時の比較から、院生内部で起きる知識移動に伴う意識変容を量的分析で明らかにしました。その結果、院生は、学習経験を重ねることで、全体として論理的思考をしているという自覚を入学時に比べ高めていることが確認できました。また仕事以外のことが考えられない状況がおさまり、神経質さが減り、感情を害しにくくなり、脅威に負けない心理的たくましさを得ている様子がうかがえました。一定の個人差はあるものの、全体としては、客観的な思考に対する価値観が高まり、その価値観を共有できる社会的な居場所感覚を得て、閉塞感を脱却した自分に対する自尊感情を高めるという内的変容が推察できました。

2　層化的トリプルループ学習モデルの生成

この四つの研究に基づき個人の視点に寄り添う実態から捉え直すと、理論上の成功と言えるトリプルループ学習は、三つの学習ループ（経験（E）ループ・科学技術（T）ループ・科学（S）ループ）が順に重なりながら出来上がるのではなく、むしろそれぞれが、同じ抽象度で省察する横の広がりをもちつつ、ネスト（巣）を形成するようにつくられるものと推察できました。つまり、三つの異なる抽象度の学習ループが、縦に形成されつつ、横にも層化的に広がりを見せているのです。本書ではこのような多層的な広がりをもつ学習を、「層化的トリプルループ学習」と呼びたいと思います。

図5・1は、研究1、2、3、4の結果から得られたビジネススクールを事例とした社会人大学院リカレント教育を介した、個人間また個人内の知識移動という学習経験が可能にする、層化的トリプルループ学習の形成プロセスと意識変容プロセスを、本書で知識移動を定義づけたTLMGの枠組みで整理した図です。横軸には非可逆的な時間軸をおき、ビジネススクール入学時、学習経験期間、修

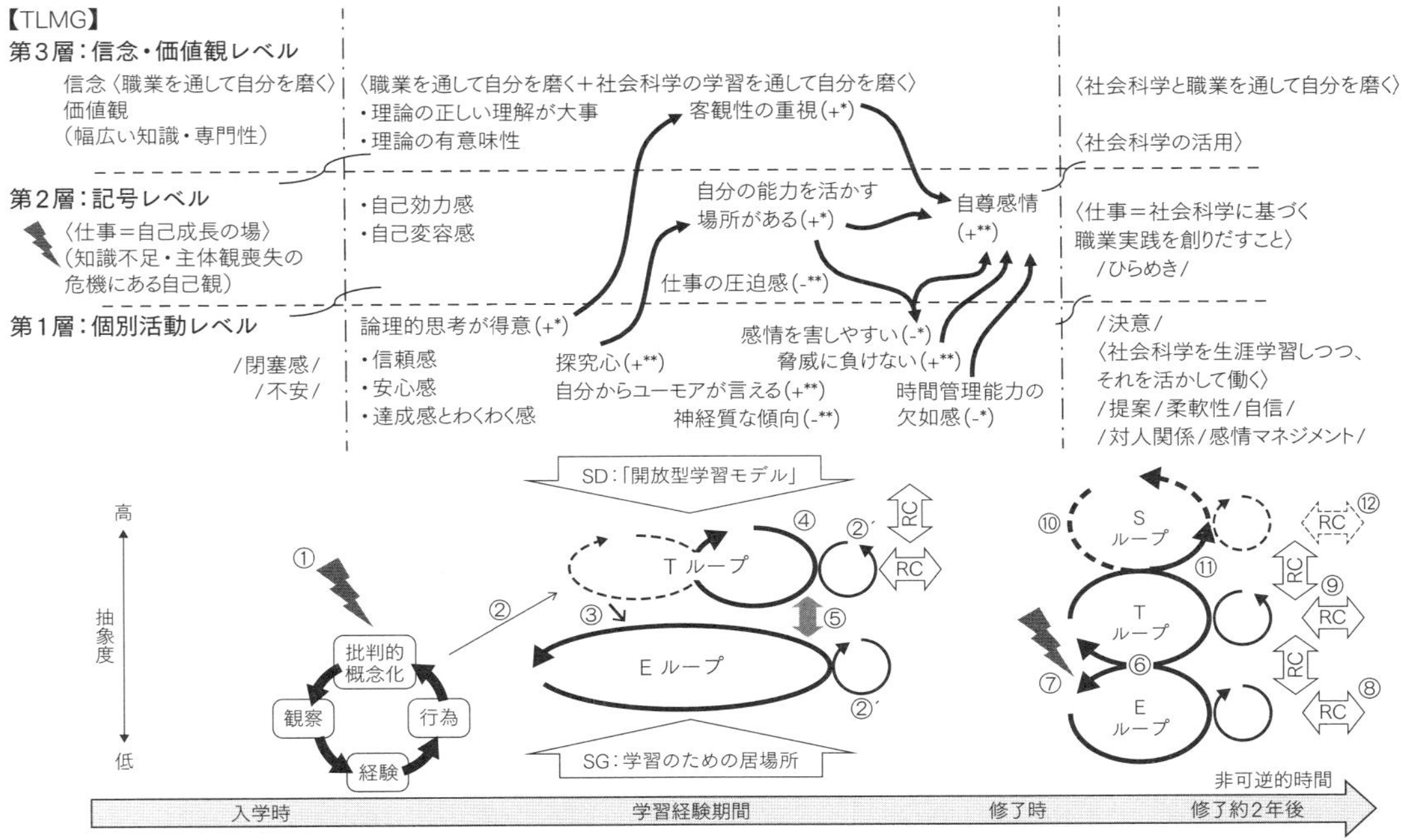

図5・1　社会人大学院リカレント教育による層化的トリプルループ学習の形成と意識変容プロセスのTLMG図[71]

• 図中の概念は、• が研究1、/ / と〈　〉が研究2、(　) が研究3、(+**) などの統計表記のあるものが研究4から明らかになったもの。曲線矢印は、有意な相関関係にある概念を時間的プロセスで解釈して示した。雷マーク（⚡）は、緊張状態を示す。

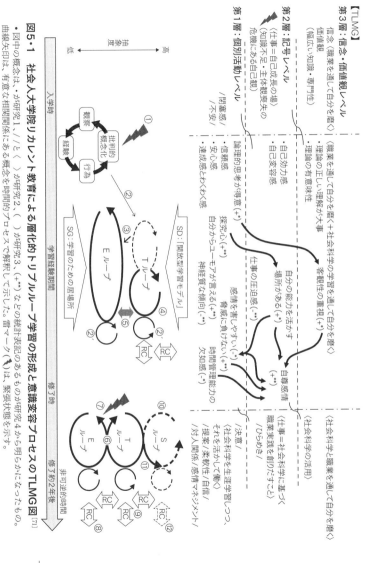

了時、そして修了約2年後を設定しました。またTLMGに基づき、第1層に行為・思考、第2層に記号・イメージ、そして第3層に価値観と信念をおきました。

第1層内の縦軸には、ビジネススクールという教育機関での学習活動を通して、EループとTループが形成されるあり様を捉えるために、そこで扱う知識の抽象度の高低を設定しました。また、研究1－4の結果から得られた個人の内的な変容を、記号・イメージのレベル（第2層）と価値観と信念のレベル（第3層）に分けて、時間経過と連動して示しました。これにより、ある程度職業経験を積み、所属する組織におけるEループを確立した社会人が、大学院において理論という抽象度の異なる知識を移動させるためのTループを形成するプロセスを、レジーム四者（国家・企業等・大学院・個人）で共有できると思います。理論と実践を架橋するという教育理念を達成することは、具体的には、個人内や個人間の知識移動がどのように行われているのか点検し問題点を議論の俎上に載せることから始まります。レジーム四者で、今後さらに成功モデルを共有しつつ現実に即して改善策を打ち立てるためのたたき台として、この図が役割を果たすと考えます。

それでは、「層化的トリプルループ学習」が形成されるプロセスを、研究結果から解説していきましょう。

2・1　入学時――Eループにおける知識移動の停滞（図5・1①）

研究2の分岐点（BFP）1（図4・6）では、ビジネススクール入学のきっかけとして、「目標の喪失・閉塞感」「経験の意味づけに不安」「今自分がもつ専門能力に不安」が確認できました。これは、職業を続ける中で形成されたEループに何らかの問題が起きているものと推察できます。

閉塞感は、成人学習で陥りやすい強化学習がもたらしている可能性があり、経験の意味づけへの不安は、経験の批判的概念化がうまくできないことから生じていると考えられます。このような職場で使用するEループに何らかの問題が起きていることを示すために、図5・1では雷マーク(①)を表示しました。またこの閉塞感や不安が、身体的な行為のレベル(第1層)で発生すれば、仕事とは自己成長の場であるという仕事に対するイメージ(第2層)、そして職業を通して自分を磨くという信念(第3層)との間でジレンマが起きることになります(雷マーク)。視点を変えれば、企業等の組織で形成したEループにおいて、知識移動の停滞を感じた大卒社会人のごく一部が、そのジレンマを解消する行動へと駆り立てられ、その選択肢の一つとして大学院教育を通した成長(Tループの形成)を期待し、ビジネススクールに通うことを決意すると言えるのかもしれません。教育の事後性ゆえにはっきり言葉にはできないものの社会科学を学ぶことでTループを形成すれば、この停滞や閉塞感を解決できるのではないかという期待が、ビジネススクールへの入学動機の一つと言えるようです(研究2、分岐点2)。これを裏付けるように、研究4では、自分はなんとかやれているという自尊感情において、結果的に学習経験を通して大きなプラスの変化が起きており、入学時が相対的に低い状態であったことがわかります。

2・2　学習経験期間――Tループの形成（図5・1②,②′③）

ビジネススクールに入学した院生は、どのようにTループを形成するのでしょうか。この点は、研究1の、社会人院生が望む「開放型学習モデル」（図4・4）から示唆が得られます。この「開放型学習モデル」では、Tループの形成プロセスは、成人学習の特徴とされる経験を資源とするものとして確認されています（②）。この形成過程では、良好な学びの場で生まれる「院生と教員」「院生と他の院生」の相互承認が重要な役割を果たし、それが他者とつながる安心感を生み出していました。つまり、「開放型学習モデル」では、抽象度の異なる知識が縦方向に教員と院生との間で移動するだけでなく、他の院生との間で同じ抽象度での横の知識移動が起きていることを示しています。このように知識が他者との間で移動することは、3章で述べたショーンの「省察的対話」と関連していると思われるので、個人間の知識移動を示す双方向矢印の中にRC（reflective communication）として示しました。横向き矢印のRCは、院生間の省察的対話など、同レベルの抽象度の内容をやりとりする情報交換的な対話で、縦向き矢印のRCは教員と院生間の省察的対話など、抽象度を上下させる対話を示しています。

なお、横のRCからは、研究2の分岐点2で確認された「物事を多角的な視点から捉える」や「他者の立場に立つ」などが示すように、行為の理論（モデルⅠ）そのものを俯瞰し捉え直す省察、また既存のEループではない省察が起きているという点で、モデルⅡが形成され始めているものと理解できます。そこで実務レベルのEループと、院生間での理論を交えた議論などの知識移動としてTループのそれぞれの右横に、モデルⅡを示す学習ループ（②）を加えることにしました。Tループが形成され始め、理論的な裏付けをもつことで、それを基準として自己や自社の学習ループを相対化するような自己内対話や、他者との会話が生まれているということを、ここでは示しています。

経験を学習資源としつつ理論を扱うTループが形成されると、次の段階として、Tループで形成された知識をEループに戻すための訓練を積むことになります。非常に自由な発想の学習形式で、理論の活用の仕方を探索し創造する「開放型学習モデル」の第Ⅳ期にあたる段階と考えられます。トリプルループ学習で言えば、TループからEループへと抽象度を下げるイメージトレーニングのようなものと言えます（③）。この段階でうまく知識移動ができれば、〈理論＝実践に応用可能〉というイメージが形成され、自己効力感という満足を得ると考えられます。なお、Tループは、ゼロから2年間をかけて形成されていくものなので、できつつあるものとして、最初のTループは図内では点線の円の矢印で示しました。

2・3　修了時――Tループの確立と連動イメージ（図5・1④⑤）

横の知識移動（同じ抽象度・院生×院生）と縦の知識移動（異なる抽象度・教員×院生）という2年間の学習経験は、Tループの形成プロセスであり、修了時には、個人差はあるものの、ある程度確立されることになります（④）。それは、研究4の結果に、修了時において、行為・思考のレベル（第

1層）で、論理的な思考ができる自分を自覚する度合いが入学時よりも強まっていたことに示されています。さらに対人関係の積極性が強まり、現実や想像上の脅威に対するもろさを克服できると自覚するような、心理的なたくましさも確認できました。同時に、時間管理能力の感覚を高め、神経質さが低下し、ちょっとしたことでは以前よりは感情を害さないようになったと自覚するなど、一皮むけたと言えるような自己変容を自覚する経験が起きていました。他者からの知識移動に成功すると（第1層）、次はイメージのレベル（第2層）へと進み、たとえば、仕事ばかりが頭に浮かんでいた状態から、他のこともイメージできるような状態となるようです。また、新しいことを学習し続けようとする意識の高まりと共に、生涯学習を通した社会的な自分の居場所をより強くイメージする傾向も確認できました。さらに、偏りのない判断を心がけるという新たな価値観レベル（第3層）への知識移動も確認できました。そしてその新たな価値観は、新たな自己イメージ（第2層）を形成し、自分はなんとかやれるという自尊感情を高める結果となったと解釈できます。

これらの結果は、研究2（図4・6）で得られた時期区分の第Ⅲ期と第Ⅳ期で起きている職業的アイデンティティの変容の実態を説明しているものと思われます。社会人が大学院リカレント教育を受けることで起きる職業的アイデンティティの見直しにかかわる内的変容は、大学と企業との間の知識移動において、EループにかえTループという学習ループを形成することで起きていると考えられます。具体的には、思考行為の拡張、イメージの多角化、そして価値観の変容が相互に連動しあい、単に科学的知識や科学を扱う能力を得るだけでなく、TLMGの三層全体に変容が起きる、まさに人格にかかわる発達が起きていることが示唆されます。

ただし、理論上は、修了時の段階では、本格的にEループと連動させているわけではないので、二つの学習ループが別々に個人内で作動している段階であると考えられます。その場合、Tループの形成は、2年間の時間的かつ精神的な没入の成果であり、場合によってはEループよりも強い学習が起きている状態とも言えるでしょう。そのような個人は、理論的思考の重視や客観視など、批判的思考に偏る頭でっかちと言われそうな傾向があるかもしれません。これを示すために、Tループを、太い円矢印（④）で示しました。また、もし連動していたとしても、モデルⅠがTループでモデルⅡがEループであることに無自覚なまま、EループがモデルⅠとならなくてはいけない職場に入れば混乱が起きるかもしれません。修了時のこの問題を解決するために、研究3とセットで修了時の未来等至点キャリアデザインセミナーが実施されました。これは、TループとEループのどちらをモデルⅠにするのか、その切り替えに自覚的になることを目指したものです[82]（⑤）。

また修了時においては、修了生は新たな職業的アイデンティティの形成過程であることも研究4から確認されています。過去から現在への一貫性が強化され、心理社会的な同一性として社会科学を生涯学習するための自分の居場所を見出すものの、自分がこれから目指す自己未来像が描ききれていない状態だと考えられるのです。その意味では、この修了時は、抽象度調整能力という新たな潜在能力を得て、拡張的で創造的な未来展望をもつアイデンティティの形成が始まる転換期であり、その意味で、心理的には不安定な状態にあると言えそうです。

2・4 修了約2年後――知識移動の3パターン（図5・1⑥⑦）

修了後における着目すべき知識移動は、⑥の部分と言えます。研究2の結果（図4・7）が示すように、修了社会人に生成されたTループは、修了後約2年を経た段階で、すでにEループと連動させていた人もいれば、そうでない人もいて、その違いは3パターンに分類できました。

Tループで生成された知が、そのまま企業等の職場でのEループに反映され、それが組織的に評価されるような企業においては、⑥の部分が連動したダブルループ型となります。これは、組織的知識創造理論のSECIモデル[60]に基づけば、専門職として分断されていない職能給制度の日本企業では、最終的に科学的知識が組織全体の知識として創造され活用される可能性を示唆します。⑥において理論と実践の架橋という個人内の知識移動が起きれば、個人というミクロレベルにとどまらず、理論実践SECIモデルと呼べるような、科学的知識創造を起こす横の知識移動が起きるからです。つまり、組織というメゾレベルでも知識移動が成功するということです。

一方、Tループを組織のEループと連動させるという知識の縦の移動に正当性を認めていない組織においては、修了社会人は、連動させていることを公に言語化せず、個人技として暗黙的な知識にとどめる自己満足型となることを確認しました。経営管理系の科学技術を用いた実績の向上も、部下指導も、その技法を言語化しないので、組織学習は起きていない状態と理解できます。SECIモデルにおける表出化（externalization）もしくは連結化（combination）のレベルで停滞し、組織としては知的資源を無駄にしていることになります。また、思い出型のように、Tループが立ち消えしてしまうほど理論活用が動機づけられない職場においては、試行錯誤のEループのみの強化学習が続き、目標そのものの見直しや価値観の転換といったパラダイムシフト、つまり行為の理論（モデルⅠ）の刷新が起きない組織になる可能性が高いと言えます（⑦）。

修了後に、EループとTループを連動させる縦の知識移動の在り方として、言語化して科学とするのか、暗黙的な個人技とするのか、また個の責任として企業側は無関心とするのか、これらは企業文化等の社会的な文脈が大きく影響するものと思います。パラダイムシフトが起きない組織を前に、行政側がこれを企業任せにしていても、社会科学人材の量的拡大は期待できません。これに対して企業に意識改革を与えるのが国家としての政策であり、本書のような学術研究であると思います。理想としてのトリプルループ学習と現実とのギャップを埋めるためには、個人の努力だけでなく、企業内で縦と横の学習ループを回すことに正当性を与える組織的な対応が必要不可欠であり、そこにインセンティブを与える国家の役割があると考えます。

2・5　展開1——企業内の横の知識移動（図5・1⑧）

研究2では、修了後にEループとTループが自己満足型とダブルループ型となる場合は、企業内での一定の横の知識移動が行われていることが確認できました。これは、修了後に専門職業が確立されていない、つまり属人給とも言われる職能給制度による波及効果とも考えられます。職能給制度では、業績は個人技だけでなくチームで評価されることが多く、修了社会人がTループで生成した知を、言語化せずに密かにEループに移動させたとしても、チーム内の利害関係は同じなので、そのまま「説得力のある良い提案」として、知識が横に円滑に移動すると考えられるのです（⑧）。筆者は、この点に、専門職業が確立されていない職能給制度下の知識移動の成功モデルの特徴があると考えます。職場におけるEループとTループとの間の知識移動という現実的な場面においては、縦（個人内⑥）と横（個人間⑧）のループを同時に回す層化的な学習が起きていると考えられるでしょう。

図3・3に示すように経営系の社会科学は、戦後米国から輸入されると、日本企業では、チームワークやQCサークルなどEループの横の知識移動を得意として日本独自のものを形成してきました。そこに抽象度の異なる知識を取り入れるという縦の知識移動ができる修了社会人が活躍の場を得れば、米国のように科学的なマネジメントが専門職業として分離することなく、円滑な縦の知識移動と横の知識移動が起きると考えられます。つまり、科学的マネジメントと言える、理論を活用した経営管理が職能給制度下で実現する可能性が高いということです。ただしその場合は、注意が必要かもしれません。年功序列に伴う経験知に基づく権威づけに加え、科学技術という科学への権威づけもあるからです。このリスクを回避するには、科学技術の基礎となる理論そのものが、時代と共に見直す必要性があることを理解することです。省察的対話を失えば、米国が陥った技術的合理性の罠に陥りかねないからです。Tループをもつ修了社会人は、そのリスクに自覚的でいる必要があり、この点は、教育機関であるビジネススクール側の教育的指導役割とも考えられます。理論を社会人に教授する原理原

則が、ここにあります。

2・6　展開2――Tループによる中間集団の形成（図5・1⑨）

日本に特有な職能給制度ゆえの知識の移動の円滑さは、もう一つあるように思われます。米国型省察的実践は、同じ専門職業間での横の知識移動が不十分であり、そこが課題であることが提起されました（図3・4右端）。しかし日本で一般的な職能給制度の場合、役職等の競争はEループという企業内の労働市場で起きるので、Tループにおける横の知識移動に関しては、守秘義務に違反しない範囲で、組織の枠を超えて社会に役立つ知識を増やすという意味で推奨されるものと考えられます。いわゆる大学教員が入った勉強会や学会への参加などといったものです。Tループにおいて、研究者である教員との縦の知識移動と、修了社会人の間の横の知識移動が活発に起きていることは、研究2の「等至点」（図4・6）で確認されています（⑨）。このような企業と大学の間の中間集団は、高度な知識を相互に移動させ、そこからさらに高度な知識を創造するという意味で、高度知識社会ならではの知的中間集団と言え、今後ますます増えることが予想されます。企業という組織の枠組みを超えた時代に見合う社会人の人間的な成長の場・学びの場という、新しい公共の場と言えるでしょう。

研究2で提示した「両極化した等至点」（図4・6）では、TループとEループが切り離されたまま別々に機能している〈思い出型〉の径路を確認しました。そこでは、Tループが、現状においてはEループと分離しているものの（⑦）、職業人生という時間経過においては、いつか連動させたいと願い、そのタイミングを見はからっている状態と理解できました。Tループを回すという学習活動そのものは、今はEループとは関連づけられないかもしれないけれど、続けたいと願い、知的中間集団と言える勉強会やセミナーに通いながら勉強を続ける修了社会人の様子が見られました。これは、トリプルループ学習の一部を担う行為であり、そのために生涯学習活動を行っている実例と理解できます。

TループとEループが分離している場合(⑦)は、別々に二つの学習ループを回す状態のまま、ある意味キャリアドリフトをしつつ、次の節目を待つ状態という言い方ができるかもしれません[80]。それはまさに、状況的学習論(図4・8)が示すように、学習は共同体の中で定義づけられるものであり、学習は文化とは切り離せないことを裏付けるものだと思います。その間、Tループを回すという学習活動は、仕事という企業等の共同体とは切り離された趣味や生きがいとしての位置づけになるかもしれません。それは現時点では残念な状況かもしれませんが、日本企業で従事する修了社会人の現実としては、ありえる状況だということです。視点を変えれば、この理想と現実のギャップの解消に修了社会人は動機づけられ、いざというときに備えて、知的中間集団と呼べるものを活用して勉強を続けているのかもしれません。しかし、その理想が立ち消えてしまう場合は、そのまま思い出となる可能性が高くなります。それを回避するための施策が必要と言えるでしょう。

2・7　展開3——Sループの形成(図5・1⑩⑪⑫)

調査対象者の中には、ビジネススクール修了後、そのまま博士課程に進学する人がいました。博士課程の院生として、個人内部に新たに研究ループ（S）を形成しようとするものです。研究2の調査時点では、調査対象者の中に博士課程を終えた人はいなかったので、図5・1では、未来的な研究ループとして点線ループ（⑩）と実線ループを描きました（⑪）。博士課程に進学した修了社会人は、やがて博士号を取得し、省察的実践者として、個人内でEループとTループとSループを回す能力を修得する個人内のトリプルループ学習者になると考えられます。そうなれば、ビジネスの最前線で起きている事象を科学的に再検討し、理論を精緻化し、時代に見合う理論やモデルを生成し、Sループにおける横の知識移動、つまり学会発表、論文投稿、また出版などを積極的に行う力量をもつことになります。Sループで横の知識移動を行う場合、そこでもやはり研究者間での省察的対話が起きると考えられるので、点線双方向矢印で「RC」と示しました（⑫）。

このように、トリプルループ学習という理論上の成功モデルと、学習当事者である個人の学習経験という現実を重ね合わせると、現実に即した大学と社会の間の知識移動、つまり理論と実践の架橋を説明する成功モデルは、図5・1の右下に示されるような、EループとTループとSループが層化的に縦と横で連動して知識を移動させる、層化的なトリプルループ学習として描き出されると考えられます。これは、専門職業化されていない日本ならではの職能給制度が有利に働く、日本型省察的実践と呼べるもので、日本型ビジネススクールの成功モデルと言えます。以下では、この「層化的トリプルループ学習モデル」を省察的実践論から再検討し、レジーム四者（国家・企業等・大学院・個人）でどのように共有できるのか、そしてどのような知識移動と知識創造が可能になるのかを考察したいと思います。

3　層化的トリプルループ学習モデルの共有と可能性

前節では、理論上の成功モデルという理想と、学習当事者である個人の学習経験という現実を重ね合わせ、社会人大学院リカレント教育の現状を理論的視点から捉え直しました。TEAの枠組みで言えば、研究者視点の等至点（EFP）として設定した、Tループを形成しEループと連動させるという「知識移動の成功（＝理論と実践の架橋）」は、学習当事者の視点に寄り添うセカンド等至点（2nd EFP）においては、「社会科学を生涯学習しつつ、それを活かして働く」となり、それは生涯学習型職業的アイデンティティの形成へとつながると結論づけました。そしてさらに、当事者視点に寄り添う、研究結果に基づく新たな研究者視点の等至点へと精緻化させたものが、図5・1の右下に示した、〈層化的トリプルループ学習モデル〉ということになります。

そこで以降では、理論上の成功モデルと現実のギャップから新たな理想を描くという準則主義の基本に立ち返り、本書で最終的に提示した「層化的トリプルループ学習モデル」が、レジーム四者（国家・企業等・大学院・個人）においてどのように成功モデルとして共有できるのか、各アクターの視点に立ち、省察的実践論を踏まえながら考察を深めたいと思います。

まずは、知識移動に関して、トリプルループ学習理論の視点からこれまでの経緯を簡単に可視化してまとめてみましょう。これまでは、専門職業化されていない企業等の経営管理に関する社会科学と

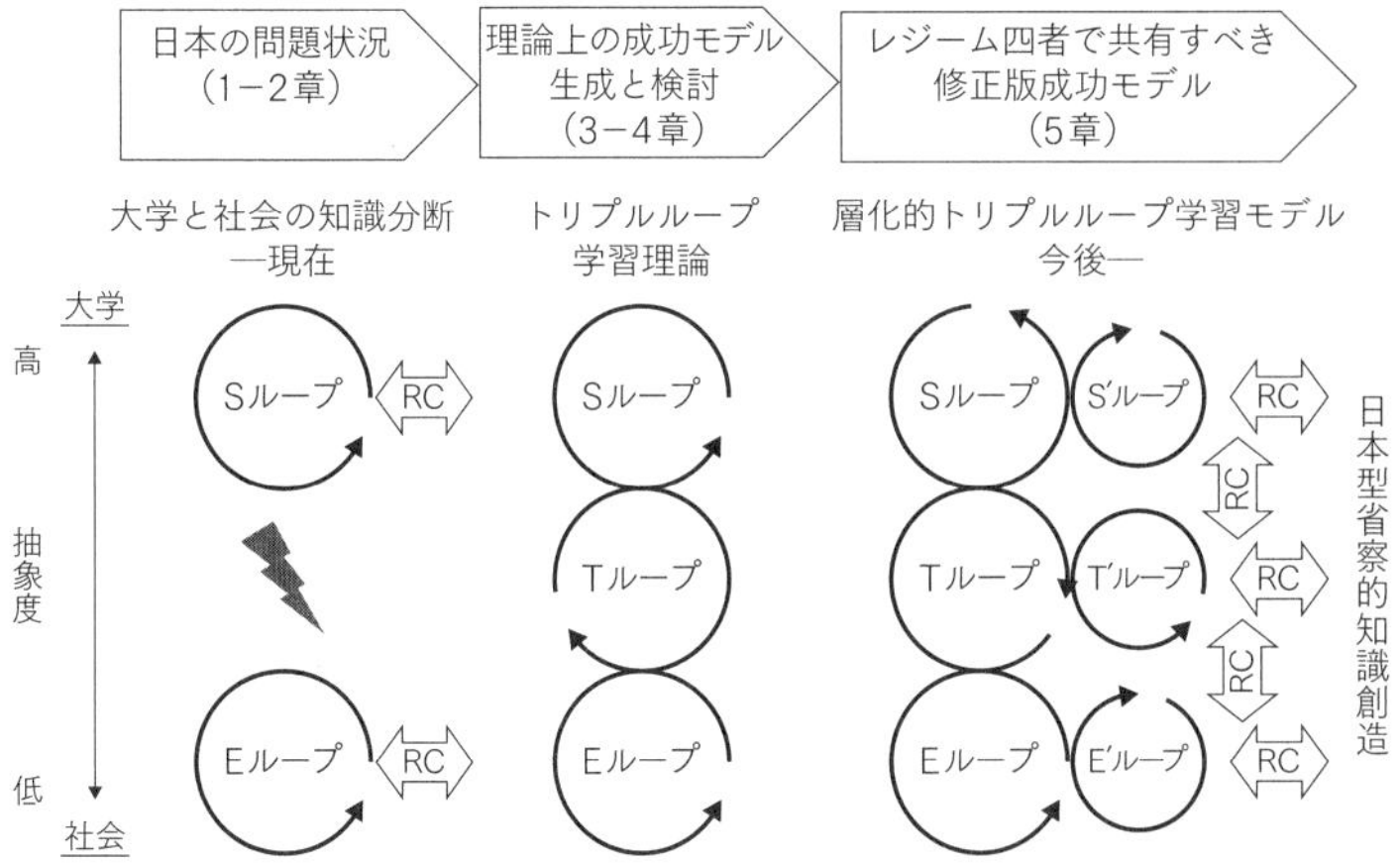

図5・2　トリプルループ学習理論からみる大学と社会の知識移動

- RCは、省察的対話（reflective communication）[38]で個人間の知識移動を示す。
- S（研究：Science）ループ、T（科学技術：scientific Technology）ループ、E（経験：Experience）ループが、それぞれ行為の理論（モデルⅠ）の場合、それを同じ抽象度で省察する学習ループ（モデルⅡ）を、それぞれS′ループ、T′ループ、E′ループとして示した。

いう知識は、全体を俯瞰する抽象度の高いSループと、個々のビジネス現場に根差す抽象度の低いEループが別々に機能し、米国から導入された科学的な経営知識は職能給制度の中で、日本的な、また企業文化に根ざすEループとなり、ガラパゴス的に固有の発展を遂げたと言えます（図3・3右側／図5・2左側）。そして、2003年に大学院教育に専門職学位課程が開校してから15年以上経ても、その量的拡大は不十分なままで、実態は大きく変わっていないという事実があります。ただし、理工学系等の自然科学に関しては、図3・3に示したようにトリプルループ学習の推進が、「国民所得倍増計画」というかたちで戦後すぐに国策に導入され、技術立国日本として経済発展を遂げた歴史は周知のとおりです。2020年代に入った現在、国策として始めた社会科学系のフォーマル学習というビジネススクールでの社会人の学びを通して、残り半分の社会科学におけるEループとSループをつなぐ新しいTループをもつ修了社会人が量的に拡大し活躍するには、理論上の成功モデルが必要であると考え、3章で〈トリプルループ学習理論〉を提示しました（図5・2中央）。そして4章で述べた個人視点のミクロレベルの研究から、レジーム四者で共有できる現実に即した成功モデルを〈層化的トリプルループ学習モデル〉として提示し、本書は、今後これを日本を挙げて推進することを提唱しています（図5・2右側）。

この最終章では、レジーム四者で〈層化的トリプルループ学習モデル〉を発展的に共有するための意識改革として、知識移動の実質化を担う個人の役割、その個人内にTループを教育的に形成するビジネススクールの役割、そしてその個人の成長を通して発展を目指す企業等組織の役割、さらに、全体をサポートしつつ、意識改革を担当する国家・行政の役割に言及していきます。先進諸国と比較して自然科学、社会科学、またそれらの科学を学際的に扱える人の量的見劣りからの脱却に向けた議論の布石となることを切に願います。

3・1　個人内・個人間でのトリプルループ学習

層化的トリプルループ学習をしながら知識を移動させる個人にとって、「理論と実践の架橋」とはどのような働き方になるのでしょうか。それはおそらく、生涯学習型職業的アイデンティティに説明されるような、職業において科学を学び続けることで働き方を見直し続けるものであり、トリプルループ・リカレント・モデル（図5・3）と呼べるキャリア発達になると予想されます。

■トリプルループ学習者とは誰か

文部科学省は、博士号取得者が企業等で活躍できる知識循環型社会の実現を目標としてあげています[93]。商品開発や企業の研究所に自然科学の博士号取得者が勤務するように、営業や経営管理の領域で、ビジネススクールの修了社会人やさらに博士号取得者が勤務する時代を目指すというものです。そのような近未来は、間違いなく最先端の自然科学の技術（たとえばＡＩ（人工知能）など）を使用する経営管理の時代となると予想できます。抽象度の違う知識を扱う訓練を受けた社会科学系の博士課程を終えた社員が、自然科学系の最先端の科学を扱う研究者と協働して、人的資源や在庫調整などの管理を行うＥループを回しつつ、縦のＲＣと横のＲＣと連動しながらその学習ループそのものを省察して、Ｔループの質を高めつつ実績を上げるという働き方が考えられます。

このように考えると、社会人大学院リカレント教育の修了後に専門職業が確立されていない日本企業は、有利な側面が多々あると言えそうです。例えば、ビジネススクールを修了し、さらに博士号を取得し、トリプルループ学習者となりながら企業内で多様な業務をこなし、科学的視野をもつジェネラリストとして経営者側に立つキャリア設計がその一つです。視点を変えれば、それは、大きく3区分される抽象度の高低による知識の違いを使い分け、各領域での横の知識移動を含めて新たに知識を創造する抽象度調整能力を備えた理想としてのトリプルループ学習者としての活躍です。抽象度の違う知識と、同じ抽象度の多様な知識を操る知的多様性（ダイバーシティ）と包摂（インクルージョン）（以下、知的I&D）のリーダーとも言えそうです。そして、この抽象度調整能力という潜在能力を顕在化できるような職場を用意することが、目指すべき知識基盤社会における企業の役割であり、トリプルループ学習者の役割と言えそうです。この点については後述します（本章3・4）。

しかし、4章の研究で明らかになったように、学習当事者である個人の学習経験に寄り添うと、この理想としてのトリプルループ学習を個人内で回すことは、相当ハードルが高いと言えそうです。現実的には、職業人生という長いスパンで考えれば、それはある一時期にのみ実現するものかもしれません。最初の職業経験でEループを形成し、その後、ビジネススクールで2年間かけてTループを形成します。そこにさらに、Sループを形成するには、多大な時間や労力がかかります。また実務レベルのEループにおいては、急速に変化する市場や産業構造など、現場レベルでの対応が迫られます。さらに企業文化という根強い慣習に働きかける労力は、個人だけでは限界があることを状況的学習論は示しています。異なる抽象度の知識移動は、一人の力だけでできるものではないということです。

この現実を踏まえれば、必ずしも個人内で三つの学習ループを回すだけが、トリプルループ学習だと限定する必要はないように思います。現実的にトリプルループ学習を行うトリプルループ学習者とは、①層化的トリプルループ学習モデルの意味を理解し、②創造する知識の抽象度において自分の立ち位置に自覚的でいられる人であり、③3種類の抽象度の異なる知識を必要に合わせて活用できる人であり、④理論で説明できない状況に興味関心をもち、⑤新たに必要な抽象度の知識を創造しつつ、問題解決のために省察的対話ができる人だと言えます。このような五つの視点をもつ個人は、使用する抽象度に合わせて他者との関係性を築きながら、組織に働きかけ、知識の規範化に陥るのでもなく、自分のもつ知識を矮小化するのでもなく、個人間で横と縦の知識移動を積極的に行える人と考えられます。彼らは所属する組織の行為の理論に対し、時代と共に発展すべき方向性を提示するなど、既存の組織や文化に働きかけて新たな価値や知識を創造する主体性をもつ成員と成ります。3種類の抽象度の異なる知識を連動させ（縦の知識移動）、同じ抽象度の知識から学びあう（横の知識移動）という知的I&Dのアクターとなる人が、トリプルループ学習者であるということです。

トリプルループ学習者は、日本が目指すべき知識循環型社会を実現するために必要不可欠なアクターです。このようなミクロ視点から描き直した新しいモデルにおいては、トリプルループ学習者とは、トリプルループ学習を個人内もしくは個人間で行う省察的実践者と言えます。経験に基づくEループ、科学技術に基づくTループ、そして研究に基づくSループという三つの価値観の異なる行為の理論を個人内で形成し、有効に回す人は、個人内のトリプルループ学習者で、先に述べたように現実的には限られた人たちになりそうです。多くの人は、そこに向かうプロセスにいる人、もしくは3ループの一つか二つを回すことに専念しつつ、その他のループについては他者と協働し、縦と横の知識移動をさせながら、自らの役割を自覚的に果たそうとする人だと思います。彼らは、個人間のトリプルループ学習者と呼べる人です。個人内であれ個人間であれ、知識の抽象度を自覚的に調節する抽象度調整能力をもち、職業人生のそれぞれの時期やタイミングで他者と省察的な会話を行い、新たな知識を創造できる人と言えます。このような個人内と個人間で省察しつつトリプルループ学習を行うことが日本型省察的実践の特徴と言え、それを実現するのが省察的実践者と呼べる人たちだと考えます。今後、Tループをもつ科学人材の量的拡大と共に、科学的知識創造の質を高める知的I&Dのリーダーとなる人たちだと確信しています。

■「トリプルループ・リカレント・モデル」が示すキャリア発達

個人間や個人内のトリプルループ学習者は、キャリア発達のプロセスにおいて働き方を変えていくと考えられます。そのプロセスの一つが、「トリプルループ・リカレント・モデル」です（図5・3）。これは図2・1で示したリカレント教育と人生設計に関するモデルを、研究2で示した〈生涯学習型職業的アイデンティティ〉に基づき発展させた人生モデルです。2007年に生まれた日本人の子どもの約半分が107歳まで生きるという予測があるので、ここでは20歳前後から75歳まで働くことを前提に示しています[28]。このような50年余りの長い生涯職業においては、第四次産業革命期の技術革新に伴い、職業そのものの在り方が変化し、学校卒業後にも、社会人として知識を最新化させ高度化させ続ける必要に迫られます。社会人の大学院リカレント教育は、その場合の重要な成長軸となり、知識の科学化という高度化が新たな職業選択を可能にすることを示しています。

具体的には、「トリプルループ・リカレント・モデル」では、学校卒業後に一定の職業経験を積み、その職業領域におけるEループの形成を目指します。Eループが形成されなければ、形成できる職場を探して転職を繰り返すかもしれません。Eループを無事形成後は、職業人生のどこかのタイミングで大学院において科学技術の使用訓練を受け、Tループの形成を目指します。そして修了後は、職業実践において、TループとEループを連動させる職務経験を積むことになります。そしてある段階で博士課程に進学し、Sループの形成を目指し、最終的に個人内のトリプルループ学習者として、実務

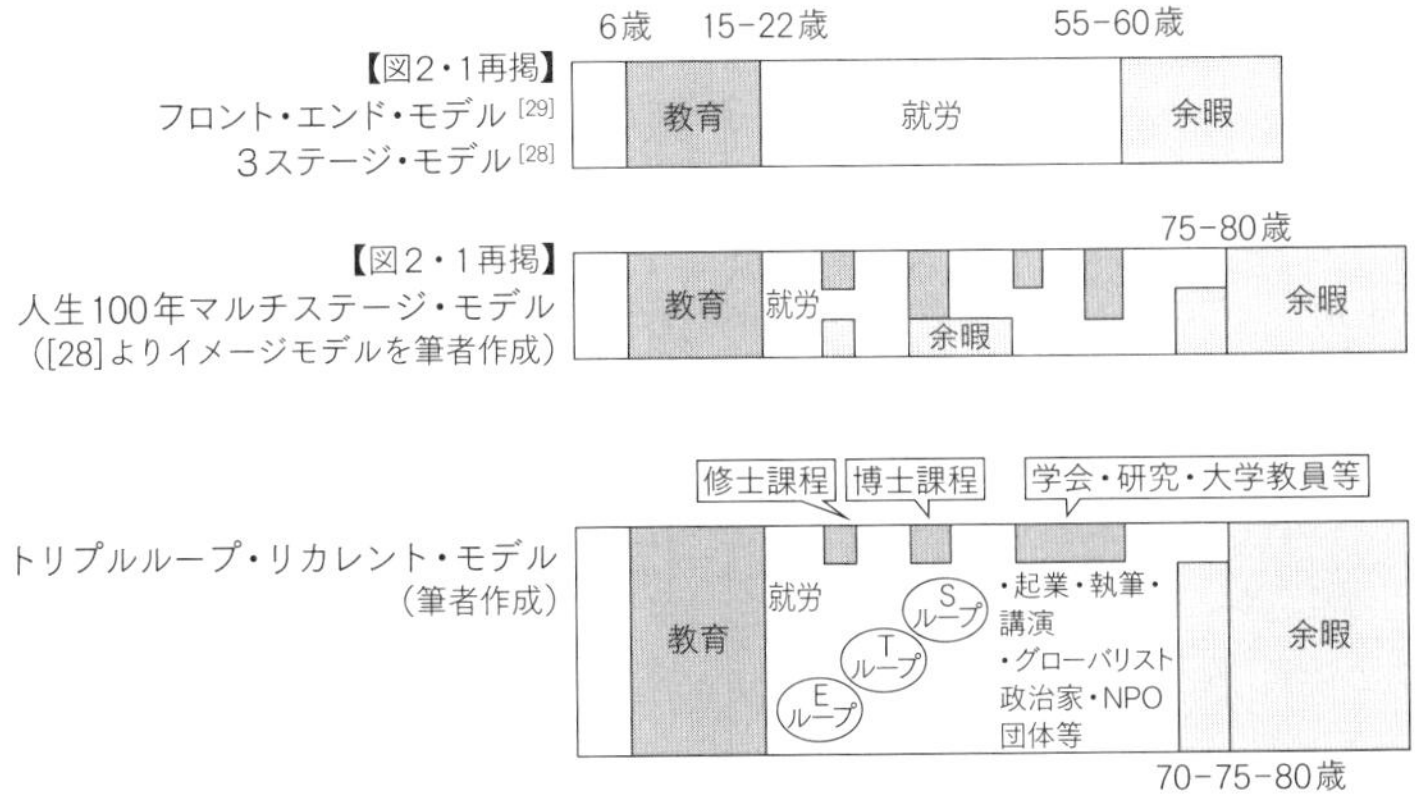

図5・3　トリプルループ・リカレント・モデル

家出身の大学教員や研究者などを含め、新たな職業選択を視野に入れます。長寿化が進む社会においては、人生はフロント・エンド・モデルから解放され、人生100年マルチステージ・モデル[28]が示すような多様化へと進むと言われています。その際に生きる力となるのは、多様な職業の選択肢と言えます。ビジネススクールなどの大学院教育における知識の科学化は、主に社会の創り手である大卒社会人にとっては、有力かつ必要不可欠のキャリア発達軸になるものと考えます。

このようなトリプルループ・リカレント・モデルでは、修士号取得者は、企業等の産業界で働くだけでなく、実務家の教員としてビジネススクールの教壇に立つことも想定できます。個人の働き方が、習得した知識の抽象度と共に変わるだけでなく、時間と共に使い分けることも視野に入れられます。昼間は企業の従業員として、そして夜はビジネススクールの教壇に立つことも、人生のある時期にはありえることになります。また、副業として執筆活動を行う文壇での活躍も想定されます。さらに、企業等を定年後は執筆活動や講演が中心になるかもしれません。抽象度調整能力は、働き方の見直しや職業選択の幅を広げる可能性があり、そこに個人の成長や発達の径路の一つが見えてきます。

またそれは、視点を変えれば、TループとSループを形成した科学を扱う力量を備えた社会人（以下、科学人材）は、社会が求める抽象度調整能力が必要とされる職業を自ら新たに創り出す役割があるとも言えます。日本ではこれまで形成されなかった労働市場の青写真を描き、何かを提言し企画するコーディネーターのような役割です。まさに2020年「世界経済フォーラム」（2章）で提言されたように、修士号や博士号取得者が、知的に高度な第四次産業革命期に必要な職業を創る役割を担うということです。そしてそのような個人は、職業経験を積みながら、知識の抽象度の範囲を広げ、そこに働き方の変容を自ら模索し続けるために、さらに学習を継続する姿勢をもつことになります。これが、生涯学習型職業的アイデンティティの本質と言えます。

このような個人視点の知識移動には、縦と横の二つの場面なり径路があることを再度確認したいと思います。トリプルループ学習の意味を理解しつつ、同レベルの抽象度の知識を他者と交換する横の知識移動と、異なる抽象度の知識を相互に移動させる縦の知識移動です。いずれも、抽象度調整能力が必要とされ、前者が、事例間の違いから気づきを得るもの、後者が、全体像と個別具体な現象との関係で気づきを得るものです。ビジネススクールなどのフォーマルな学習場面、勉強会・セミナー・反省会などのインフォーマルな学習場面、またワイガヤ的な意見交換でのノンフォーマルな学習場面など、すべてが相乗効果を起こすことが、日本型省察的実践の特徴であり、大学と社会の間の最大限の知識移動の原理原則とも言えます。知的I&Dの具現化への青写真です。

米国で問題とされる知識の規範化、つまり技術的合理性モデルに陥ることなく、日本では、現実問題とすり合わせながら省察的に行為の理論を回すことが構造的に可能であるということです。これをあえて表現すると、横と縦で瞬時に知識を移動させるような、いわば斜めのトリプルループ学習と呼べるような知識循環を起こすことが、日本型の省察的知識創造の特徴であり、そこに職能給制度を中心とした企業を交えた知識循環の強みがあると考えます。

さらに発展的に捉えれば、今後もしそのような斜めのトリプルループ学習が起きる場所を、知的中間集団としてビジネススクールや学会がその役割を果たし修了社会人をはじめ多くの人が参加するように学習環境を整備すれば、職業選択や働き方、また話がかみ合わないなどの知識移動に悩む個人が意見を持ち寄る場として機能し、ある種の職業キャリアのセイフティネットとして機能する可能性もあります。自らの働き方を、所属企業以外の人と意見交換しながら、考えを整理するための居場所のようなものです。その意味では、個人が所属企業で知識を活用する職業能力の視点だけでなく、知識を取り巻く人間同士の関係性の構築という側面が、トリプルループ学習の実践にはあり、そのアクターとしての個人の役割は重要となります。

次節以降では、トリプルループ学習の中核と呼べるTループを、ビジネススクールや企業等や国家は、どのように育成し質を高めるのか、またそこでの知識創造はどのように行われるのかについて、「層化的トリプルループ学習モデル」から検討します。

3・2　大学院教育が果たす知識循環のハブ機能

本節では専門職大学院ビジネススクールでの社会人大学院教育を事例として検討しますが、従来型の研究者養成を主目的とする経営系修士課程においても、社会人を院生とする場合は、大学と社会の間の知識移動に関する役割は共有されるべきものであり、特にSループとの連動においては活躍を期待されます。なお、社会人経験のない大学院生については、Eループが形成されていないので、別の視点からの検討が必要だと考えます。

トリプルループ学習理論に基づけば、社会人大学院教育は大学と社会の間の知識移動のインターフェースとして、社会人に科学を扱うための知識と技能を教授することになります。そしてその教育理念である「理論と実践の架橋」は、層化的トリプルループ学習モデルにおいて成功するのではないかと結論づけました。つまり、日本型ビジネススクールの成功モデルは、この層化的トリプルループ学習を目指し、かつ実現できるビジネススクールであり、それがどのようなものかということを省察し続けることができる教育機関であると言えます。トリプルループ学習を行う個人を育成し、支援し続ける役割を果たせるようなビジネススクールであることが、成功のために目指されるべきであるということです。そしてその結果を踏まえて、時代に即した成功モデルへと更新されるものと考えます。

ただし、本書に述べた研究は教育提供側ではなく、学習当事者である個人視点による学習過程を調査したものなので、教育実践をする教育者の立場からの考察が今後の課題です。ここでは、あくまで学習者側が層化的なトリプルループ学習ができるようになるためのビジネススクールの在り方とはどのようなものかを、省察的実践論から捉えてみたいと思います。結論を先に述べますと、その役割とは、Tループの形成と質の維持向上という省察的教育と、理論を常に時代の流れに即して検証し続ける省察的研究という、二つの知識移動のハブ機能だと考えています。

■アンドラゴジーとしての省察的教育

調査協力校では、研究1で明らかにした「授業満足基準と満足タイプ」(図4・3)や「開放型学習モデル」(図4・4)などをもとに授業改善を進めました。また、研究1の結果をもとに作成した授業改善アンケート項目は、院生の授業満足度を測定するモデルを構成しています。つまり、社会人院生の満足度から教育理念が達成できているのか否かを知り、教育成果と照らし合わせて省察的に教育研究を行うことで、教育の方向性を修正したり強化することが可能となります。それが省察的教育です。

たとえば図4・3の「理論実践リンクの質」は、TループとEループをどのようにつなげるかという側面で実践的な示唆に富むと思います。また「人的リンクの質」は縦と横の知識移動という、先に述べた斜めのトリプルループ学習と深く関連するものと思われます。そして「タスクリンクの質」は、教育実践としてはかなり教員の力量とかかわる部分であり、これを充実させるための教授法の一つが、本書で明らかにした「開放型学習モデル」(図4・4)と言えます。今後は、教育者と学習当事者とでトリプルループ学習の本質を共有することにより、科学を現実に即して道具的に活用できるようになるための教授法が開発され、広く共有される必要があるでしょう。そしてその教育実践そのものを省察できる大学教員の教育力量の向上も必要となります。まさに、教員のEループの精度を上げることが求められていると言えるでしょう。教員が教育心理学や成人学習理論などを学び、それを踏まえて専門領域の授業を実施すれば、そこには新たなビジネス教育のTループが回り始めると言えるでしょう。職業教育として科学の使用方法を学ぶ社会人大学院リカレント教育は、Eループを回すという経験を学習資源とする成人教育なので、このような省察的教育は、アンドラゴジーの一つの教授法として発展させていくべきものであり、日本では未成熟な領域と言えます。

さらに教育内容の更新という課題があります。科学技術の高度化に伴い、常に時代と共に激変する産業構造、経済状況、また社会状況を前に、扱う理論や事例などの教材を、常にアップデートする必要があります。ビジネススクールの教員は、個人個人で教育内容を省察し更新するために、刻々と変わるビジネス現場にアンテナを張り、最先端にいる社会人大学院生や修了生と理論と実践について情報交換する必要があるでしょう。

また、教育内容の更新については、中長期的な視点に立てば、知識更新の在り方をモデル化する必要があると思います。たとえば、「トリプルループ・リカレント・モデル」が、そのヒントを示しています。ビジネススクールの修了生が、自ら「理論と実践の架橋」をビジネスで実現し、理論を活用しながらビジネス実践で実績を上げます。そして、その成功例や失敗例そのものを経験的知識として言語化し、それを理論的に説明します。これにより、修了生は、ビジネススクールのゲスト講師として院生に知識を還元する役割を果たせます。さらに、自らの知識の抽象度を上げれば、最新の事例を踏まえた新たな理論の解釈や問題点の指摘など、研究者として論文にまとめ、著書を出版し、教壇に立つことも可能となります。いわゆる実務家教員と広く呼ばれているキャリアです。

現在、実務家教員養成と称して、国策としていくつかの大学で研修プログラムが始動しています[95]。この実務家教育の養成に関しては、レジーム四者が同じ方向を向いて目標を達成するためにも、層化的トリプルループ学習理論を踏まえた議論をしてほしいと願っています。なぜ主に企業等でビジネス実践をしてきた実務家が大学の教壇に立つのか、その本質の理解なしには、研究1で指摘したように、事例に偏る時代錯誤の武勇伝に陥る可能性があり、横の知識移動しか起きないからです。実務家が経験した事例は、大学（院）教育においてどのように教授されるべきなのか、大学院教育の原理原則を踏まえることは不可欠と考えます。

もちろん、トリプルループ・リカレント・モデルでは、一人の個人が、博士課程で理論生成の方法を学び、実務家教員でありながら教育者かつ研究者でもあるという、個人内のトリプルループ学習者になるキャリアパスを視野に入れています。その場合の省察的教育とは、Sループの形成が、Tループの質を高め、Eループへと落とし込めるような、柔軟な抽象度調整能力を育成することを目指します。職業設計において、Sループを中心とする研究者になるのか、TループとEループを使用する一般企業等組織の従業員になるのか、職業を見据えたSループの形成という大学院博士課程の教育のあり方が問われることになります。省察的教育には、科学人材が、複雑かつ変化の速い現実に即して社会の諸問題を解決できるように、博士課程の在り方を省察することも含まれるということです。

■省察的研究

ビジネススクールなどの大学院教育を教員視点から見ると、教員が理論を用いて事例を院生に説明するという意味で、抽象度を下げる知識移動が中心となるでしょう。しかし、先に述べたように、国内外の経済状況や技術革新が刻々と変化する中で、教員のもつ理論や知識は、常に最新化し修正する必要に迫られます。つまり、理論等の科学的知識そのものを省察するということです。これをトリプルループ学習の視点から捉え直すと、教員が社会人院生と省察的な対話をしつつ、その抽象度を上げて、Sループと連動させる知識移動には主に五つのタイプがあり、それぞれにキャリア発達が想定できそうです（図5・4）。ここでは、大学院教員はTループを形成した人であることが前提となっています。

タイプ1は、SループとTループを個人内に形成していますが、これまでの職業キャリアにおいて企業等での実務経験がない、つまりEループを形成していない教員なので、ST教員（学術教員）と呼びたいと思います。事例となる事象を、社会人大学院生や修了生、また自身の研究活動を通して省察し、理論などの科学的知識を精緻化させていくことになります。つまり、Eループをもつ他者との省察的な会話により研究を行う、個人間のトリプルループ学習者と呼べます。研究活動に軸足をおき、理論の精緻化を進めるというキャリア発達が中心的となるでしょう。しかし、職業キャリア50年時代においては、このタイプ1のST教員が、職業キャリアのどこかのタイミングで、一般企業にスピンアウトし、実務経験を積みEループを形成するキャリア発達の径路も考えられます。図5・4には、その可能性のあるキャリア発達径路を点線矢印で示しました。また、この図は、視点を変えると、実

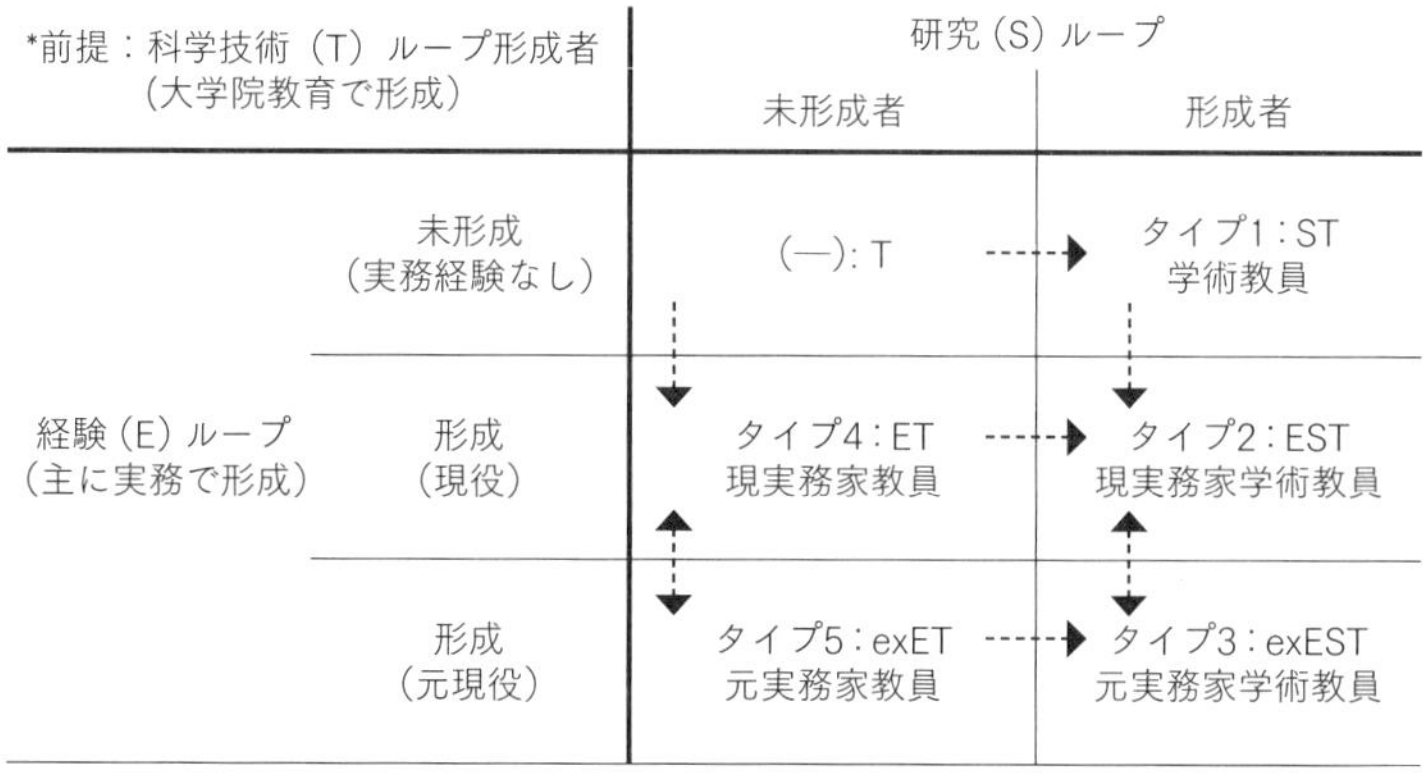

図5・4　層化的トリプルループ学習理論から見た実務家教員タイプとキャリア発達[71]

• 点線矢印は、社会人大学院リカレント教育を担う教員のキャリア発達径路の可能性を示す。
• SはScience、TはTechnology、EはExperienceをそれぞれ示す。exは、「元、以前は」の意味。

務経験のない博士課程修了者の就職先として、研究者や学術教員という職業にとらわれずに、一般企業を視野に入れ、Eループを形成してから、学術界と産業界をつなぐハブの役割を担うことを示しています。Eループを形成しないまま博士課程を目指す個人は、トリプルループ・リカレント・モデルの別バージョンとして、抽象度を下げる方向で職業キャリアを計画することが径路の一つとなるということです。

タイプ2は、個人内で三つの学習ループが形成されている個人内のトリプルループ学習者で、EST教員（現実務家学術教員）と呼びたいと思います。抽象度の異なる知識を行為の理論にあわせて適応させる能力をもつ人です。その力が十分に発揮され、大学と社会の知識循環が円滑に進むためには、この現実務家学術教員が、個人内のトリプルループ学習者の役割を自覚し、活躍の方向性を自ら発信し行動し、ロールモデルとなるように行動することが重要になります。なぜなら、このような個人内のトリプルループ学習者は、日本人では先駆的だからです。層化的トリプルループ学習モデルから捉えれば、学会などでも発信し、主に社会人大学院教育にも影響を与え、企業発展の方向性にも重要な役割を果たす社会の知的リーダーとなるべき人です。このような個人内のトリプルループ学習者は、それぞれの領域を超えて、新しい働き方を模索し創造することが期待されます。まさに、第四次産業革命期のリーダーに必要な知的リーダーシップが取れる人ということです。そしてその際には、自ら層化的トリプルループ学習モデルの全体像を把握し、個人間でトリプルループ学習を行う際に、知識が円滑に移動できるように、コーディネーターとしての役割を自覚しつつ活躍をしてほしいと考えています。

タイプ3は、Eループ・Sループ・Tループを形成しているものの、現役としてEループを更新させていない教員で、exEST教員（元実務家学術教員）と呼びたいと思います。Eループそのものを更新し改善するには、現役で実務を行う他者と知識移動を行う必要があるので、個人間のトリプルループ学習者と言えます。基本的にはタイプ1のST教員と同じ方法で省察的研究を行いますが、既存のEループがある分、それがよい方向に働けば、更新すべきたたき台となり、理論と実践について院生と省察的な会話が進むかもしれません。しかし、もし自らの経験にとらわれてしまうと、理論を精緻化できずに、社会人大学院生からの理解が得られない可能性があります。理論は常に見直しが必要であり、精緻化させ続けることが理論の質保証となるということを、トリプルループ学習は示しているからです。

タイプ4は、現役として実務に携わりながら教壇に立ちますが、個人内にSループが形成されていない教員なので、ET教員（現実務家教員）と呼びたいと思います。理論などの科学的知識を精緻化するためには、自分自身が、研究者などSループをもつ個人と知識の移動をさせ、省察的研究を行う必要があります。このタイプの教員は刻々と変わる実務に即した事例をたくさんもつので、事例研究をしやすいかもしれません。しかし、教授する理論は、自分が大学院で習得したものに偏る可能性もあります。大学院での授業が、単なる事例紹介で終わらないように、学会等で研究者と省察的研究を常に続けていく必要があるでしょう。また、キャリアのどこかのタイミングで、博士課程に進学し、個人内にSループを形成することで、新しいキャリアパスが拓けることになります。その場合、タイプ2で述べたように、個人内のトリプルループ学習者は、これまで日本社会にはほとんどいない科学人材なので、社会の開拓者としての苦労が待っているかもしれません。日本社会には必要な知識人ですので、積極的に挑戦してほしいと思います。

タイプ5は、実務においては現役ではなく、かつSループを個人内に形成していない教員で、exET教員（元実務家教員）と呼びたいと思います。トリプルループ学習の視点から見れば、この実務家教員と呼ばれる人が、社会人大学院生を対象に教壇に立ち、省察的研究を行うためには、現役の実務者と知識移動を行いつつ、研究者とも知識移動をさせる、二つの個人間のトリプルループ学習者となることが求められます。三つの学習ループのうち二つを他者に委ねるので、省察的な研究は不可能ではありませんが、高度な省察的対話が求められます。学会に積極的に参加し、勉強会等で実務者と省察的な会話をし、幅広い知識をもつことで、Tループという知識移動のハブの質にこだわった教育者を目指してほしいと思います。可能であれば、Sループを形成する、もしくは、ビジネス現場に戻り、異業種のEループを再形成する、またもう一つのTループを形成し学際的に科学を活用するなど、抽象度調整能力の幅を広げて、キャリアパスの可能性を広げることが必要です。

なお、修士号取得者（Tループ形成者）で、実務経験がなく（Eループ未形成）、研究経験も浅い人（Sループ未形成）が、社会人大学院教員となることはまずないと思うので、図では、（—）と示しました。修士号取得者（T）は、一般的には、一般社員として企業等でEループの形成を目指す、もしくは博士課程でSループの形成を経てから、学術教員となるキャリアパス（点線矢印）が一般的だと思います。その場合、Sループ形成者であれば、大学等の専任教員でなく非常勤講師や企業の従業員であっても、また年齢等を問わず、研究活動が存分に行える身分と研究費を担保することが重要です。それが、修了生を輩出する大学院側とするのか、勤務先とするのか、また国家が国策として新たな策を講じるのかは、今後早急に検討を進める必要があるでしょう。

以上のように、層化的トリプルループ学習理論から捉えると、社会人大学院リカレント教育に携わる教員は五つのタイプに分けられ、それぞれ職業能力を高めるキャリア発達の径路は異なることがわかります。科学を扱うという意味では、理論上は修士課程を修了し、Tループを形成することが基本となります。実務経験のある教員という意味で、「実務家教員」という言葉を使用する際は、現役なのか否か、Sループの形成者なのか否かで、省察的研究の方向性として教員タイプは異なるということです。そして、そのタイプごとに、層化的トリプルループ学習モデルが示すような多様な省察的対話を起こすことに自覚的である必要があります。さらに、レジーム四者の一者である、教員を含めた大学院側が、それぞれのタイプごとの特徴と役割に自覚的になることも重要になります。抽象度の異なる知識を社会全体で有効に活用する知的Ｉ＆Ｄのハブの役割を、社会人を対象とする大学院教員は担っているからです。

３・３　層化的トリプルループ学習企業

米国型省察的実践（図３・４）では、専門職集団の行為の理論、つまり彼らのＴループが強化学習を起こしていることを問題視していました。これをトリプルループ学習理論から捉えると、Ｔループの質とその向上に問題があるということです。

これに対し、一般に日本企業では、営業や経営管理部門は、科学を扱う専門職業として確立されていない職能給制度がほとんどなので、一般社員も管理職も、実務の手腕は、経験に基づくＥループの質で評価されます。そのような組織に、仮にＴループを形成した社員がいたとしても、専門職として確立されていないので、省察も知識もＥループに基づくものとなり、個人としても組織としても、Ｔループの活用そのものは評価されないことになります。つまり、理論的には、ここでＴループの質が向上する人材育成やキャリア発達は起きないということです。どちらかというと、職能給制度ゆえに、社員の個人的秘儀として、「あの人だからあのような提案ができる」と賞賛されて昇進するかもしれません。視点を変えれば、いつのまにか、誰もどの理論を活用したのか解しないまま、組織としては結果的に理論を活用して実績を上げることになるかもしれません。

このように欧米で一般的な職務給制度と日本で一般的な職能給制度とでは専門職業に関する賃金体

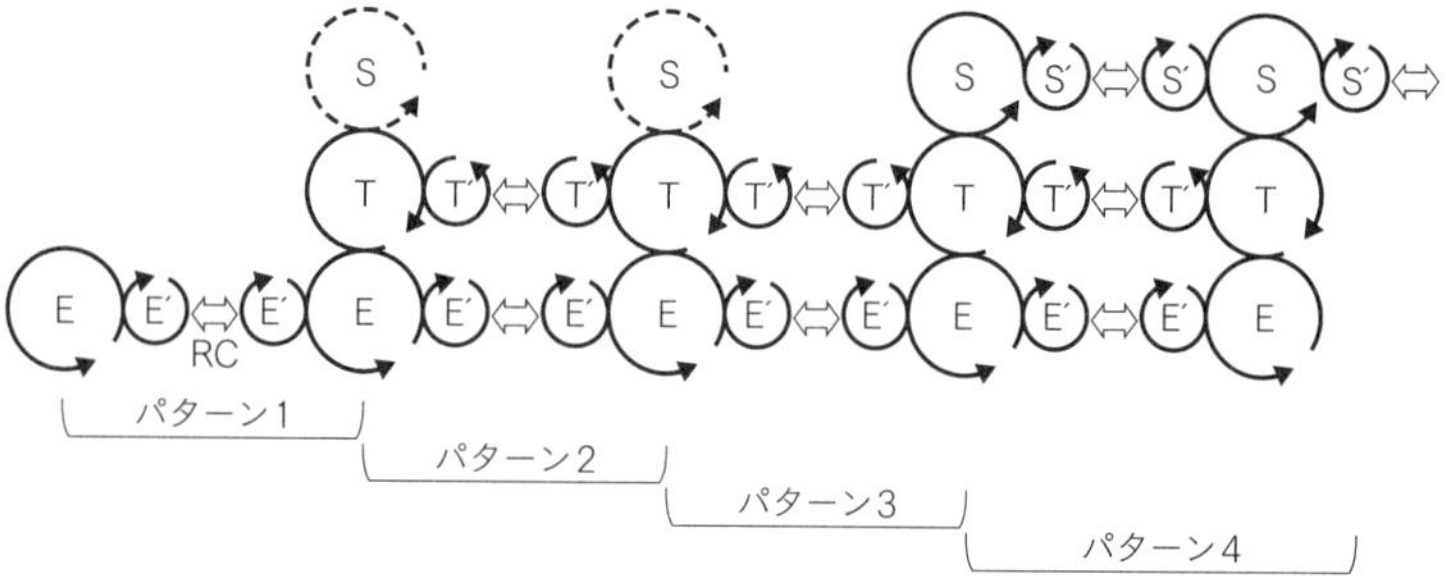

図5・5　大学院教育が可能にする企業内トリプルループ学習の4パターン[71]

• RCは、省察的対話 (reflective communication)[38]で個人間の知識移動を示す。
• S（研究：Science）ループ、T（科学技術：scientific Technology）ループ、E（経験：Experience）ループが、それぞれ行為の理論（モデルⅠ）の場合、それを同じ抽象度で省察する学習ループ（モデルⅡ）を、それぞれS′ループ、T′ループ、E′ループとして示した。

系が異なるので、科学的知識をビジネスの実務で活かす理論と実践の架橋についても、その在り方は異なることになります。また、日本の場合、修士課程修了者の国際的な量的見劣りが著しいことで、日本企業には、組織的に科学的経営を行おうという意識が生まれない、またその意識が生まれないから量的見劣りが続くという、負のサイクルが回っています。ごく限られた社員が大学院リカレント教育を受ける現状を打破し、より多くの社員にTループの形成を促し、組織の力とするには、企業側が、それを推奨し、活躍の場を提供し、実際に実績を上げるという正のサイクルのロールモデルを作ることが先決となります。そこで層化的トリプルループ学習モデルからこのロールモデルを理論的に検討したものが図5・5です。大学院教育は企業内トリプルループ学習を四つのパターンで可能にすると考えられます。そしてそのような学習が起きている企業を、ここではトリプルループ学習企業と呼び科学的省察による知識創造が可能となる組織と考えたいと思います。

■パターン1――E社員がアクターになる

図5・5で示すパターン1は、自らは大学院で学ばないE社員が、Tループを形成した科学人材と呼べる社員（TE社員）と連携しながら理論などの科学的知識を有効に活用し実績を上げようとするロールモデルです。たとえば、40代後半であり、自分は今から大学院に行くのをためらうが、大学院で学んだ部下や同僚社員と知識を交換しながら理論を活用してみたいという姿勢をもつ場合です。層化的トリプルループ学習モデルは、個人間でトリプルループ学習が起きることを視野に入れているので、このE社員の場合は、個人内にEループとTループを形成した他の社員（TE社員）とインフォーマルもしくはノンフォーマルな省察的会話（RC）をすることで、トリプルループ学習のアクターとなることができます。その場合、E社員が省察的対話をするTE社員は、最新の理論を他者である研究者（S）と勉強会等で学び、その理論を実践に応用できる社員であり、科学人材と呼べる人となります。Sループと個人間で連動していること示すために図中では、点線円で示しました。E社員は、TE社員との積極的な省察的対話で、間接的にSループとTループと連動した知識移動を行い、Eループを回して実績を上げます。職務給による職務上の分断がないので、意識改革さえすれば、Tループと個人間で連動させることで、組織全体でトリプルループ学習が間接的に可能になるということです。つまり、職能給制度においては、科学を経営に取り入れようとする積極的な省察的対話が推奨され、社員の一部がTループを形成するTE社員であれば、トリプルループ学習企業になりえるということです。しかし、企業内にTE社員がいない場合は、Sループと連動したTループをもつコンサルタントなどの外部企業と省察的対話をすることで、トリプルループ学習のアクターとなれると考

えます。

■パターン2——TE社員がアクターになる

企業等の組織内で起きるトリプルループ学習のもう一つは、図5・5内のパターン2が示すように、大学院リカレント教育を受けてTループを形成するTE社員が組織内に一定数いて、彼らのTループの活用が組織内で推奨される場合のロールモデルです。TE社員同士が複数で省察的な対話をしつつ、上司のE社員とは、Eループを用いて横の知識移動を行えば、パターン1と組み合わせて多様なTループの活用が社内の個人間で可能になります。またTE社員同士で省察する場合は、Eループによる企業実績を目標とした会話に加え、Tループにおいて理論の使用方法についても省察的な対話ができます。これが、組織内に科学的知識を取り込み、蓄積する一つの径路です。科学を道具的に使用して実績を上げるだけでなく、その使用方法の質の向上という人的資産も蓄積できるということです。先行研究や本研究で明らかにされたように、理論を活用する科学人材を企業として承認しない場合は、科学的経営として発展せずに、暗黙的な知識として、エース級社員の抜きん出た技で終わってしまいます。またTE社員個人も、評価されないのであれば、組織で理論の使用方法を共有することなく、秘儀として個人にとどめて自己満足して終わるかもしれません。そしていつか、組織を離れて抽象度調整能力を評価してくれる組織に転職するかもしれません。

このように、パターン2では、個人内にTループを形成した複数のTE社員が、TループとEループをそれぞれ個人間と個人内で連動させて省察的な対話をすることで、組織としての業績貢献と科学の道具的使用方法の蓄積が可能になります。科学タレントマネジメントの基本形と呼べるかもしれません。後述しますが、昨今、高度専門職の在留資格で、もっぱら科学を扱う仕事に従事する大学院卒の外国籍の就労者が増えています。彼らは、Tループを母国で形成し、Eループが未形成のまま主に職務給の研究職として日本に来るケースがほとんどですが、今後は職能給制度の一般職で入社するケースも増えると思います。このような高度外国人人材に有効に能力を発揮してもらうためにも、彼らと科学的な省察的対話ができる日本人TE社員の量的拡大が急務と言えるでしょう。

■パターン3——トリプルループ学習社員（STE社員）がアクターになる

企業等の組織内で起きるトリプルループ学習のもう一つのかたちは、図5・5のパターン3が示すように、個人内に3種類の学習ループ（Sループ・Tループ・Eループ）を形成しているトリプルループ学習社員（STE社員）が、TE社員と積極的に省察的対話を行うことで、抽象度調整能力を存分に発揮するロールモデルです。この場合、二つの径路があるように思います。

一つ目の径路は、博士課程を終え、TループとSループを個人内に形成した人が、新卒で企業等組織の一般社員として就職する場合です。この場合、もし、職務給制度の研究職として科学を扱うことを前提にした就労契約であればEループを形成する必要はありませんが、職能給制度の一般事務職として採用される場合は、Eループを形成することから始める必要があることを、層化的トリプルループ学習モデルは示しています。大卒後すぐにTループとSループを職業経験なしで形成した場合、最短でも25歳以上、多くの場合20代後半になると思われます。博士課程を終えて、企業で実務経験をゼロから積むことは可能ですが、Eループを形成するにあたり、TループやSループがどのようなものかについて組織に理解がないと、STE社員になろうとする新人を、理論的また頭でっかちだと過小評価してしまうかもしれません。組織として、ST社員を新卒採用し、Eループの形成支援をし、STE社員へと育成する姿勢が重要ということです。そして、晴れて個人内で三つの学習ループを回せるSTE社員に成長した際には、彼らが抽象度調整能力を発揮し、企業内の知的I&Dでリーダーシップを取るロールモデルとなれるように活躍の場を作ることが大切です。

もう一つの径路は、本書で着目している社会人大学院リカレント教育として博士課程で学ぶというものです。大卒社員が、Eループを形成しE社員となり、その後修士課程でTループを形成しTE社員となり、最後にSループを形成しSTE社員になるという径路です。図5・3で示した、トリプルループ・リカレント・モデルのモデルケースです。また修士新卒のT社員が、Eループを形成しTE社員となり、その後博士課程でSループを形成しSTE社員になるケースもあります。いずれにしても、周囲にTE社員が多くいれば、Sループがどのようなものか理解があり、博士課程で学ぶという行為も、社内で省察的対話をすることも、組織的に理解されやすく、意義深いものとなり、パターン3が示すように、円滑に知識移動が進むと思われます。しかし、TE社員が少なく、E社員が多数である場合は、層化的トリプルループ学習モデルが示す知識移動の可能性を理解し、STE社員の育成の意義を組織的に理解するという意識改革から始める必要があるでしょう。

■パターン4――STE社員がグローバリストとなる

企業等の組織内で起きる層化的トリプルループ学習のもう一つのかたちは、図5・5のパターン4が示すように、個人内で3種類の学習ループ（Sループ・Tループ・Eループ）を形成しているSTE社員が、同様に個人内のトリプルループ学習者のSTE社員と、積極的に省察的対話を行うロールモデルです。この場合は、大きく二つの知識移動による知識創造の可能性があります。

一つ目は、企業等の組織として、3種類の異なる抽象度の知識を知的資源として円滑に循環できるということです。トリプルループ学習理論に基づけば、人間が生成できる知識の種類は、抽象度で整理すると3種類となります。もし、企業等組織が、試行錯誤から生まれる経験的知識だけで実績を上げようとするならば、それは世の中の3分の1の知識しか利用できていないことになります。しかし、組織内にSTE社員が複数いて、彼らの学問領域が、たとえば心理学と経営管理と教育学と脳科学であれば、人的資源管理に関して、世界共通の理論を組織に取り込むことができます。STE社員は、実務を通して、理論で説明できる事象とできない事象を日々経験しているので、仕事をしながら既存の理論やモデルを精緻化させることができます。その場合、STE社員間で行う省察的な対話からは、グローバルな最新の科学的知識、つまり世界的な常識となりつつある知識を組織に円滑に取り込むことができます。そして、組織内で起きる問題事象に対し、一方で固有で一時的で多義的な現象の中で、試行錯誤を繰り返して経験知を蓄積しつつ、もう一方で科学的解決方法を取り込んだり生成して、企業内に問題解決の方法論という知識を蓄積することになります。つまり、組織的なTループとSループも形成可能ということです。ただし、そのためには、STE社員の数がある程度必要となります。

ＳＴＥ社員間の勉強会が開かれるような活発な省察的対話が起きる程度に、人数が必要だということです。少ない場合は、パターン２やパターン１のような、啓蒙活動に時間を割くことになると考えられます。

二つ目は、トリプルループ・リカレント・モデルが示すようなキャリア発達が、ＳＴＥ社員は実現可能なので、企業のメンバーとして、世界に知識を発信できるということです。産業界の国際的規範の作成、また国家や国際社会への貢献が、ＳＴＥ社員は、企業名でできるということです。企業内で蓄積した知識を、広く社外へと、公共の知識として昇華させることができるので、長寿化社会における50代後半から60代、そして70代の現役社員がＳＴＥ社員であれば、歴史を踏まえて広く社会に知識の発信ができるということです。所属を企業名で学会発表を行い、政策提言し、書籍化して啓蒙活動をすることは、企業が社会の一員として利益を上げつつ公共的な存在となるという、企業の新しい在り方になるでしょう。また、社員の雇用確保の意味でも、年齢ゆえの下りのトラジェクトリーにおいてキャリア発達をする道筋を、企業が提示することになります。さらに企業の現役社員でありながら、専門職大学院で社会人大学院生に現実務家学術教員として講義することもできます。人生１００年時代の職業キャリア50年時代においては、グローバルな活躍をすることをキャリア発達の径路として企業側が用意し、社員に提示することが長寿化社会における役割とも言えます。層化的トリプルループ学習モデルを介して、知識を科学化することで拓かれるキャリアパスは無数にあるはずです。その前提として、博士号取得者が勤務先などの所属が変わっても、その身分に関係なく研究者として活動できる体制を企業や国家が担保する必要性は先に述べたとおりです。

これまで経験知という三種類の知識のうちの一種類だけをもつE社員が、経営層、管理職、中間管理職の大多数を占めていたと思います。多くの大卒社員が、E社員からTE社員になり、TE社員がSTE社員になる人材育成の径路と時間を、組織的にかつ戦略的に取り込むことが今求められています。その意味では、大学におけるキャリア教育や、企業の新入社員研修において、職業キャリアのどこかの時期で、自分の知識を科学化するということの意味を理解することが重要であり、層化的トリプルループ学習モデルが一助になるものと確信しています。

3・4　科学立国日本の再考——科学的専門職の時代

トリプルループ学習理論は、知識は抽象度で分類すると大きく3種類あることを示しています。最も抽象度の低いEループから形成される知識は、グローバルな視野に立てば、政治体制や宗教など、異文化間コミュニケーションが起きるレベルと言えます。また最も抽象度が高いSループから形成される知識は、文化の違いを超えて国際学会や国際機関で共有できる知識となります。もし仮に、企業などの組織全体が、Eループだけでなく、TループそしてSループと連動して省察的に企業価値を創り出し、トリプルループ学習企業と呼べるものになれば、その企業は国際社会でリーダーシップをとることができるグローバル企業としての役割が果たせます。また、もし政治家の多数にTループとSループが形成されていれば、日本ならではの視点（Eループ）を活かして国際社会に働きかけることができます。抽象度の高い原理原則や理論は、文化に根差す価値観を越えて世界的に共有され議論されうるものであり、その議論を経て、国レベル、経済圏、産業界、企業レベル、さらに現地での生活レベルへと抽象度を下げてローカルライズしていくという知識移動になります。またそれは逆方向に、現地で社会問題となった事案を事例として言語化し、議論の俎上に載せ、国レベルで解決できない問題は、グローバルな場で議論され、国際問題として共有され解決策を模索することになります。

その具体的な事例が、2章で述べた国際問題の解決に向けたSDGsです。現在、世界中でSDGsという概念を共有し、SDGsに照らし合わせながら、国家行政も企業も地域もそして個人も、行動を変容させつつあります。そして、日本はかつては、このSDGsの源泉でその重要性を世界のグローバリストと共に発信していた国でした。しかし、2章で述べたように、いつのまにか、企業や国民レベルでのSDGsの認知度は、先進国28か国中最下位であり、達成度も世界15位で下降傾向にあります。世界第3位の経済大国として世界に影響を与える日本国家や日本企業は、本来SDGsの実現を目指すというレベルではなく、SDGsの達成に向けて世界に手本を見せ、その先にある未来を、世界の大国と議論する立場にいるはずでした。大学院教育の量的見劣りがボトルネックとなり、抽象度の高い知識が不足し、国際社会で議論の場に立てず、それぞれの領域や地域という足元から科学的な知識を発信する力が不足しているのです。SDGsという抽象度の高い概念を目標とし、世界的規模で国家も企業も大学も個人も、達成に向けてその役割を果たさざるを得ない状況におかれていることが理解できれば、これが一種のブームではないことは容易に理解できると思います。

1970年代、多国籍企業が世界で公害問題を起こし始めた時に、SDGsの起源と言えるローマクラブが『成長の限界』を提示し、世界的な議論を巻き起こし、意識変容が起きました。そこに日本人が複数参加していたことは、日本人として誇るべき事実だと思います。ロータリークラブの常任理事でSDGsの基礎をつくった大来佐武郎や、会員として企業の国際的役割を果たそうとしたNEC元会長小林宏治[96]など、社会人になってから博士号を取得した彼らのようなグローバリストを、現代において国家として育成するにはどうしたらよいのか、この問題に真摯に向き合う時が来ています。個人内にEループとTループとSループを形成し、現場で起きている問題状況を世界の共通認識へと引き上げる抽象度調整能力を備えた個人内のトリプルループ学習者を育成し、彼らが活躍するキャリアパスを準備していくことこそが、今、国際社会から日本に求められていることであり、それに応えるのが国家の役割と考えています。そのために国家ができる具体策として、本書では、二つの方向性を提示したいと思います。それは、「科学的専門職の確立」と「グローバリストというキャリアパスの確立」の二つです。

■科学的専門職の確立

3章で述べたように、ショーン[38]は、科学的知識は大学に蓄積され、科学を使用する専門職は大学院で育成されることから始まると言います。そしてその専門的職業と技術者においては、「メジャー」な専門的職業（医学など）と、「メジャーに近い」専門的職業（法曹など）と、「マイナー」な専門的職業（教育・ソーシャルワークなど）に分類する視点を提示しています。これらの3分類の違いは、科学の厳密な使用か、それとも応用して問題を解決するのか、価値自由度の違いであるとしています。科学を道具的に使用する際の厳密度／曖昧性という価値自由度において、「メジャー」、「メジャー」に近い」、そして「マイナー」な専門的職業としているのです。そして、本書で明らかにしたレジーム四者で共有すべき層化的トリプルループ学習モデルは、ショーンの言う、科学を道具的に使用するかどうかという視点で分類されるものなので、ここでの専門職の定義は、Tループ形成者かSループ形成者か、もしくはその両方を形成した人だけがつくことができる職業（役職）と考えます。ただし日本では、大卒レベルの教員などを専門的な職業という傾向があると思いますので、本書ではわかりやすくするために「科学的専門職」という言葉を使用したいと思います。

たとえば教職における科学的専門職は、2008年教職大学院の設立により、教員の科学化を進め、大学院教育を修了した教員に、「専門教員」という資格を付与しています。しかし、層化的トリプルループ学習モデルから見ると、この制度が、実際の教育現場での成功につながるかどうかは、TE教員が、自分がトリプルループ学習者であるという認識をもてるかどうかにかかっていると言えます。科学的言葉を使用できないE教員に寄り添い、困難な問題を科学的視点で捉え直し、新たな視点を共有するなどの省察的対話が必要です。そして、E教員がキャリアのどこかで教職大学院に行けるよう支援する役割を担います。

教育領域においては、今後日本で外国人労働者が増加すれば、それに伴い、日本の公立小中学校に通う日本語能力の未熟な生徒とその両親が増加することになります。母語を日本語とする生徒に国語を教えるのと、外国語としての日本語を生徒にゼロから教えるのとでは、教授法は全く異なります。米国では、そのような移民の生徒は、ESL（English as a Second Language）教室に入り、大学院で専門教育を受けた専門教員が英語を教えることが一般的です。日本においても、いずれJSL

(Japanese as a Second Language) 専門教員が必要となるはずです。日本語教授法の充実だけでなく、言語ができない子どもの心理的負荷に配慮し、特殊教育の視点も取り込みつつ日本人との異文化間コミュニケーションを発達心理学や家族心理学の視点から理解するなど、今後、学校の教員が直面する問題には、科学的知識が必要不可欠になると思います。大学院教育を資格要件とする日本語教授法専門職を地域に配置することで、学校教育の現場だけでなく、地域と連携した社会教育実践や、非行問題やひきこもりなどの社会福祉にかかわるミクロな個々の事例に科学的に対応することができます。そして、そこから、傾向やモデルや解決策など、広く地域を越えて科学的な共通言語で学会等で議論が進むものと思います。

つまり、問題をかかえる文脈にいる教員が、科学的知識を取得する必要があるということです。また、科学的知識により教育力量が向上すれば、生徒や学生が恩恵を受けるだけでなく、教員自身がキャリア発達を実感し、人生に満足を得られるでしょう。そしてこれが動機づけとなり、大学院教育の量的見劣りの解決の一助となれば、正のサイクルが回り始めます。外国籍生徒の日本語教育やいじめ問題などを、心理学、社会学、教育学、政治学、法学など多様な視点で、事例を精査しつつ、現場で起きている事象から問題の本質を語る声を上げていくには、理論的な言葉を話せる専門教員が必要だということです。

では、現状において、ビジネススクールのような国家資格の受験資格とは連動していない専門職大学院や、研究者養成の従来型大学院について、国家はどのようなキャリアパスを提示すればよいのでしょうか。かつて国策として自然科学を強化して技術立国日本を実現したように、国策として、社会科学を加えた強固な〈科学立国日本〉を目指すにはどうしたらよいのでしょうか。技術的合理性に陥ることなく、日本の企業においても、科学的専門職を確立する青写真を、トリプルループ学習理論の視点でまとめたものが図5・6となります。ここでは、日本的雇用論で昨今使用されている「メンバーシップ型雇用」と「ジョブ型雇用」という言葉を用いています。その理由は、ジョブ型雇用と科学的専門職という本書の概念をわかりやすく分類するためです。メンバーシップ型雇用とは、職能給制度下で働く典型的な日本型雇用システムで、就労契約を結ぶ企業内の職務を限定せず、すべて従事するという所属型の契約です。労働者はその義務があり、雇用主はそれを要求する権利があるというものです。一方、ジョブ型雇用は、契約型の賃金体系で、職務給制度による雇用契約となります。雇用契約をした職務を全うする義務が労働者にはあり、雇用主は契約を越えた職務を要求することはできません[51]。大学院で育成する科学を使用する職業能力を備えた社会人、つまり科学人材を、メンバーシップ型で雇用契約するのか、職務を限定したジョブ型で雇用契約するのかで、キャリア発達軸は変わるということです。これまでのように職能給制度下の亜流としてジョブ型雇用という言葉を用いる場合は、科学を使用する評価軸の在り方を明確にしないと、グローバルな採用環境では混乱しかねません[51]。

ここでは、国家が制度化する国家資格の受験要件を修士課程とすることで、社会科学を扱える人材の量的拡大を目指す方策を提示したいと思います。教職における専修免状に加え、2015年に公認心理士法が公布され、経過措置はあるものの正式に大学院教育が心理職の必要要件とされ、科学的専門職として確立しました。しかし、経営管理などの専門職学位課程や修士課程のように、その出口に

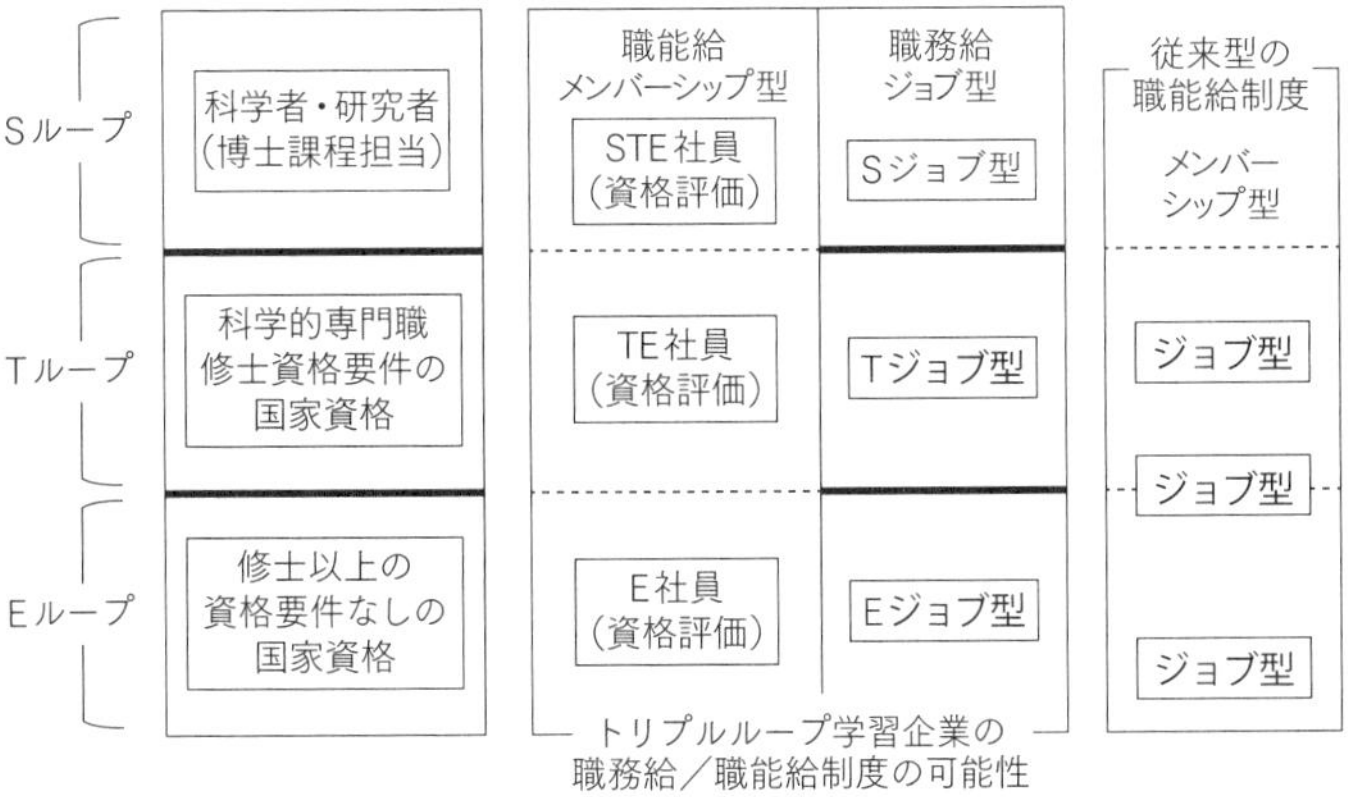

図5・6　科学的専門職とトリプルループ企業における働き方

おいて専門職として未だに確立されていない職種においては、今後、大学院の量的拡大と一般企業等の事務職の科学化を、国家を上げて戦略的に推進する必要があります。

企業における科学的専門職の筆頭にあげられるものが、2015年9月に、勤労青少年福祉法等の一部改正法案が国会で可決し、2016年4月より確立した国家資格キャリアコンサルタントだと思います[97]。この国家資格は、2008年に認定された「キャリアコンサルティング技能士2級」を補完するかたちで、2016年に制度化されたものです。個人の働き方の多様化や精神疾患による休職の増加、また企業の終身雇用の見直しが進む中で、雇用の流動化を促進しつつ、働く個人が安定的かつ自律的にキャリア発達できることを支援する狙いで、2025年までにキャリアコンサルタント10万人を養成することが計画されています。大学院教育が受験資格とはなりませんので、国家資格ではあってもキャリアに関する科学的専門職は確立されていません。つまり、トリプルループ学習理論の視点から捉えると、これらの国家資格はEループ資格と言え、理論などの科学的知識は、それ自体を検証するものではなく、理論を活用するための本格的な訓練はなく、理論に関しては表面的な知識として知る範囲にとどまります。したがって、このEループ資格者を2025年までに10万人養成できたとしても、それぞれのキャリアコンサルタントとしてのEループの質は、理論を実践へと活用できるTループを個人内にもたないかぎり、研究者から勉強会等で講義を受けたとしても、トリプルループ学習が起きる専門的職業にはなりません。つまり、Eループ資格のままで量的拡大をしても、横の知識移動による省察は起きるものの、大学と社会の間の知識移動は起きにくく、試行錯誤で事例を増やすことで、他者から評価されるカリスマEループ職人の誕生でとどまる可能性が高くなります。心療内科医師・臨床心理士と、企業等組織の人事部との間に入り、精神的に苦しむ従業員のキャリア発達を、組織論や心理学などの科学的視点で改善案を提言し、それを組織や社会に発信できる言葉を、現在のEループ資格のキャリアコンサルタントはもてないということです。

しかし、これを量的拡大の第一ステップと捉えると、その展望は明るくなるでしょう。つまり、キャリアコンサルタント自身のキャリア発達として、理論を活用し、現状を科学者と省察的に対話できる科学的専門職を、大学院修了資格要件の国家資格として用意することです。今後、健康経営という側面で、キャリアコンサルティングという分野を科学的に発展させ、抽象度の高い科学的知識を、企業だけでなく、日本全体で蓄積することが重要になると思います。また、外国人就労者に関する側面では、日本人の多様性を包摂するだけでなく、外国の異文化を扱う技術もキャリアコンサルタントには求められます。人間として共通の動機と行動に着目する心理学、成人同士の教育と学習過程に着目する成人教育学や異文化コミュニケーション論、人間社会のあり様に着目する社会学など、キャリアコンサルタントが活用できる理論は、大学にたくさん蓄積されています。また、経営学の組織論としては人的資源管理、人間そのものが職業を通して社会貢献しつつ成長するという意味では、生涯発達や哲学の領域となるのかもしれません。国家資格キャリアコンサルタントを取得し、かつキャリアに関する大学院教育を受けることを条件とした、キャリアコンサルタント専門職を確立させ、日本企業の人事部に社員比率において一定数の採用を義務化するなど、健康経営の発展を下支えする国家の役割は急務と考えます。

では、たとえば、キャリアコンサルタント専門職が科学的専門職として確立した場合、働き方としてはどのような可能性があるでしょうか。一つは、専門家としてコンサルタント企業に所属し、クライアント企業を支援することができます。一定の経歴を積んでから、個人で起業することも可能になるでしょう。企業等の社員の場合は、職歴を積むどこかのタイミングで、大学院リカレント教育を受け、キャリアコンサルタント専門職になるルートです。人事部門でTE社員（図5・5のパターン1、2）として活躍する人には特に必要な国家資格となるはずです。また、一般的に日本型雇用慣行と言われる職能給制度におけるメンバーシップ型においては、部門の各部署に働き方を管理し改善する専門職として配置してもよいかもしれません。キャリア理論や成人学習理論や心理学などの理論を道具的に使用し、人的資源管理や開発を中心に活躍し、人事部にとどまらず、企画室や営業統括本部などで働くかもしれません。

一方、キャリアチェンジをする場合には、図5・6に示すように、Tジョブ型採用の企業内の専門職として職務給での採用になるかもしれません。その際は、Tジョブ型キャリアコンサルタント専門職（ジョブ型Tループ社員）として、個人間でSループとEループと連動し積極的な対話を行うことが求められるでしょう。その際のキャリア発達は、層化的トリプルループ学習モデルを理解することで可能になり、技術的合理性の落とし穴に陥らないよう注意が必要です。また、博士課程へと進むというキャリア発達も重要です。科学的知識に関する専門性を高め、個人内にSループを形成し、自社だけでなく、日本全体やグローバルな視点で採用や働き方そのもののビジョンを、企業の内外に発信する役割を担います。企業は現在、職能給制度を中心とするメンバーシップ型と、一部職種や職場エリアを絞る亜流的な職務給に近いジョブ型を混在させる方向で、働き方改革を進めつつあります[97]。日本ならではの柔軟な組織創りの中に、知識の科学化というキャリア発達軸をわかりやすく確立するためにも、国策として科学的専門職を設立することが、社会的助勢として必要になると思います。科学の使用を指標とすれば、ジョブ型の職業は、科学的専門職ではないEジョブ型と、科学的専門職であるTジョブ型、そして科学と科学が対峙する時に本領発揮すると予想されるSジョブ型があるからです。これらの区分なしでジョブ型を設定したとしても、そのジョブ型の中で、年功的にキャリア発達があるのであれば、職能給制度の延長線で終わり、科学の使用の仕方が評価されることはなく、現状と何も変わらないままになります。

ここで重要なことは、とりわけ社会科学を扱える職業人を育成するということを、明確に国策として提示することだと考えます。米国の上場企業の人事部長の61・6％が大学院修了者であり（表1・4）、アジア諸国でも、修士号取得者数は増加傾向にあります（表1・3）。そして、日本人の大学院修学の量的拡大を横目に、修士号、博士号取得者の外国人労働者を日本企業は積極的に採用しようとしています。さらに、国家として、このまま社会科学を扱える社会人を増やさずに、自然科学だけに偏っていては、人間が管理するＡＩ社会という第四次産業革命の発展に、ハード面だけでの貢献に偏ることになります。より広い視点にたてば、学校を卒業して、社会人になってからも、社会科学でも自然科学でも、知識の高度化をする、つまり大学院教育を受けることを明確に働き方改革の一つの柱にすることが急務です。個人内で、自然科学のＴループと社会科学のＴループを形成するなど、学際性を本格化させることも急務です。その一つの動機づけとして、大学院教育を要件とした科学的専門職があり、大学と社会の間の知識循環のハブ機能を果たすと考えます。

層化的トリプルループ学習モデルを成功モデルとした場合、メンバーシップ型において、ＴＥループ社員を活躍させることは企業の役割です。またジョブ型採用において、そのジョブ型におけるキャリア発達のプロセスに、科学的専門職を組み込むことも企業は視野に入れる必要があります。そのような企業を下支えする国家の役割は、さらに大学院教育を動機づけ、明確なキャリアパスとして、科学的専門職を幅広い領域で確立し、日本の社会人の知識の高度化を動機づけるシステムを作ることです。状況的学習論が示すように、国そのものや、企業などの共同体の中心は時代と共に常に変化するので、中心は常に動き、探索され続けるものです。その探索は、科学技術が高度化し、細分化し、複雑に使用される社会において、それぞれの領域で必要となるはずです。その必要に気づき、各領域で科学的専門職の必要が検討されるように、国家は働きかけなくてはなりません。理論と実践の架橋は、国策です。専門職学位課程を創り、従来型の修士課程を含め社会人が入学しやすくするだけでは不十分です。大学院教育の修了が受験要件となる科学的専門職を幅広い領域で用意し、量的拡大の根拠となる明確なキャリアパスが必要なのです。そして、その働きかけを各領域からできるアクターは、すでにTループとSループを形成している、もしくは形成しつつある読者の皆さんであり、トリプルループ学習に共感いただける人たちとなります。

■グローバリストというキャリアパス

国際比較からは、日本は、科学人材の育成に失敗している事実が示されています。それは、科学的データに基づき、自国だけでなく地球規模のデータに寄り添い、データが示す未来に思いをはせ、国際舞台に立ち、進むべき方法を提案する人材を育成するグローバルリーダーシップ教育に失敗しているということです。この科学人材の育成の失敗は、結果として日本の国際社会への存在感を弱めることにつながります。理由は、世界が科学化しているからであり、科学を用いて発信できる人が少ないからです。この点を再確認するために、表1・3[98]に示した人口100万人当たりの自然科学と社会科学の修士号取得者数を、日本と米国について、男女差をふまえて捉え直してみたものが図5・7です。

この図は、大学院で科学を扱う力を学んだ科学人材を、米国と同水準まで日本が向上させるという施策をとる場合、人口100万人あたりに換算して自然科学では、男性は約1・6倍、女性は約3・7倍に、社会科学では、男性は約7倍、女性は約16倍に、今より修士号取得者数を増やしていかなくてはならないことを示しています。知的レベルにおいて、また量的優位性において、日本人女性の活躍が特に立ち遅れていることは明白だと言えます。この点は、女性の管理職への登用が進まないこと

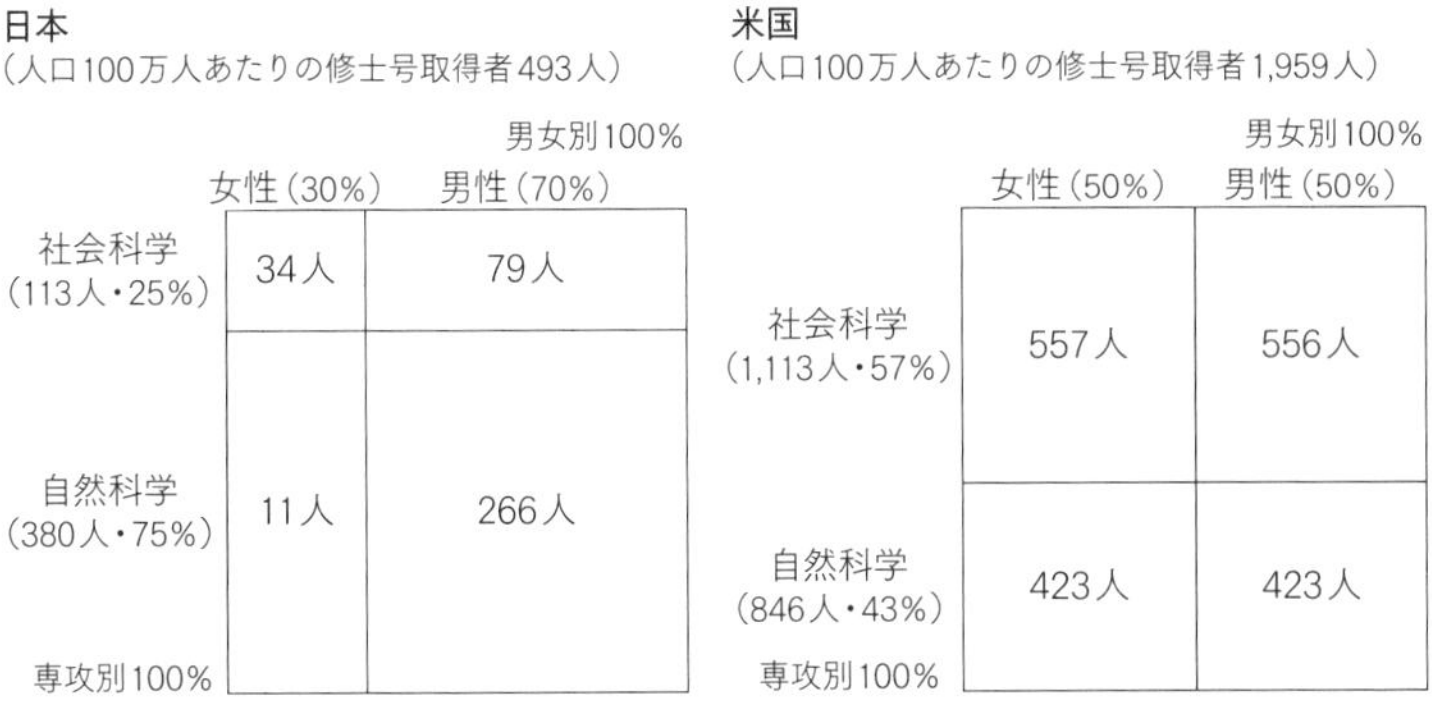

図5・7　人口100万人あたりの修士号取得者数の男女別・専攻別の日米比較面積図

【出典】表1・3より筆者作成。
- 日本は、人口100万人あたり、「その他」をのぞく493人を、男女別と専攻別をそれぞれ100%とした場合の面積図。男女比は、文部科学省『学校基本調査』より算出。
- 米国は、人口100万人あたり、「その他」を除く1,959人を、男女別と専攻別をそれぞれ100%とした場合の面積図。『Education at a Glance 2018, OECD Indicators』より、米国の修士課程相当への女性進学率は12.0%、男性は11.6%でありほぼ同じである。人口の男女比率を約半分と仮定し、ここでは、男女比率を約50%とした。

と関連づけて、次節で考察します。

では、国家としての科学的専門職の確立以外に、科学人材の量的拡大のために何ができるでしょうか。その一つの策として、国家公務員総合職の採用試験を事例として考えてみたいと思います。

2章で日本のSDGsの父として紹介した大来佐武郎は、戦後日本の復興において、役人として、吉田茂首相がGHQに提示する戦後復興案の原案や「国民所得倍増計画」原案を作成し、第一回経済白書を執筆しました。そして1962年に博士号を経済学で取得し1963年に民間人になってからは、民間初の委託研究員として経済予測を政府に提出し、1969年には世界銀行の委託で設立した「国際開発委員会」8名のメンバーの一人に選出されます。1970年にはOECDの「70年代科学政策上級専門家グループ」にも入り、1972年には、ローマ・クラブ常任理事として『成長の限界』を発表し、現在のSDGsへと続く、持続可能な開発という概念を提示し、世界の知識人と科学政策の在り方を論じました。まさに、日本初のグローバリストと呼べる活躍です。大来は、1975年の著書『資源のない国日本と世界』の中で、国連などの国際機関で働く国際公務員が増えつつある状況を見て、「日本は言葉の関係などもあって、知識階級がグローバルな問題に取り組み、それに対する対策を提示すると言う点でまだまだ不十分ではないかと思うんです」と指摘しています。長期的かつ世界的視野に立てば、一見母国の利益に反するように見えるものも、目指すべきものだと発信できる〈脱国知識人〉のような人を養成する必要があるとしています。日本人における英語の壁は、日本文化の維持に役立っているという側面を認めた上で、全員でなくてもよい、せめて1000人くらいでよいから脱国的な知識人が必要だと述べています。[99]

ここで重要なことは、大来は明言こそしていませんが、知識人を経済、社会、科学、技術などの学者と考えていた点です。大来が役人から民間に転職し、グローバリストとしてOECDやローマ・クラブのメンバーとして活躍をし始めたのは、1962年の名古屋大学での博士号取得以降となります。これは、米国では、1960年代にはほぼすべての専門職が大学院に設立されていたという歴史とちょうど重なります。大来は、博士号を取得し、Sループを形成したことで、世界の知識人とSループにおいて横の知識移動ができたということです。Sループは、それぞれの領域における科学的知識を生成する行為の理論なので、Sループを形成する個人間の知識移動は、学問領域を超えて学際的な知識を創造することが可能です。実際に大来は、OECDから「70年代科学政策上級専門家グループ」

の8人のメンバーに参加するように要請され受諾しています。委員長がハーバード大学の工学・応用物理学部長で、自然科学と社会科学の専門の違う学者から構成されていました。その際に、ブルックス委員長は、大来に「日本もだんだんＧＤＰが大きくなったので商業的な目的以外に人類共通の資産である科学知識のプールにもより多くの貢献をしてもらいたいものだ。」と言い、日本にその国際的責任の一端を担うことを期待されたと述べています[100]。

博士号をキャリア半ばの48歳で取得した大来は、自らの功績に社会科学が関与していることを認めています。著書『私の履歴書[100]』の中で、社会科学に興味をもち始めたのは、１９３０年代東京大学電気工学科の授業で、自然科学や技術に基づく経済学を、システムアナリスト的な視点で学んだころからだと言っています。そして、大来は、終戦翌日に立ち上がった「戦後問題研究会」の中間報告（１９４５年末）に感銘し、今後の生きるべき方向を得たと言います。「今後の我国の基本的経済政策を検討するに当たっては、広く世界的且つ発展的立場になって考察を進める必要がある。（中略）かかる一般的世界的環境の認識と共に我国社会および経済の元来有する特殊性と終戦後新たに当面する諸条件を分析解明し、かくして普遍と特殊の綜合の上に真に向かうべき方向が積極的建設的に打ち立てられるのである」と述べています。この報告書が前身となり、大来は、１９４７年には、ＧＨＱが日本に持ち込んだ実証的マクロ経済分析の手法から得られた統計資料などから、第一回経済白書の執筆を担当しました。

大来は、キャリア形成において１９５０年に出会ったグンナー・ミュルダール博士の影響を強く受けていたようです。ミュルダール博士は、スウェーデンの社会経済学者で黒人問題などの名著の著者であるだけでなく、スウェーデンの国会議員を務める政治家でもあり、国連ヨーロッパ経済委員会の事務総長を務めるグローバリストでした。大来が翻訳したミュルダール博士著の『貧困からの挑戦』[101]の中で、ミュルダール博士は経済学者の責任を以下のように述べています。「われわれ経済学者は合理的な政策選択と現実の政策選択を結ぶ主要な環であり」「現実の政策選択に影響を及ぼしたいと考える経済学者は、経済科学者間だけでなく、最後には一般の人々をも信じさせなければならない」。これは、グローバリストは、個人内にEループとTループとSループの三つの学習ループを回し、時に領域を超えて学際的に省察的対話をし、時に抽象度を調整して生活レベルで苦しむ人に耳を傾ける省察的対話をする人をイメージしていると言えます。

大来は、博士号を取得した1960年代以降に、「自然科学と人文・社会科学の専門家の学際的協働による総合的科学技術の推進」を、技術同友会で明確に提言し、日本人は、日本が経済発展に成功した経験知を、他国の発展に役立てるという努力が不十分であると指摘します。[100]これは、トリプルループ学習理論から捉えれば、日本が経済発展を遂げた経験的知識を、抽象度を上げて言語化して捉え直し、文化的な要素を越えて諸外国に応用できるような科学技術、またその先の成功モデルを日本人が研究して世界の科学的知識として発信すべきであると主張していると言えます。その後、日本は、アジア諸国に技術と資金を投じた国際協力開発へと進みますが、どちらかというと、日本の強みであるハードな側面と資金援助が中心となったのは周知のとおりです。

このように、自然科学だけでなく、社会科学の重要性を認識していた大来は、国際公務員としての勤務経験から、『日本官僚事情』[102]の中で、官僚にグローバリストが増えないことを問題視します。日本の官僚制度がジェネラリスト、つまり幅広い知識を偏重する傾向があり、専門的知識をもつ人との調和に問題があると指摘しています。大来が、官僚に社会科学と自然科学を統合できるような知識人が1980年代には必要だと指摘してからすでに40年が経過しましたが、大卒社会人の知識の科学化においては、失われた半世紀になっています。表5・1は、それを裏づけていると思います。そもそもの採用段階の学生数において、大学院教育を推奨していないというメッセージを大学生に送っているように見えるからです。またもし、大学院教育を実質化しようとするのであれば、大卒官僚に順次、公共政策だけでなく幅広い領域で大学院リカレント教育を受けるように国の足元から推奨すべきとも言えますが、量的拡大が進まない現実はそれを否定していると言えます。日本の官僚のうち、2018年から2020年に入省したTループ官僚（院卒）は全体の31％にすぎません。またそのうち、社会科学を道具的に使用できる人は3分の1で、全体の11％という少数派です。多数派は、約半数を占める社会科学のEループ官僚（大卒程度）です。大来が晩年の1980年代に指摘していた、グローバリスト（脱国知識人）不足は、採用人分の比率の見直しを進めるというインセンティブがないかぎり、国家の足元の役人において実現は困難です。

また、図5・8が示すように、1990年代に入り、確かに大学院入学者数は、1991年と2020年の30年間においては、約2倍に増加しています。しかし、ここ15年は、大学院入学者は横ばいから減少傾向にあります。やはり、国策としてのインセンティブが必要であり、国家公務員総合職においては、一定の移行期を経て、修士課程レベルを受験資格とする枠組みに切り替えていくなどの大きな改革が必要と思います。国家として戦略的に出口となる科学的専門職を用意し、そこに大学院教

表5・1　国家公務員採用総合職試験実施状況

	大卒程度	院卒	合計
社会科学	904（46%）	213（11%）	1,117（57%）
自然科学	437（22%）	395（20%）	832（43%）
合計	1,341（69%）	608（31%）	1,949（100%）

（単位：人）

【出典】人事院国家公務員試験採用情報NAVIより筆者作成。
- 数値は、人事院国家公務員採用総合職試験実施状況の3年間（2018-2020年）の平均人数で、（　　）は平均総数1,949人に占める比率。
- 人文社会科学の試験区分は、大卒程度では、教養／政治・国際／法律／経済／人間科学を、院卒では法務／行政／人間科学で集計。自然科学は、それ以外の試験区分を集計した。

育へのモチベーションを創り、量的拡大を図る狙いです。その場合は、すでに入省している官僚にも、社会人大学院リカレント教育を受けやすい環境を整え、大学院教育の先に、科学的専門官としてキャリア発達ができる道筋をつくることが必要です。いずれにしても、科学を道具的に扱う職業能力がある科学的専門職集団が、第四次産業革命期の官僚の中心にならなくてはなりません。日本が抽象度において3種類ある知識のうち、Eループという1種類だけに頼る時代は終わりにしましょう。そして、TループとSループを通して、Eループの質を上げることを考えましょう。

国家公務員総合職を大学院修了を要件とする科学的専門職にすることは、2章で述べた国連における国際専門職の日本人職員数の見劣りの解決の糸口にもなると思います。図5・9が示すように、その数は、欧米諸国に比べ日本は低く、国連事務局においては、日本人職員数は国連予算の分担率や人口などから算出される「望ましい職員数」の3割程度にとどまります。[103] 外務省は、若手職員の増加と、中堅・幹部職員の増加、国際機関を目指す日本人の増加を三つの柱にして取り組んでいます。これを成功させるためには、官僚の職業人生も50年時代になることを踏まえ、国際専

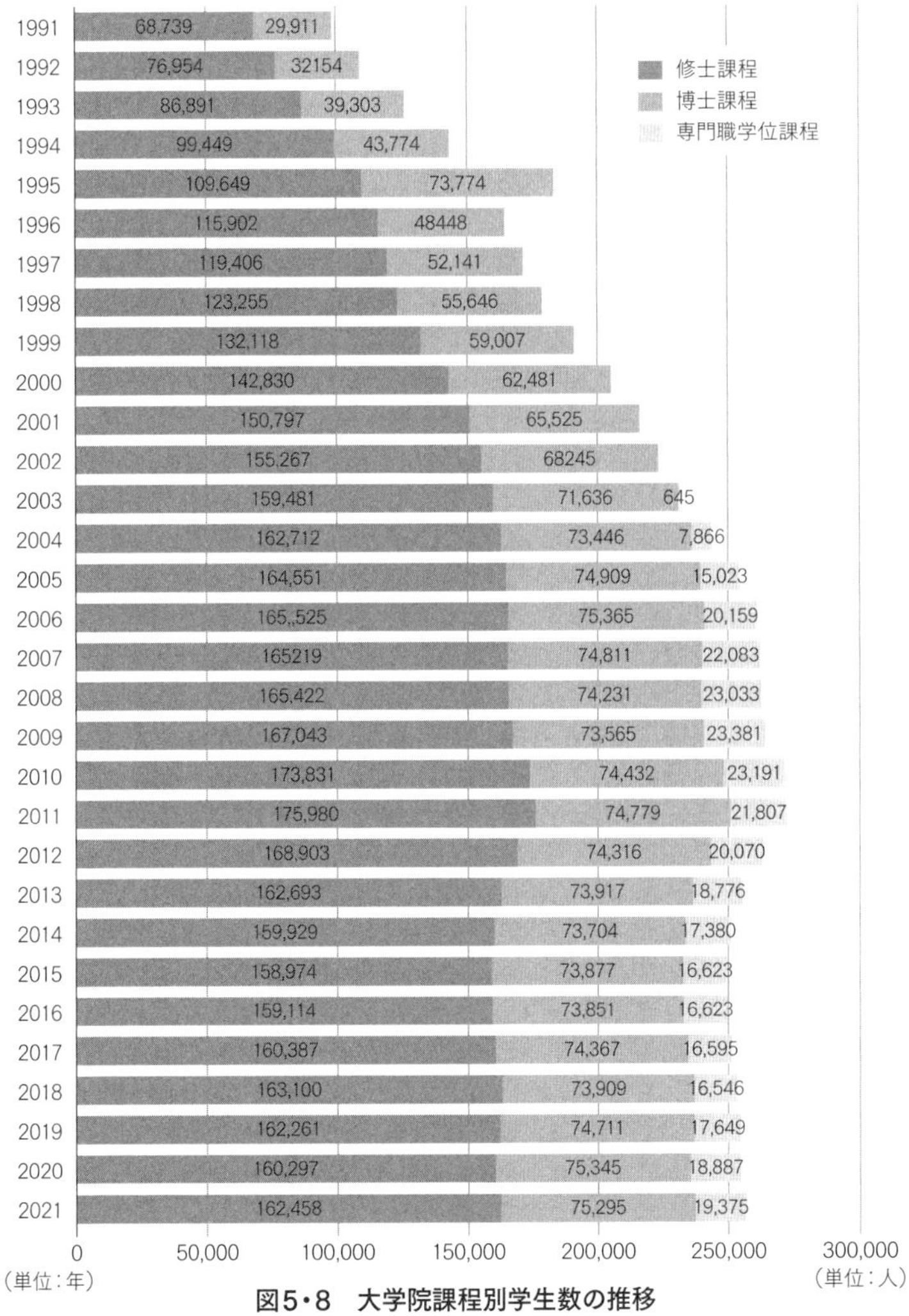

修士課程
博士課程
専門職学位課程
1991 68,739 29,911
1992 76,954 32154
1993 86,891 39,303
1994 99,449 43,774
1995 109,649 73,774
1996 115,902 48448
1997 119,406 52,141
1998 123,255 55,646
1999 132,118 59,007
2000 142,830 62,481
2001 150,797 65,525
2002 155,267 68245
2003 159,481 71,636 645
2004 162,712 73,446 7,866
2005 164,551 74,909 15,023
2006 165,,525 75,365 20,159
2007 165219 74,811 22,083
2008 165,422 74,231 23,033
2009 167,043 73,565 23,381
2010 173,831 74,432 23,191
2011 175,980 74,779 21,807
2012 168,903 74,316 20,070
2013 162,693 73,917 18,776
2014 159,929 73,704 17,380
2015 158,974 73,877 16,623
2016 159,114 73,851 16,623
2017 160,387 74,367 16,595
2018 163,100 73,909 16,546
2019 162,261 74,711 17,649
2020 160,297 75,345 18,887
2021 162,458 75,295 19,375
0
50,000
100,000
150,000
200,000
250,000
300,000
(単位：年)
(単位：人)

図5・8　大学院課程別学生数の推移

【出典】e-Stat「学校基本調査」より筆者作成。

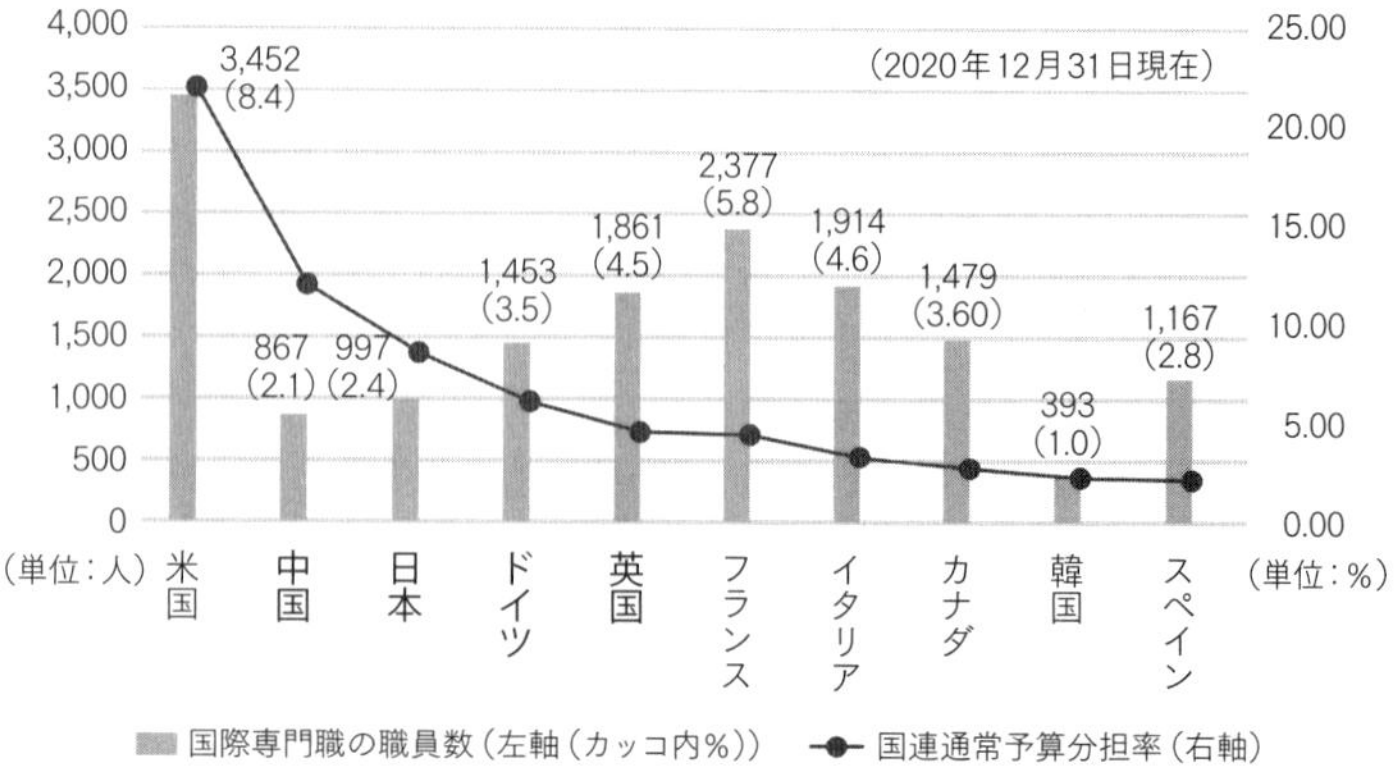

図5・9　国際専門職の職員数と国連分担率の国際比較 [71]

【出典】
- 国連通常予算分担率(2019-2021年の3年間／上位10カ国順)は、外務省『国連外交』「国連分担金・拠出金」より筆者作成。https://www.mofa.go.jp/mofaj/fp/unp_a/page22_001258.html
- 国際専門職(International Professional)の職員数は、国連資料(CEB/2021/HLCM/HR/4)より筆者作成。( )は 総数(41,270人)に占める割合(%)を示す。

門職として一定年数勤務することが官僚のキャリアアップの条件となるように制度を組み替えるなど、グローバリストというキャリアパスを明確に組み込んでいくことが大事だと思います。また、官僚に限らず、大卒社員が民間企業でEループを形成し、大学院リカレント教育でTループを形成し、職業キャリアの途中で国際専門職の上級グローバリストとして活躍するというキャリアパスも、国際社会への貢献という意味で国家と企業で推進し確立していくべきです。

■男女共同参画と大学院教育

国連では、1975年に国際婦人年が制定され、1979年女子差別撤廃条約が採択され1981年に発効、日本は1985年に締結しました。それを受けて、同年に男女雇用機会均等法が施行され、日本も国策として本格的に男女共同参画の実現を目指し、すでに35年が過ぎました。しかし、日本は、未だに達成していないのが現状であり、国連から幾度となく指摘を受けています。世界では2030年の共通達成目標としてSDGsが明示され、その中のSDGs目標5「ジェンダー平等を実現しよう」、項目5・5・1「国会及び地方議会において女性が占める割合」、項目5・5・2「管理職に占める女性の割合」が、ジェンダーギャップ指数（達成1、未達成0）として国際比較されます。2020年度の153か国中第1位はスウェーデン（.877）で、日本は121位（.652）です。中国106位（.67）と韓国108位（.672）に抜かれました。ジェンダーギャップ指数は、次の四つの指標から算出され、「経済参画」は115位（.598、前年117位 .595）、「教育」は95位（.9831、前年65位 .994）、「健康」は40位（.979、前年41位 .979）、「政治参画」は144位（.049、前年125位 .081）です。日本で立ち遅れが顕著な政治参画においては、衆議院の女性議員比率が9・9％と低く、米国の23・4％に大きく見劣りします[104]。

図5・10は、管理的職業従事者に占める女性の割合の国際比較を示したものです。日本の就業者に占める女性比率は44・5％で、他国との差はほとんどありませんが、管理的職業従事者に占める女性比率は14・8％で、著しい見劣りがあります。2014年の11・3％と比べると増加傾向にあると言えますが、2020年までに30％にするという政府の当初目標は達成されませんでした。これを受け、続く第五次男女共同参画基本計画（令和2年12月閣議決定）では、「20年代の可能なかぎり早期に指導的地位に占める女性の割合を30％程度」を達成するという修正がなされました[104]。

ここで問題となるのは、このような国家主導の行動指針や法整備や意識改革だけでは、男女雇用均

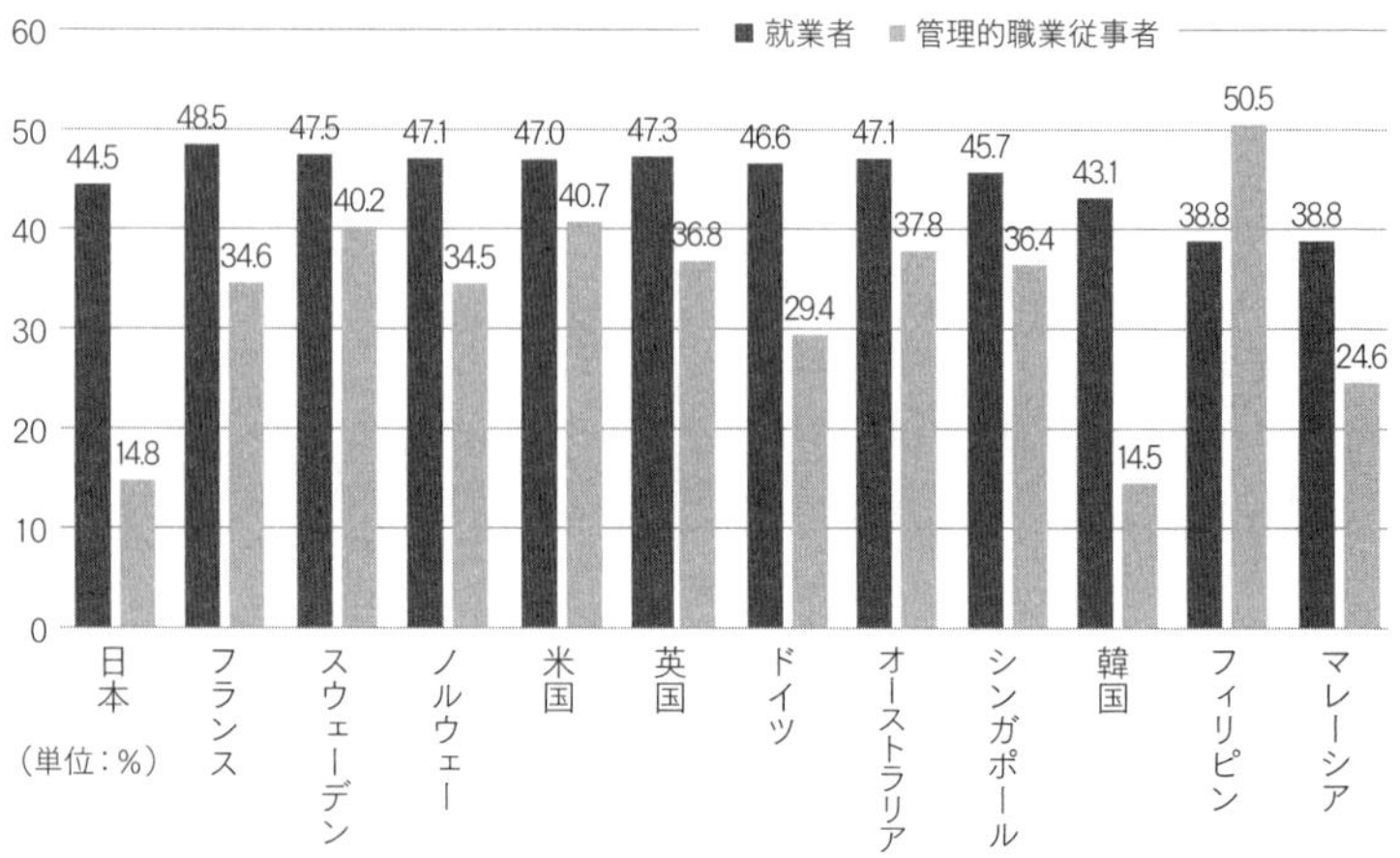

図5・10　就業者及び管理的職業従事者に占める女性の割合（国際比較）

【出典】
- 男女雇用参画局『男女共同参画白書令和2年版』より作成。詳細は原著を参照のこと。
- 総務省「労働力調査（基本集計）（令和元年）、その他の国はILO"ILOSTAT"より作成。日本、フランス、スウェーデン、ノルウェー、米国、英国、ドイツ、フィリピンは2019年、その他の国は2018年。

等法が施行された1985年から35年が経つ今も、理想の50%からハードルを下げた30%の約半分、15%程度しか達成できなかったという事実です。これは、男女共同参画政策の失敗であり、今までのやり方の限界を意味します。このままでは、日本人の能力の半分である女性の能力や視点が社会経済活動に活かされず、女性能力の失われた35年が50年へと延長されかねません。

ここで着目したいのは、男女差を是正する手法として、積極的是正措置（ポジティブアクション＝米国では、アファーマティブアクション）という取り組みがあることです。積極的是正措置とは、「歴史的に形づくられてきた男女の不平等を是正するため、女性があまり進出していない分野では、一時的に女性の優先枠を設け、女性の進出を促す計画を策定するなど特別な措置を講じて、男女の実質的な機会の均等を確保するべきである」という考え方です。企業等ではすでに採用しているところもありますが、管理的職業従事者に占める女性比率は14・8％にとどまり、これも限界があります[105]。そこで提案したいのが、この積極的是正措置を、企業等の管理職等の枠組みに直接採用するのではなく、教育による職業能力の向上に用いる、間接的な積極的是正措置という視点の導入です。図5・11は、横軸に専門職大学院商学・経済学専攻の社会人大学院生数に占める女性の割合を、縦軸に民間企業（100人以上）の部長と課長相当職の女性比率を、2004年から2021年まで左から右方向に一筆書きで示したものです。専門職大学院商学・経済学専攻の社会人大学院生の女性比率は、企業の部長と課長相当職の女性の比率と正の強い相関関係が見られます。

そこで、先行研究やこれまでの研究結果を踏まえて、この両者の正の相関関係を解釈してみましょう。もし、〈大学院 → 部長／課長〉であるとすれば、社会人大学院へ進学することが昇進の条件とする企業は極めて少ないので、大学院教育で育成された社員の抽象度調整能力が企業に評価されて、管理職に昇進したと言えるかもしれません。また逆に、〈部長／課長→大学院〉であれば、国家主導の男女共同参画という意識改革により、企業側が部長や課長相当職の女性を増やし、経営に関する興味や必要に動機づけられたと解釈されます。また、両方が相互に影響しあう〈部長／課長×大学院〉だとすれば、ある程度の時間経過の中で、論理的思考や分析能力や発信能力を向上させた女性の修了生が、組織の中でその存在感を示し、また昇進し、そのようなTE女性社員がロールモデルとなり、周囲に波及効果を及ぼして、女性の大学院進学を押し上げ、またそれが女性の昇進を後押ししているという正の循環も考えられます。

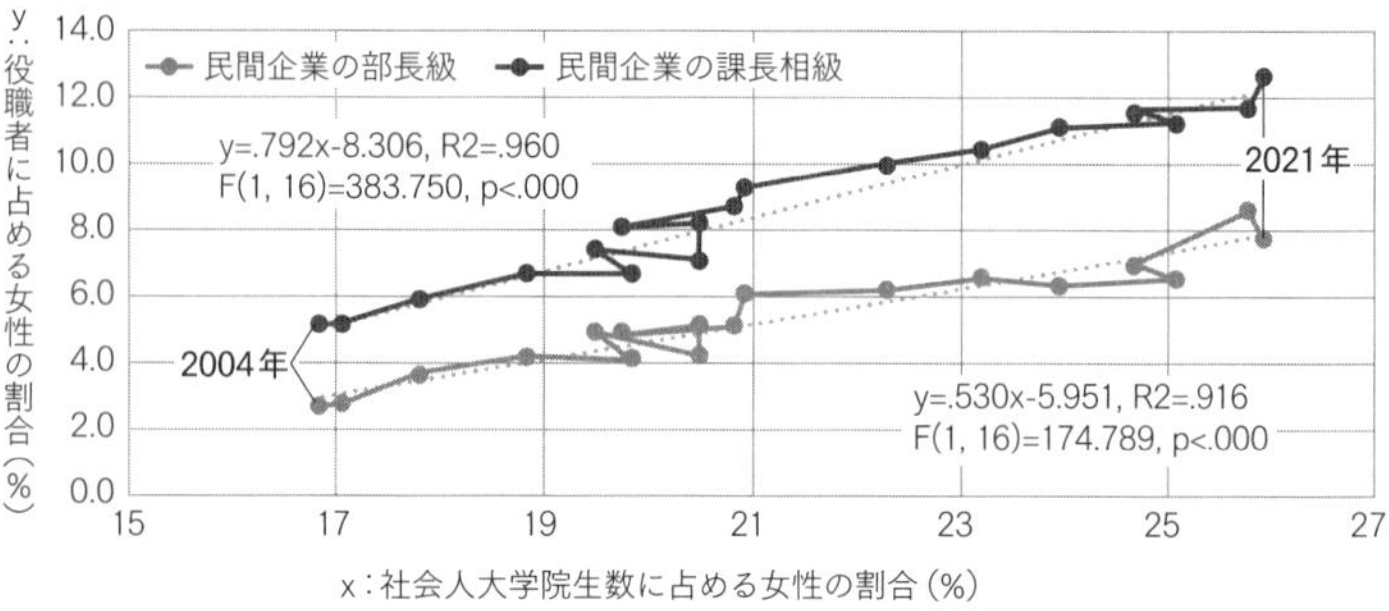

図5・11　役職者数および社会人大学院生数に占める女性の割合の推移 [71]

【出典】男女雇用参画局『男女共同参画白書令和４年版』と文部科学省『学校基本調査』より筆者作成。詳細は原著を参照のこと。

- 役職者に占める女性の割合（y）は、常用労働者100人以上を雇用する企業の労働者の役職者数における割合を示し、社会人大学院生数に占める女性の割合（x）は、専門職学位課程商学・経済学専攻に在籍する社会人学生数における割合を示す。それぞれ2004年から2021年までの推移をプロットした。
- SPSS Statistics 21を使用。

仮にここで、民間企業の部長／課長相当職の女性比率を従属変数（y）とし、社会人大学院生の女性比率を説明変数（x）とした回帰分析を行ってみましょう。統計分析の結果、このまま何もせずに専門職大学院経営系専攻の社会人大学院生数の女性比率を40％まで上げても、課長相当職の女性比率は23％に、50％まで上げても31％にしかなりません。当然部長相当職はそれより低く、17％と23％という計算になりました。ここはやはり、何らかの積極的是正措置を検討せざるを得ないと考えるべきだと思います。ちなみに、米国においては、人口100万人当たりの女性の修士号取得者が50％で、管理的職業従事者が40・7％です。日本は、学部学生数において男女比はほぼ50％ですので、大学院もそのまま50％を目指すということも無理ではないはずです。

20代後半から30歳代でTループを形成する場合、層化的トリプルループ学習モデルが示すように、

Eループだけでなく Tループでも横の知識移動をキャリア発達の初期段階から行うことができます。したがって、組織内の経験に偏ることなく、社内外のフォーマル、インフォーマル、ノンフォーマル学習により、知識の幅が格段に広がることになります。その場合、おそらく、課長相当職の時にTループを形成したTE女性社員は、Tループを形成していないEループ男性社員よりも、発言力や影響力において秀でるかもしれません。このようにキャリア発達という視点から考えると、部長相当職やその上の役員職の女性比率を上げるためには、女性社員が抽象度調整能力をもち、知的I&Dができる知的リーダーシップにおいて優れていることが健全な競争となるものと思います。今、まさに女性社会人の大学院進学を後押しすれば、本書が問題にしている日本の大学院教育の量的見劣りだけでなく、SDGsの達成に向けた男女共同参画の日本の見劣りを、同時に解決するきっかけとなるように思います。またそれは、積極的是正措置に対する、能力不足の女性社員を管理職に登用することへの組織的不利益と、本来能力のある男性が活躍する場を失う逆差別問題の是正策ともなります。男性大卒社員も、健全な知的競争において、大学院でTループを形成することへの理解が進むかもしれません。

では、層化的トリプルループ学習モデルを成功モデルとした場合、国家が大学院教育の量的拡大と男女共同参画の実現を推進するために講じる策として、どのようなものが考えられるでしょうか。ここでは、三つのキャリア発達段階で捉えて考える必要があると思います。

一つ目は、新卒採用において大学院卒者の比率を上げ、社員の男女比率が著しく差がある場合は、積極的是正措置で、院卒女性社員の採用数を増加させることです。院卒社員は、経験知はありませんが、一つ一つの経験を理論的に捉え発信する能力をもつTループ社員です。このTループ社員の中にEループが形成されるまでは、Eループだけを形成した社員との省察的な対話は、互いに、知識の抽象度の違いに配慮する必要があると思います。そこにもし、先輩や上司のTEループ社員がいれば、パターン2（図5・5）のような省察的対話を促進させて、新卒Tループ社員のEループの形成が進むかもしれません。これまでの意識改革だけの政策は、1990年から2020年の30年間の大学院進学率がほぼ10％前後で推移し増加していないことから、見直しが必要なのは確かです。先の官僚の採用と並んで、企業においても、男女共同の大学院新卒を中心とした採用への転換を国策として進めるべきでしょう。

日本企業が戦略的に、新卒からの人材育成の流れを［T→TE］社員へとシフトし、さらに［TE→STE］社員というキャリア発達の仕方を指向するようになれば、男女問わず民間企業からさらにグローバリストとして活躍する道も出てきます。長寿化社会の働き方として、50代60代までに博士課程を終え、グローバリストとして発信できる科学人材になるには、新卒段階ですでにTループを形成していることが有利になるはずです。また修士課程修了からキャリアをスタートさせれば、大学院リカレント教育として領域の異なる二つ目の修士課程で学び、いわゆるダブル修士[28]（TTループ学習者）という学際人材になることも可能です。職業人生50年時代においては、学部卒でキャリアをスタートさせるのではなく、院卒スタートを一般的にすることで、その後のキャリア発達の選択肢が大きく変わるはずです。E社員中心の現在の日本企業におけるキャリアアップの競争では、部長相当職の女性比率は6％どまりです。もしこれがTE社員間の競争となれば、評価の対象に科学の道具的使用も含まれることになります。科学の前に男女差はありませんので、社内のEループ間の閉塞的な競争ではなく、グローバルに開かれた新たな知的な競争が可能になり、そこに結果としての男女共同参画の実現が生まれると期待しています。

二つ目は、すでに社会人となっている20〜40代のEループ社員が、キャリアのどこかの時期に大学院に進学しTE社員となり、またキャリアチェンジする道筋を、国家として明確に推奨することです。それは、企業の税制優遇や、従業員に対する在籍保障への法制度の見直しなどもあるかもしれません。また、個人に対しては、科学的知識は世界の共有財産であるという認識と教育理念から授業料の無利子の長期返済を可能にするなどです。ちょうど家庭をもち経済的に自由がない年代でもあります。すでに厚生労働省が、職業訓練給付金制度に大学院教育を組み込んでいますが、2年間の留学休暇などさらなる拡充が必要と思います。また、積極的是正措置として、女性社員の大学院進学を推進し、「E→ET」社員になることを推奨する制度を、企業と連携することも考えられます。これまでの経験知を中心とした男性社会はE社員の共同体です。科学を道具的に使用できるかどうかという点に競争の中心を移動させれば、男女共同参画ははずみがつくと考えます。また、理論的な言葉で問題解決に挑む先輩女性社員の姿は、男性並みに働く姿とは異なるあこがれの働き方を周囲の女性社員に見せるかもしれません。科学的な言語を使用する能力は、女性の発信力を高め、組織内に中長期的に波及効果をもたらすでしょう。女性TEループ社員を前に、男性Eループ社員も触発されるかもしれません。科学の前では、男女平等であることに、国は改めて自覚的になり、戦略的に女性の大学院教育の拡大を進めることが急務です。

三つ目は、現在、50代~60代のシニア準備・予備軍の世代にも、率先して大学院教育を受けてもらうことです。少子高齢長寿化が進む中で、その時代ならではは考え方や文化を言葉にしつつ、未来を展望する研究を後世に残す必要があります。シニア世代の働き方の可能性は、男性も女性も歴史が浅く、これからの創造が待たれます。科学技術の急速な発展で生まれる世代間の意識のズレは、シニア層にTループがあれば理論的に省察でき、世代間で共有できる言葉に変換できるはずです。また、Tループが形成されれば、実務家教員として、客観的な言葉で、理論的に自分の経験を語ることができます。現在のシニア予備世代は、1985年に男女雇用均等法が施行され、女性が男性並みに働いて評価される時代を生き抜いています。そこから、科学的経営の質が評価される第四次産業革命の時代へと移行する今、多様な領域で経験知を蓄積させた女性が、Tループを形成し、科学的な発信力をもち世代を越えて省察的対話をすることにより、新たな科学的知的財産の創造につながるように思います。

このキャリア発達を個人の成長のプロセスで捉えれば、大卒社会人が扱う知識の抽象度の幅を広げ、科学を扱う職業能力を得ることで、経験の解釈や活かし方も変わり、職業を通した満足感も高まると思われます。職業キャリア50年時代においては、シニア世代を含め全世代での科学の学びは、自分の経験と現実を理論的に客観視し、未来展望を描くことを促すはずです。世代間ギャップは、科学を通してつながる可能性があります。トリプルループ・リカレント・モデルは、このように社会人のキャリア発達軸の一つに抽象度調整能力を据え、成長する個人が所属を変えながら社会参画を持続する社会を展望するものです。

■省察的科学立国日本をめざして

社会人を受け入れる大学院には、この科学的な省察的知識創造の日本モデルのハブ機能の役割があります。大学院教育により、研究者養成だけでなく、社会人が理論に関する知識やその扱い方などを学び、広く一般企業で活用できるように教授するということです。そのためには、授業を準備する教員の質が問われます。学生と向き合い、理論と実践を架橋する教授法の一つが、4章で述べた「開放型学習モデル」であり、その教育方法を科学する教育工学的な発想も必要になります。そして、大学と社会の間の知識は、技術革新や社会の成熟などの時代変化があるかぎり、常に更新され続けなければなりません。層化的トリプルループ学習モデルは、科学的な省察的知識創造の要として、教員が、社会人への省察的教育と自分自身の能力向上としての省察的研究に自覚的に取り組むことの意義を示しており、大学院教育の質保証の議論を可視化するものと言えます。

日本企業の多くが、科学的知識を経営において活用できていないのが現実です。トリプルループ学習理論から見れば、その領域の世界の3分の2の知識が活用しきれていないということです。新卒採用においては、積極的に大学院卒採用枠を増やし、自然科学と社会科学をつなぐ学際的な経営を目指すべきと考えます。すでにEループを形成し企業の戦力となっている多くの大卒社員には、大学院リカレント教育を受け、科学を扱う力量を得てもらう必要があります。科学的経営（管理）は、社会科学を大学院で学んだTEループ社員が中核となることで可能になります。そして、社内だけでなく、個人内のトリプルループ学習者（STE社員）が、科学を通じて、産業界の領域を超えてつながり、また国際社会とつながって省察的に知識創造をすることで、企業の発展が世界の発展とシンクロする道筋がつきます。そこにSDGsが位置づくということです。第四次産業革命期の入り口に立つ今、科学と共に人間が人間らしく発展することの本質を理解できる院卒社員の育成が、企業内教育の在り方として急務であるということです。少子化が顕著になりつつある現在、大学院教育の量的拡大の母集団は、現役大卒社会人です。その彼らの背中を押し、科学を扱う能力を還元する場を提供できるのは企業等組織であり、国家が戦略的に後押しすることでしか可能になりません。

またその国家の足元である日本の高度成長を支えた官僚のうち、科学人材は3割程度です。しかも、人間の心を研究対象とする社会科学系においては、全体の1割にすぎません。企業だけでなく国家の運営を担う官僚も、今のままでは、人間が所有できる抽象度の異なる知識のうち、3分の1のEルールでのみ対応することになります。現役官僚の広い領域で大学院リカレント教育を昇進の条件とし、採用時にも院卒を条件にするなど、国家は抜本的な改革に取り組む必要があります。国際社会で活躍できる国際公務員の採用では、一般的には院卒が条件となっており、日本の貢献の低さが国連からも指摘されています。さらに、男女共同参画におけるジェンダーギャップ問題は、科学を道具として扱う科学人材の育成とその評価を契機に、解決へ向かうかもしれません。激変する第四次産業革命期においては、過去の経験知だけでは時代を切り拓けません。抽象度の異なる3つの人間の英知のうち2つを占める科学的知識と、人間の英知の半分をもつ女性とが相乗効果を発揮する時、日本ではこれまでにない科学と経験の両面からの省察を介した知識創造が起こる可能性があります。縦の知識移動に必須なフォーマル教育・学習と、横の知識移動というインフォーマル、ノンフォーマルな学習が三つの抽象度のレベルで層化的に起きる時、日本ならではの発展の軸として、経験を活かしつつ科学を社会に活用する省察的知識創造が可能になることは間違いないでしょう。社会人大学院リカレント教育の量的質的拡充を国策として成功させ、科学的省察による知識創造実践を基礎とした省察的科学立国日本を実現するための理論的根拠として、本書で提案したトリプルループ学習理論がたたき台となることを切に望みます。

あとがき

筆者は、ニューヨークで大学院に在籍中、海外MBAの調査に同行する機会を得て、ニューヨークの社会人がパートタイムで通う夜6時過ぎからスタートするMBA校を訪れ、授業を見学する機会を得ました。これが、本書で解説する博士論文を書くきっかけとなりました。筆者が住んでいたニューヨーク郊外では、多くの社会人が、MBAをはじめ多様な大学院のプログラムをパートタイムで学び、修士号を取得し、新たな職に就いていました。その当時、日本では筆者の周囲の社会人が大学院で学び、職を得るという話はほとんど聞かなかったように思います。したがって、ニューヨークに滞在する機会を得るまで、自分が大学院で学ぶという人生の選択肢やイメージは全く頭に浮かびませんでした。ニューヨークでTESOL（英語教授法）を学んでいた筆者は、大学院リカレント教育の価値を実体験していたので、MBAの授業を見学した時、日本でも企業等で働く社会人を対象とした大学院リカレント教育がいよいよ始まるのかと、その展開を楽しみにしました。

帰国後、企業からビジネススクールへの国内留学派遣を依頼するという企業開拓の仕事を担当させていただき、まさに本論文で紹介した先行研究どおり、多くの企業の人事担当者から、ビジネススクールへの国内留学に対する消極的な返答を得ました。ビジネススクールで学ぶことで何ができるようになるのか、それがどのように企業で活かせるのかがわからないという疑問を投げかけられました。

ビジネススクールでの学習成果と企業実績とを明確に結び付けて語る言葉を、当時の筆者は必死に探しましたが、みつけられませんでした。

社会科学系の科学技術という高度な知識は、世界的動向からすれば企業にとって必要不可欠なはずなのに、日本企業で活用されないということはどういうことなのか、またそれによりどのような不利益が将来的に起きるのか、筆者の関心は、大学と社会との間にある知識の違いと移動の方法、またそこでの知識創造のあり様に向きました。視点を変えれば、経験に頼ることの意義と限界について興味があったのです。

成人が経験に基づき学習を行うことについては、TESOLの領域では、移民が英語を学習するという成人学習過程研究で議論され、アイデンティティが変容する経験学習モデルとして議論されていました。デューイの系譜にある経験学習モデルを手がかりにすれば、ビジネスマンである社会人が、職務経験を資源として社会科学を学ぶことで起きる変容を説明できるかもしれないと考えました。そして日本ならではのビジネススクールの成功モデルを描くことができれば、ニューヨーカーが仕事帰りにビジネススクールで知識の科学化による高度化を図る日常を、日本に輸入し定着させられるかもしれないと思ったのです。

今こうして、ビジネススクールなどの社会人大学院リカレント教育を軸とした科学的省察を取り込んだ知識創造の日本モデルを提示することができました。博士論文は、調査協力校の教職員と院生・修了生の皆様の全面的な協力の下で、約7年かけてデータを集め、分析し書き上げた研究成果です。その解説書となる本書が、今後広く皆さんの手に届き、批判され議論されることを切に願います。そして、トリプルループ学習理論を原理として、これまで議論の俎上に上がらなかった領域で専門職が誕生し、社会問題が解決されることを祈ります。

多くのご指導とご協力により、共有させていただいた問題意識を博士論文としてまとめ、その解説書を社会に発表できますことを心より嬉しく思います。ここに改めて御礼申し上げます。

２０２２年10月８日

豊田　香

注

［1］独立行政法人労働政策研究所・研修機構（ＪＩＬＰＴ）調査シリーズ No.149　２０１６年４月「中高年齢者の転職・再就職調査」

［2］文部科学省「我が国の文教施策（昭和63年度）（第Ⅰ部第1章第3節1　ＯＥＣＤのリカレント教育）」
文部科学省「修士課程・博士課程（前期）の入学資格について」

［3］日本社会教育学会（編）（1998）「高等教育と生涯学習　日本の社会教育第42集」東洋館出版社

［4］文部科学省「専門職大学院制度の概要」

［5］文部科学省（2009）「時代が求める新しいタイプの大学院　それが専門職大学院～Professional Graduate School～」

［6］公益財団法人大学基準協会（2018）平成29年度「先端的大学改革推進委託事業」『経営系専門職大学院の認証評価における国際連携等の在り方に関する調査研究報告書』
横山研治（2016）「立命館アジア太平洋大学（ＡＰＵ）におけるビジネス教育と国際認証取得――世界と競い質向上 Business Education and International Accreditation in Ritsumeikan Asia Pacific University (APU)」独立行政法人日本学生支援機構、ウェブマガジン『留学交流』69, 44-48.

［7］文部科学省「専門職大学院における教育研究活動等に関する実態調査」より文科省作成データ。
修士課程については、「大学院の現状を示す基本的なデータ資料5　中央教育審議会大学分科会 大学院部会（第81回）H29.5.30」

［8］文部科学省(2016)「専門職大学院を中核とした高度専門職業人養成機能の拡充・強化方策について」

［9］文部科学省（2016）先導的大学改革推進委託事業「社会人の大学等における学び直しの実態把握に関する調査結果報告書」平成28年3月　イノベーション・デザイン&テクノロジーズ株式会社

［10］文部科学省　科学技術・学術政策研究所「科学技術指標２０１９」

［11］OECD (2010) *Recognising Non-Formal and Informal Learning: Outcomes, Policies and Practice.*

OECD (2017) *Education at a Glance 2017*, Table. C6.1a

［12］独立行政法人雇用・能力開発機構　職業能力開発総合大学校能力研究センター (2005)「調査報告書 No.128」

［13］両角亜希子 (2010) 中教審大学分科会大学規模・大学経営部会第６回（２０１０年２月18日）「「職業人と大学教育」調査——結果の概要——資料１」

［14］「大学教育に関する職業人調査」２０１０年２月東京大学大学院教育学研究科大学経営・政策研究センター

［15］総務省 (2018) 情報通信白書「ＩＣＴの進化によるこれからのしごと」

［16］文部科学省 (2009)「文部科学省 平成21年度先導的大学改革推進委託事業（社会人の大学院教育の実態把握に関する調査研究）報告書」平成22年３月早稲田大学

［17］厚生労働省 平成25年度「能力開発基本調査」常用労働者30人以上を雇用している企業が対象。

［18］The World Economic Forum (2017) "The Global Competitiveness Report 2017-2018"

［19］メドウズ、Ｄ／大来佐武郎（訳）(1972)『成長の限界——ローマ・クラブ「人類の危機」レポート』ダイヤモンド社〔Meadows, H. D., Meadows, L. D., Randers, J., & Behrens III, W. W. (1972) *The Limits to Growth: A Report for the Club of Rome's Project on the Predicament of Mankind*. New York: Universe Books.〕

［20］ペッチェイ、Ａ／大来佐武郎（監訳）菅野剛・田中努・遠山仁人（訳）(1979)『人類の使命——ローマ・クラブはなぜ生れたか』ダイヤモンド社〔Peccei, A. (1977) *The Human Quality*. (Pergamon international library of science, technology, engineering and social studies) Pergamon Press.〕

［21］小野義邦 (2004)『わが志は千里に在り——評伝大来佐武郎』日本経済新聞社 p.510.

［22］Ginzberg, E. (1958) *Human Resources: The Wealth of a Nation*. New York: Simon and Schuster.〔大来佐武郎（訳）(1961)『人間能力の開発——現代の国富論』日本経済新聞社〕

［23］ＢＳＤＣ (2017)「より良きビジネスより良き世界概要」ビジネス&持続可能開発委員会報告書

［24］Ipsos (2019) "United Nations Sustainable Development Goals, Global Attitudes Towards its Use and Regulation." Ipsos Survey for the World Economic Forum Conducted in August 2019 Wave of Global Advisor.

［25］シュワブ、Ｋ／世界経済フォーラム（訳）(2016)『第四次産業革命——ダボス会議が予測する未来』日本経済新聞出版社〔Schwab, K. (2016) *The Fourth Industrial Revolution*. World Economic Forum.〕

〔26〕野村マネージメント・スクール (2000)『企業変革と経営者教育』野村総合研究所広報部
〔27〕カー、C／喜多村和之（監訳）(1998)『アメリカ高等教育の歴史と未来 ―― 21世紀への展望』玉川大学出版部〔Kerr, C. (1994) *Higher Education Cannot Escape History: Issues for the Twenty-first Century.* NY: State University of New York.〕
〔28〕Gratton, L. & Scott, A. (2016) *The 100-year Life Living and Working in an Age of Longevity.* NY: Bloomsbury.〔池村千秋（訳）(2016)『LIFE SHIFT（ライフシフト）―― １００年時代の人生戦略』東洋経済新報社〕
〔29〕池田秀夫 (1984)「学習社会論からみた状況と展望」日本社会教育学会・伊藤三次（編）『日本の社会教育第28集　生活構造の変容と社会教育』東洋館出版社 pp.192-201.
〔30〕総務省 (2019)「高度外国人材の受入れに関する政策評価書 令和元年6月」
〔31〕UN World Population Prospect 2019.
〔32〕United Nations Department of Economic and Social Affairs Population Division International Migration.
〔33〕大森不二雄・牧貴愛・江川良裕・北村士朗・渡邊あや (2009)「社会人大学院における実践知・学術知対話型の教育モデル開発 ―― 高等教育・企業内教育連携による『学びと仕事の融合学習』」『京都大学高等教育研究』15, 47-58.
益子典文 (2013)「実践知を持つ社会人技術者を対象としたリカレント教育システムに関する研究」博士論文、岐阜大学機関リポジトリ
〔34〕天野郁夫 (2004)「高度専門職業教育と日本社会 専門職大学院の発足 ―― その意味するもの」日本学術会議『学術の動向』9(3), 10-13.
天野郁夫 (2004)「専門職業教育と大学院政策」『大学財務経営研究』1, 3-49.
出口英樹 (2004)「専門職大学院の社会的意義と大学の公共性 ―― 大学と社会との接点領域における社会科学分野の役割」『京都大学大学院教育学研究科紀要』50, 303-316.
〔35〕天野郁夫 (2004)『学術の動向』op. cit., p.13; (2004)／『大学財務経営研究』op. cit., p.48.
山田礼子 (1998)『プロフェッショナルスクール ―― アメリカの専門職養成』玉川大学出版部
〔36〕橋本鉱市（編著）(2009)『高等教育シリーズ１４７　専門職養成の日本的構造』玉川大学出版部
〔37〕ＭＢＡバリュープロジェクト (2003)『ＭＢＡは本当に役に立つのか』東洋経済新報社
小松俊明 (2003)『役に立つＭＢＡ　役に立たないＭＢＡ』阪急コミュニケーションズ

[38] Schön, D. (1983) *The Reflective Practitioner: How Professionals Think in Action*. London:Ash Gate.〔柳沢昌一・三輪建二（監訳）(2009)『省察的実践とは何か――プロフェッショナルの行為と思考』鳳書房〕
[39] サイモン、H／稲葉元吉・吉原英樹（訳）(1999)『システムの科学 第3版』パーソナルメディア〔Simon, H. (1996) *The Sciences of the Artificial*. (3rd ed.). Cambridge, Mass: MIT Press.〕
大湾秀雄 (2017)『日本の人事を科学する――因果推論に基づくデータ活用』日本経済新聞出版社
[40] 吉田文・橋本鉱市 (2010)『航行をはじめた専門職大学院』東信堂
[41] Argyris, C. & Schön, D. (1974) *Theory in Practice: Increasing Professional Effectiveness*. CA: Jossey-Bass.
[42] Finger, M. & Asún, M. (2001) *Adult Education at the Crossroads: Learning our Way Out: Global Perspectives on Adult Education and Training*. London & New York: Zed Books.
[43] 橋本鉱市 (2009)『高等教育シリーズ１４７ 専門職養成の日本的構造』玉川大学出版部
[44] Moore, W. (1970) *The Professions: Roles and Rules*. New York: Russell Sage Foundation.
[45] 谷内篤博 (2002)「企業内教育の現状と今後の展望」『経営論集』12(1), 61-76.
[46] 岩田龍子 (1984)『「日本的経営」論争――その成果と新展開の方向を探る』日本経済新聞社
尾高邦雄 (1984)『日本的経営――その神話と現実』中公新書
[47] Abegglen, C. J. (1958) *The Japanese Factory: Aspects of Social Organization*. UMI Books on Demand.〔占部都美（訳）(1958)『日本の経営』ダイヤモンド社〕
[48] たとえば、守島基博 (2010)「監修者あとがき――人材を生かす企業の復活に向けて」守島基博（監修）／佐藤洋一（訳）『人材を生かす企業――「人材」と「利益」の方程式』翔泳社 pp.267-281.〔Pfeffer, J. (1998) *The Human Equation: Building Profit by Putting People First*. Massachusetts: Harvard Business Press.〕
[49] 文部科学省「学校基本調査」より。なお、「国民所得倍増計画」と工学教育の拡充については、大来佐武郎 (1992)『経済外交に生きる』東洋経済新報社 pp.18-20 を参照。
また資料としては、小林信一 (2008) http://www.scj.go.jp/ja/member/iinkai/daigaku/pdf/3-2.pdf
[50] 村上陽一郎 (2006)『工学の歴史と技術の倫理』岩波書店
技術立国日本に関しては、松尾博志 (1993)『電子立国日本を育てた男――八木秀次と独創者たち』文藝春秋

[51] 今野浩一郎 (2018)『人事管理入門 第2版』日経文庫

歴史的視点は、小池和男 (1997)『日本企業の人材形成不確実性に対処するためのノウハウ』中公新書、金子良事 (2013)『日本の賃金を歴史から考える』旬報社

日本型雇用システムについては、濱口桂一郎 (2009)『新しい労働社会――雇用システムの再構築へ』岩波新書、(一般社団法人) 日本経済団体連合会『２０２１年版　経営労働政策特別委員会報告』経団連出版が詳しい。

[52] 青島矢一 (編) (2008)『企業の錯誤／教育の迷走――人材育成の「失われた10年」』東信堂

[53] 柳沢昌一 (2013)「省察的実践と組織学習――Ｄ・Ａ・ショーン『省察的実践とは何か』(1983) の論理構成とその背景」『教師教育研究』6, 329-351.

[54] 佐藤学・岩川直樹・秋田喜代美 (1991)「教師の実践的思考様式に関する研究 (１) 熟練教師と初任教師のモニタリングの比較を中心に」『東京大学教育学部紀要』30, 177-198.

佐藤学・秋田喜代美・岩川直樹・吉村敏之 (1992)「教師の実践的思考様式に関する研究 (２) 思考過程の質的検討を中心に」『東京大学教育学部紀要』31, 183-200.

[55] 河野秀一 (2011)「特集マネジメントリフレクションで管理の質向上をめざす　看護マネジメントリフレクションの実際」『看護管理』22, 921-925.

河野秀一 (2011)「特集マネジメントリフレクションで管理の質向上をめざす　評価の方針とその後の活用」『看護管理』22, 926-929.

[56] 倉持伸江 (2018)「実践と省察のサイクルによる力量形成を支える大学――専門的実践力を培う養成・研修カリキュラムのデザイン」日本社会教育学会 (編)『日本の社会教育第62集 社会教育職員養成と研修の新たな展望』東洋館出版社 pp.206-217.

木全力夫・平川景子 (2004)「実践研究と専門職の力量形成」日本社会教育学会 (編)『日本社会教育学会創立50周年記念 講座 現代社会教育の理論Ⅲ 成人の学習と生涯学習の組織化』東洋館出版社 pp.176-192.

[57] 渡部律子 (2022)「プロフェッショナルの視点――相談援助技術を研く省察的実践 (第11回) 燃え尽き (バーンアウト)」中央法規出版株式会社編『ケアマネジャー』24(2), 24-29. などのシリーズがある。

[58] 森下覚・久間清喜・麻生良太・衛藤裕司・藤田敦・竹中真希子・大岩幸太郎 (2010)「学校支援ボランティアにおける省察的実践の支援体制と実習生の学習の関連性について――大分大学教育福祉科学部『まなびんぐサポート』事業を通して」『大

分大学教育福祉科学部研究紀要』32(2), 261-275.
［59］陰田隼貴・入口豊・上野大樹・ベネット ブレイク (2014)「反省的実践者としてのスポーツコーチに関する研究（1）」『大阪教育大学紀要 第Ⅳ部門教育科学』62(2), 23-35. など
［60］Nonaka, I. & Takeuchi, H. (1995) *The Knowledge-Creating Company: How Japanese Companies Create the Dynamics of Innovation*. New York, N. Y.: Oxford University Press.〔野中郁次郎・竹内弘高（著）、梅本勝博（訳）(1996)『知識創造企業』東洋経済新報社〕
［61］村上陽一郎 (2010)『人間にとって科学とは何か』新潮選書
［62］伊東俊太郎 (2007)『近代科学の源流』中央文庫
［63］中村雄二郎 (1996)『臨床の知とは何か』岩波新書
［64］Polanyi, M. (1966) *The Tacit Dimension*.〔高橋勇夫（訳）(2010)『暗黙知の次元』ちくま学芸文庫〕
［65］中島義明・安藤清志・子安増生・坂野雄二・繁桝算男・立花政夫・箱田裕司（編集）(1999)『心理学辞典』有斐閣
［66］サトウタツヤ（編著）(2009)『TEMではじめる質的研究 —— 時間とプロセスを扱う研究をめざして』誠信書房
サトウタツヤ・安田裕子・木戸彩恵・高田沙織・ヴァルシナー、J．(2006)「複線径路・等至性モデル —— 人生径路の多様性を描く質的心理学の新しい方法論を目指して」『質的心理学研究』5, 255-275.
Valsiner, J. (2000) *Culture and Human Development*. London: SAGE.
［67］豊田香・相良好美 (2016)「複線径路等至性アプローチ（TEA）の生涯学習研究への適用可能性」日本社会教育学会（編）『日本の社会教育第60集 —— 社会教育研究における方法論』東洋館出版社, pp.174-186.
［68］飯尾大典 (2006)「国内MBAの可能性と現状 —— 満足と不満」『立教ビジネスデザイン研究』3, 45-57.
清水隆介・樋口美雄 (2008)「我が国の労働市場におけるMBA教育の価値」財務省財務総合政策研究所『ファイナンシャル・レビュー』5, 93-116. など。
［69］豊田香 (2014)「専門職大学院ビジネススクール院生視点の授業満足基準が示唆する『開放型学習モデル』生成の試み」『質的心理学研究』13, 41-61.
［70］豊田香 (2015)「専門職大学院ビジネススクール修了生による生涯学習型職業的アイデンティティの形成 —— TEA分析と状況的学習論による検討」『発達心理学研究』26, 344-357.

[71] 豊田香 (2018)「専門職大学院ビジネススクールにおける知識の移動に関する研究 —— 省察的実践論から見る日本型ビジネススクール成功モデルの構築」(東京大学博士論文課程博士（教育学）第307号)
図3・4左側「知識の性質12区分」は、言語化できる知識を10区分として示した博士論文（および下記原著論文）を言語化できない知識を含めて発展させて示したものである。
豊田香 (2012)「専門職大学院ビジネススクールにおける知識の性質についての考察 —— 学術知と実践知の関係性の視点から」『東京大学大学院教育学研究科紀要』52, 275-285.
（注）本書では、データを新しくし、解説書としてわかりやすくするために、ほぼ全ての図表が博士論文のものから一部改訂・加筆してある。その文責は全て著者にある。
[72] Knowles, M. (1980) *The Modern Practice of Adult Education: From Pedagogy to Andragogy*. NJ: Cambridge Adult Education.〔堀薫夫・三輪建二（訳）2008『成人教育の現代的実践 —— ペダゴジーからアンドラゴジーへ』鳳書房〕
[73] 牧野篤 (2009)『シニア世代の学びと社会 —— 大学がしかける知の循環』勁草書房
牧野篤 (2011)『認められたい欲望と過剰な自分語り —— そして居合わせた他者・過去とともにある私へ』東京大学出版会
[74] Ausubel, D. (1963) *The Psychology of Meaningful Verbal Learning: An Introduction to School Learning*. NY: Grune & Stratton.
日本教育工学会（編）(2000)『教育工学事典』実教出版
[75] Bandura, A. (1977) Self-Efficacy: Toward a Unifying Theory of Behavioral Change. *Psychological Review*, 84, 191-215.
[76] Lave, J. & Wenger, E. (1991) *Situated Learning: Legitimate Peripheral Participation*. Cambridge University Press.〔佐伯胖（訳）(2003)『状況に埋め込まれた学習 —— 正統的周辺参加』産業図書〕
[77] Wenger, E. (1998) *Communities of Practice: Learning, Meaning, and Identity*. Cambridge: Cambridge University Press.
[78] Schein, E. (1978) *Career Dynamics: Matching Individual and Organizational Needs*. Addison-Wesley.〔二村敏子・三善勝代（訳）(1991)『キャリア・ダイナミクス —— キャリアとは、生涯を通しての人間の生き方・表現である。』白桃書房〕
[79] Hall, T. D. (1990) “Career Development Theory in Organization”. In Brown, D., Brooks, L., & Associates, *Career Choice and Development: Applying Contemporary Theories to Practice* (2nd ed.). San Francisco: Jossey-Bass Publishers.
Hall, T. D. (1996) *The Career is Dead—Long Live the Career: A Relational Approach to Careers*. San Francisco: Jossey-Bass Publishers.

［80］金井壽宏 (2002)『働くひとのためのキャリア・デザイン』ＰＨＰ新書
［81］Bridges, W. (2004) *Transitions: Making Sense of Life's Changes* (2nd ed.). Da Capo Lifelong.〔倉光修・小林哲郎（訳）(2014)『トランジション――人生の転機を活かすために』パンローリング〕
［82］能智正博（編集代表）『質的心理学辞典』新曜社
　なお、この研究3は、著書『ＴＥＭでひろがる社会実装――ライフの充実を支援する』(安田裕子・サトウタツヤ（編著）(2017)）で筆者が担当した「第2章第2節　社会人のためのキャリアデザイン――未来等至点を描くキャリアデザインセミナーの設計と実施」と関連するものです。
［83］平山るみ・楠見孝 (2004)「批判的思考態度が結論導入プロセスに及ぼす影響」『教育心理学研究』52, 186-198.
　平山るみ・楠見孝 (2011)「批判的思考態度尺度」堀洋道（監修）／吉田富二雄・宮本聡介（編）『心理測定尺度集Ｖ――個人から社会へ〈自己・対人関係・価値観〉』サイエンス社 pp.58-62.
［84］中尾達馬・加藤和生 (2005)「ＣＡＱ版ＥＲ尺度 (CAQ-Ego-Resiliency Scale) 作成の試み」『パーソナリティ研究』13, 272-274.
［85］Brockner, J. (1988) *Self-Esteem at Work: Theory, Research, and Practice.* Lexington, MA: Lexington Books.
［86］Rosenberg, M. (1965) *Society and the Adolescent Self-Image.* Princeton, NJ: Princeton University Press.
　山本真理子・松井豊・山成由紀子 (1982)「認知された自己の諸側面の構造」『教育心理学研究』30, 64-68.
［87］阿部美帆・今野裕之 (2007)「状態自尊感情尺度の開発」『パーソナリティ研究』16, 36-46.
［88］島津明人・布施美和子・種市広太郎・大橋靖史・小杉正太郎 (1997)「従業員を対象としたストレス調査票作成の試み――（1）ストレッサー尺度・ストレス反応尺度の作成」『産業ストレス研究』4, 41-52.
　小杉正太郎 (2000)「ストレススケールの一斉実施による職場メンタルヘルス活動の実際――心理学的アプローチによる職場メンタルヘルス活動」『産業ストレス研究』7, 141-150.
　小杉正太郎 (2001)「職場ストレッサー尺度・ストレス反応尺度」堀洋道（監修）／吉田富二雄（編）『心理測定尺度集Ⅱ――人間と社会のつながりをとらえる〈対人関係・価値観〉』サイエンス社 pp.311-318.
［89］谷冬彦 (2001)「青年期における同一性の感覚の構造――多次元自我同一性尺度（ＭＥＩＳ）の作成」『教育心理学研究』49, 265-273.

谷冬彦 (2001)「多次元自我同一性尺度」堀洋道（監修）／山本眞理子（編）『心理測定尺度集Ⅰ――人間の内面を探る〈自己・個人内過程〉』サイエンス社 pp.86-90.

[90] Erikson, E. (1959) *Identity and the Life Cycle*. NY: W. W. Norton.〔西平直・中島由恵（訳）(2011)『アイデンティティとライフサイクル』誠信書房〕

[91] 山本秀男・豊田香・湯野川恵美 (2013)「ＳＩ企業のプログラムマネジャー育成に関する考察」『国際Ｐ２Ｍ学会誌』8, 49-63.

[92] Toyoda, K. (2021) Case Study: An Educational Dialogical Approach to the Development of New Future I-positions as Promoter Positions for University Students: Theory, Practice, and Outcomes. In H. Hermans, C. Monero, and C. Weise (Eds.), *Dialogicality. Personal, Local and Planetary Dialogue in Education, Health Citizenship and Research*. pp.29-39, CA: Creative Commons. Doi: https://hcommons.org/deposits/item/hc:40533/（取得日：2021-08-05）

[93] 文部科学省「資料２ 博士号取得者等のキャリア・パスに係る検討の視点（科学技術・学術審議会人材委員会（第24回）平成16年2月16日）」

[94] Human Mortality Database, University of California, Berkeley (USA) and Max Planck Institute for Demographic Research (Germany).

[95] 東北大学高度教養教育・学生支援機構 大学教育支援センター／社会構想大学院大学・実務家教員養成課程など。

[96] 小林宏治 (1971)「七〇年代の経営課題――人間・技術・経営」ダイヤモンド社

水野幸男 (1997)「名誉会長　小林宏治氏を偲ぶ」*Journal of IPSJ*, 38(2), 1-2.

[97] 厚生労働省 https://www.mhlw.go.jp/content/11800000/000637890.pdf（取得日：2021-02-11）

https://www.mhlw.go.jp/file/05-Shingikai-12602000-Seisakutoukatsukan-Sanjikanshitsu_Roudouseisakutantou/0000052927.pdf（取得日：2021-02-11）

[98] 科学技術・学術政策研究所 科学技術指標２０１９「３・４ 学位取得者の国際比較」

文部科学省 学校基本調査

OECD Education at a glance 2018, Educational attainment and labour-force status.

[99] 大来佐武郎 (1975)『資源のない国日本と世界』ダイヤモンド社

〔100〕大来佐武郎 (1977)『大来佐武郎 私の履歴書――日本人として・国際人として』日本経済新聞社
〔101〕ミュルダール、G／大来佐武郎（監訳）(1971)『貧困からの挑戦』ダイヤモンド社〔Myrdal, G. (1970) *The Challenge of World Poverty: A World Anti-Poverty Program in Outline.* NY: Pantheon Books.〕
〔102〕大来佐武郎 (1984)『日本官僚事情』ティビーエス・ブリタニカ
〔103〕外務省 外交青書・白書２０１５ https://www.mofa.go.jp/mofaj/gaiko/bluebook/2015/html/chapter4（取得日： 2022-01-25）
〔104〕第５次男女共同参画基本計画（説明資料）令和２年12月25日閣議決定 https://www.gender.go.jp/about_danjo/basic_plans/5th/pdf/5th_gaiyo.pdf（取得日： 2020-2-19）
〔105〕男女共同参画局「ポジティブ・アクションをめぐる日本の課題と諸外国の取組」https://www.gender.go.jp/kaigi/kento/positive/siryo/po01-5.html（取得日： 2022-01-25）

索　引

■か行

■さ行

■た行

■ な行

■ は行

■ま行

■や行

■ら行

著者紹介

豊田 香（とよだ かおり）
2018年東京大学大学院教育学研究科博士課程修了、博士（教育学）
現在、拓殖大学別科・特別非常勤講師。
専門は、社会教育（キャリア発達・社会人大学院教育・グローバル教育）／質的研究方法論
主要著書：「キャリア形成のためのナラティブ ―― 人の心に届くキャリア・ナラティブの再構築」『ナラティブでひらく言語教育：理論と実践』(2021年、新曜社、共著)、「社会人のためのキャリアデザイン ―― 未来等至点を描くキャリアデザインセミナーの設計と実施」『TEMでひろがる社会実装 ―― ライフの充実を支援する』(2017年、誠信書房、共著）など。

新曜社

社会人大学院教育がひらく科学的知識創造
トリプルループ学習理論

初版第1刷発行　2022年11月15日

著　者　豊田　香
発行者　塩浦　暲
発行所　株式会社　新曜社
101-0051　東京都千代田区神田神保町3-9
電話 (03)3264-4973（代）・FAX (03)3239-2958
e-mail : info@shin-yo-sha.co.jp
URL : https://www.shin-yo-sha.co.jp

組　版　Katzen House
印　刷　星野精版印刷
製　本　積信堂

ISBN978-4-7885-1786-8 C1037

新曜社の本